高职高专"十四五"规划学前教育专业新标准实践型示范教材

总主编　蔡迎旗

幼儿园环境创设与玩教具制作

主　编◎王任梅
副主编◎汪钰洁
编　者◎（按姓氏拼音排序）
　　　　王任梅（华中师范大学）
　　　　贾梦毅（长江工程职业技术学院）
　　　　蒋宜宏（广西幼儿师范高等专科学校）
　　　　汪钰洁（湖北幼儿师范高等专科学校）
　　　　王　力（荆门职业学院）
　　　　王雅婧（湖北艺术职业学院）
　　　　周静瑶（江西现代职业技术学院）

华中科技大学出版社
http://press.hust.edu.cn
中国·武汉

内 容 提 要

本教材全面系统地论述了幼儿园环境的内涵与分类、对幼儿发展的影响及幼儿园环境创设的理论依据；基于科学的环境创设理念，结合具体翔实的案例，呈现了幼儿园空间环境的内涵与构成、原则与基本要求、室内外空间环境的创设，幼儿园活动区创设的原则、班级活动区的设计与材料投放、常规活动区及功能室的环境创设，幼儿园墙饰的内涵与分类、设计与制作技法，主题环境创设的价值、幼儿园主题环境的创设及主题活动中的环境跟进，幼儿园心理环境的创设；最后，阐述了幼儿园玩教具的内涵与种类、设计原则与构思方法，以及健康、语言、社会、科学、艺术五大领域活动玩教具的设计与制作等。

图书在版编目(CIP)数据

幼儿园环境创设与玩教具制作/王任梅主编.—武汉:华中科技大学出版社,2023.6
ISBN 978-7-5680-9184-8

Ⅰ.①幼… Ⅱ.①王… Ⅲ.①幼儿园-环境设计 ②幼儿园-自制教具 ③幼儿园-自制玩具 Ⅳ.①G617 ②G614

中国国家版本馆CIP数据核字(2023)第110310号

幼儿园环境创设与玩教具制作 王任梅 主编
You'eryuan Huanjing Chuangshe yu Wanjiaoju Zhizuo

丛书策划：	周晓方　周清涛
策划编辑：	李承诚　袁文娣
责任编辑：	林珍珍
封面设计：	廖亚萍
责任校对：	张汇娟
责任监印：	周治超
出版发行：	华中科技大学出版社(中国·武汉)　电话：(027)81321913
	武汉市东湖新技术开发区华工科技园　邮编：430223
录　　排：	孙雅丽
印　　刷：	湖北新华印务有限公司
开　　本：	889mm×1194mm　1/16
印　　张：	15.25
字　　数：	361千字
版　　次：	2023年6月第1版第1次印刷
定　　价：	68.80元

本书若有印装质量问题，请向出版社营销中心调换
全国免费服务热线：400-6679-118　竭诚为您服务
版权所有　侵权必究

高职高专"十四五"规划学前教育专业新标准实践型示范教材

总主编

蔡迎旗　华中师范大学早期教育学院院长，教授，博士生导师
　　　　教育部高等学校幼儿园教师培养教学指导委员会委员
　　　　中国教育学会学前教育分会副会长
　　　　学前教育"国培计划"首批专家和学前教育师范类专业认证专家

副总主编

（按照姓氏拼音排序）

邓艳华	衡阳幼儿师范高等专科学校	徐丽蓉	江汉艺术职业学院
刘丽伟	华中师范大学	杨　龙	郑州幼儿师范高等专科学校
罗春慧	湖北幼儿师范高等专科学校	杨素苹	武汉城市职业学院
李　娜	湖北幼儿师范高等专科学校	杨冬伟	湖北工程职业学院
唐翊宣	广西幼儿师范高等专科学校	叶圣军	福建幼儿师范高等专科学校
王任梅	华中师范大学	尹国强	华中师范大学
王先达	福建幼儿师范高等专科学校		

编委

（按照姓氏拼音排序）

陈启新	三峡旅游职业技术学院	苏　洁	湖北幼儿师范高等专科学校
董艳娇	安阳师范学院	孙丹阳	铜仁幼儿师范高等专科学校
段　为	湖北艺术职业学院	谭学娟	江汉艺术职业学院
俸　雨	武汉商贸职业学院	田海杰	烟台幼儿师范高等专科学校
郝一双	湖北商贸学院	王　梨	常州幼儿师范高等专科学校
焦　静	福建幼儿师范高等专科学校	王任梅	华中师范大学
焦名海	深圳信息职业技术学院	王　雯	华中师范大学
李　卉	华中师范大学	王先达	福建幼儿师范高等专科学校
李志英	三峡旅游职业技术学院	王　淼	湖北商贸学院
廖　凤	湘南幼儿师范高等专科学校	闫振刚	郑州升达经贸管理学院
刘翠霞	湖北工程学院	杨　洋	三峡旅游职业技术学院
刘凤英	湘南幼儿师范高等专科学校	尹国强	华中师范大学
刘丽伟	华中师范大学	张　娜	华中师范大学
刘　艳	三峡旅游职业技术学院	郑艳清	湖北省幼儿师范高等专科学校
欧　平	衡阳幼儿师范高等专科学校	赵倩倩	湖北三峡职业技术学院

网络增值服务

使用说明

欢迎使用华中科技大学出版社人文社科分社资源网

1 教师使用流程

(1) 登录网址：**http://rwsk.hustp.com**（注册时请选择教师用户）

注册 > 登录 > 完善个人信息 > 等待审核

(2) 审核通过后，您可以在网站使用以下功能

浏览教学资源　建立课程　管理学生　布置作业　查询学生学习记录等

2 学员使用流程

（建议学员在PC端完成注册、登录、完善个人信息的操作）

(1) PC端学员操作步骤

① 登录网址：**http://rwsk.hustp.com**（注册时请选择普通用户）

注册 > 完善个人信息 > 登录

② 查看课程资源：（如有学习码，请在个人中心 - 学习码验证中先验证，再进行操作）

首页课程 > 课程详情页 > 查看课程资源（选择课程）

(2) 手机端扫码操作步骤

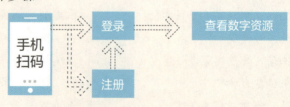

手机扫码 → 登录 → 查看数字资源 / 注册

总 序

人生百年，立于幼学。学前教育是我国学校教育制度的奠基、国民教育体系的重要组成部分和重要的社会公益事业，其关系到我国千万儿童的健康快乐成长和家庭的和谐幸福，故我国各级政府高度重视，社会各界高度关注。推动学前教育普及、普惠和高质量发展已成为我国学前教育事业改革与发展的未来路向。

幼儿园教师是决定幼儿园保育与教育质量的关键因素，是我国构建现代化、高质量的学前教育体系的根本保障。当前，我国学前教育事业发展的薄弱环节是幼儿园教师队伍的建设，当务之急是补足配齐幼儿园教师。而高质量的幼教师资来源于高水平的学前教师教育。为顺应我国学前教育事业发展的迫切需求，我国颁布了《教师教育课程标准（试行）》《幼儿园教师专业标准（试行）》《新时代幼儿园教师职业行为十项准则》《学前教育专业师范生教师职业能力标准（试行）》等多部法规，对我国幼儿园教师教育课程、幼儿园教师专业素养、职业道德与行为、职业能力与岗位适应等进行规范与引导，以努力提升我国学前教师教育的整体质量与水平。

当前，我国幼儿园教师起点学历已由中专提升为专科层次。在职幼儿园专任教师中专科及以上学历比例超过了90%，其中近八成是专科学历。高职高专在我国幼儿园教师人才培养中具有举足轻重的地位，是我国学前教师教育的主力军。

职业教育是我国国民教育体系和人力资源开发的重要组成部分，是培养多样化人才、传承技术技能、促进就业创业的重要途径。我国各级各类职业教育院校守正创新、锐意改革，大力提升职业教育办学质量和适应性，而职业教育课程与教材是提高职业教育办学质量和适应性的关键所在。华中科技大学出版社计划出版的"高职高专'十四五'规划学前教育专业新标准实践型示范教材"，正好回应了我国学前教育事业发展之所急和职业教育事业发展之所需。本人受邀作为本套教材的总主编，深感荣幸且责任重大。经过跟出版社深度沟通、市场调研和全国学前专业相关院校教师专家的研讨，本套教材试图实现如下六个方面的创新与突破。

第一，坚持立德树人，创新教材理念。本套教材将以培养高素质专业化幼儿园教师为目标，坚持教材的思想性和先进性，把社会主义核心价值体系有机融入教材，精选对培养优秀幼儿园教师有重要价值的课程内容，将学前教育领域的前沿知识、教育改革和教育研究最新成果充实到教学内容中，加强中华优秀文化的渗透与融入，实现课程思政一体化，立德树人，德技并修。本教材注重引导学习者树立正确的儿童观、教师观、教育观和长期从教、终身从教信念，塑造未来教师的人格魅力；加强职业道德教育和职业态度与行为的养成；着力培养学习者的社会责任感、创新精神和实践能力。

第二，分层分类设计，优化教材体系。本套教材从"教育信念与责任、教育知识与能力、教育实践与体验"三个维度，按照国家《教师教育课程标准（试行）》对幼儿园教师教育课程的要求，设计了"人文素养与思政类、保教理论与实践类、教师技能与艺术类"共三个层次四十余本教材，分别着重培养学习者的人文科学素养与师德理念、幼儿园保育与教育职业能力以及幼儿园教师教育素养与艺术素养；强化教育实践环节，加强职业技能训练内容，编写教育见习、实习和研习手册，提供名师优秀教学案例；坚持育人为本，促使学习者"德、才、能、艺"全面发展，人才培养目标从促进就业、创业转变为促进人的全面发展和专业职业的可持续发展。

第三，"课、岗、证、赛"并重，精选教材内容。本套丛书所有教材的大纲与内容、拓展练习与教学资源库，均依据我国幼儿园教师职前和职后教育、幼儿园教师职业与岗位准则、幼儿园教师资格制度、幼儿园教师职业技能大奖赛等方面的相关法规，实现"课、岗、证、赛"一体化。每本教材坚持职前教育和职后培训贯通设计。在全面夯实学习者专业知识与能力的基础上，注重学习者职业道德与能力的培养和从业态度与行为的养成教育。另外，教材注重课前、课中与课后的整体设计，课前预习相关学习资源，课中精讲关键知识点，课后链接"课、岗、证、赛"相关练习，以利于学习者巩固所学内容并学以致用，提升学习者的专业与职业综合素质以及职业与岗位适应能力，实现终身学习和毕生发展。

第四，以生为本引导学习，完善教材体例。本套丛书从"教"与"学"两个角度设置教材体例，使其符合学习者的学习、内化直至实践应用的规律，具有启发引导性，也充分考虑了教材面向的主体——高职高专学生的学习特点，内容编排由浅入深，理论与实践并重，努力做到"教师好教，学生好学"；注重培养学习者对学前教育学科知识的理解和感悟，设计模拟课堂、情境教学、案例分析、技能训练、教学竞赛等多样化的教学方式，增强学习者的学习兴趣，提高学习效率，使其实现学习能力、实践能力和创新能力的三重提升。

第五，数字技术强力支撑，丰富教材形式。本套教材注重将信息技术作为基础条件与支撑，构建丰富多彩、高质量的电子资源库，努力实现课程与教学资源的共建共享；实现"互联网+教育"和教材形态的多样化与电子化，将纸质媒介和电子媒介相结合，创设数字化的教育教学情境。教材中穿插大量数字资源二维码，引导学习者在课前和课后拓展学习海量专业知识，培养学习者的数字化教育能力和数字化学习能力，做新时代高素质的数字化教育者和学习者。针对幼儿园管理与保教的特点，本套丛书尤其注重提升学习者的信息素养和利用信息技术进行保育与教育、安全风险防控和质量管理的能力。

第六，"校、社、产、教"多元合作，确保教材质量。为确保丛书质量，特聘请全国开设学前教育专业的高职高专院校、本科高校推荐遴选教学经验丰富、有影响力的专家和一线骨干教师担任每本教材的主编和副主编，拟定丛书编写体例，给出丛书编写样章，同时参与审定大纲、样章，总体把控书稿的编写进度与品质。参与的作者分别来自高校、行业领域和实践一线，来源广泛而多元，实现"校、社、产、教"不同领域人员的协同创新与深度合作。

当然，以上六个方面只是本人作为总主编对这套丛书的美好期待与设想，这些想法是否真正得以实现和彰显，有赖于所有参编人员和编辑的共同努力，也有待广大读者的审读与评判。在本套丛书编写的过程中，我们参阅、借鉴和引用了国内外大量学术成果和教研教改案例。科研成果为丛书提供了学术滋养，而实践经验与案例展示了当前我国学前教育改革与发展的生动样态，在此一并表示感谢。书中如有疏漏和不妥之处，敬请各位读者批评指正。

最后，我谨代表本套丛书的所有编委和作者，衷心感谢本套丛书的策划者——华中科技大学出版社人文分社社长周晓方，周社长对学前教育充满热情和信心，对丛书的编写、出版和发行倾注了大量心血，还要感谢本套丛书的策划编辑袁文娣和其他各位编辑及相关工作人员。我们基于教材的首次合作渐趋默契和融洽。让我们携手共进，继续为我国学前儿童的福祉和学前教育事业的健康可持续发展奉献智慧与力量！

2023年5月

武汉桂子山·华中师范大学教育学院

前 言

幼儿园环境作为幼儿学习与生活的微观系统，对幼儿的成长与发展产生了极其重要的影响。《幼儿园教育指导纲要（试行）》《幼儿园工作规程》等一系列文件明确了幼儿园环境创设的重要性、基本要求等，为幼儿园教师进行环境创设与玩教具制作指明了方向。其中，《幼儿园教师专业标准（试行）》更是明确将环境的创设与利用作为幼儿园教师必备的一项专业能力。

《幼儿园环境创设与玩教具制作》旨在引导学生了解幼儿园环境创设的基本理论，掌握幼儿园各类环境创设的要点，且能根据各年龄段幼儿的特点创设适宜的教育环境，让学生能够完成幼儿园各类环境（如幼儿园空间环境、区域环境、主题环境、心理环境等）的设计，并具备进行幼儿园环境创设的能力；同时让学生具有制作各种玩教具的能力，能够设计各种玩教具。

本教材全面系统地论述了幼儿园环境的内涵与分类、对幼儿发展的影响及幼儿园环境创设的理论依据；基于科学的环境创设理念，结合具体翔实的案例，呈现了幼儿园空间环境的内涵与构成、原则与基本要求及室内外空间环境的创设，幼儿园活动区创设的原则、班级活动区的设计与材料投放、常规活动区及功能室的环境创设，幼儿园墙饰的内涵与分类、设计与制作技法，主题环境创设的价值、幼儿园主题环境的创设及主题活动中的环境跟进，幼儿园心理环境的创设；最后，阐述了幼儿园玩教具的内涵与种类、设计原则与构思方法，以及健康、语言、社会、科学、艺术五大领域活动玩教具的设计与制作等。

本教材既适合高等院校学前教育专业学生使用，又可供学前教育研究者、幼儿园教师等群体阅读，具有以下特点。其一，理论联系实践的特点突出，本教材在介绍基本理论的同时，呈现了很多优秀的案例、视频、图片等，重视对学生实践能力与创新精神的培养。其二，兼顾物质环境与心理环境，本教材不仅重视幼儿园物质环境的创设，还关注幼儿园心理环境的创设。其三，注重从学生学习的角度来进行整体架构，每一单元各个组成部分的呈现遵循学生学习的规律和特点，有利于学生主动学习。

本教材主编为华中师范大学王任梅，副主编为湖北幼儿师范高等专科学校汪钰洁。其他编写成员包括湖北艺术职业学院王雅婧、广西幼儿师范高等专科学校蒋宜宏、长江工程职业技术学院贾梦毅、荆门职业学院王力、江西现代职业技术学院周静瑶。具体编写分工如下：第一单元第一、二课由王任梅撰写，第三课由汪钰洁撰写；第二单元由汪钰洁撰写；第三单元由王雅婧撰写；第四单元由蒋宜宏撰写；第五单元由贾梦毅撰写；第六单元由王力撰写；第七单元由周静瑶撰写。

此外，南宁市第三幼儿园、武汉市江汉区芸尚幼儿园、武汉市汉阳区机关幼儿园、武汉当代国际城美乐思幼儿园等园所，吴安妮、崔思梦、时绍轩等为本书的撰写提供了部分图片、案例资源，在此一并致以深深的谢意。

感谢华中科技大学出版社袁文娣编辑的信任与支持和林珍珍编辑的细致审读，感谢编写组全体成员的精诚合作和全力付出。由于编者时间、精力及能力等诸多限制，书中难免存在一些不足之处，烦请各位专家同行批评指正。

华中师范大学早期教育学院副院长

王任梅

2022年12月

Contents 目 录

第一单元　走进幼儿园环境创设　　002

第一课　幼儿园环境的内涵与分类　　002
　　一　幼儿园环境的内涵　　003
　　二　幼儿园环境的分类　　004

第二课　幼儿园环境对幼儿发展的影响　　006
　　一　对幼儿身体发展的影响　　007
　　二　对幼儿认知发展的影响　　008
　　三　对幼儿社会性发展的影响　　009
　　四　对幼儿情绪情感发展的影响　　010
　　五　对幼儿审美发展的影响　　010

第三课　幼儿园环境创设的理论依据　　011
　　一　蒙台梭利教育的环境观　　012
　　二　瑞吉欧教育的环境观　　014
　　三　华德福教育的环境观　　016
　　四　陈鹤琴"活教育"的环境观　　017
　　五　布朗芬布伦纳的环境观　　019

第二单元　创设幼儿园空间环境　　026

第一课　幼儿园空间环境的内涵与构成　　026
　　一　幼儿园空间环境的内涵　　027
　　二　幼儿园空间环境的基本构成　　027

第二课　幼儿园空间环境创设的原则与基本要求　　028
　　一　幼儿园空间环境创设的原则　　029
　　二　幼儿园空间环境创设的基本要求　　036

第三课　幼儿园室内空间环境的创设　　038
　　一　门厅　　038
　　二　走廊及楼梯　　039
　　三　活动室　　042
　　四　生活区　　044

第四课　幼儿园室外空间环境的创设　　047
　　一　园门及围墙　　047
　　二　绿化　　048
　　三　户外游戏活动场地　　050
　　四　建筑物外墙　　053

第三单元　创设幼儿园区域环境　　058

第一课　幼儿园活动区创设的原则　　059
　　一　幼儿园活动区的内涵　　059
　　二　幼儿园活动区创设的原则　　062

第二课　班级活动区的设计与材料投放　　064
　　一　班级活动区的设计　　064
　　二　班级活动区的材料投放　　071

第三课　常规活动区的环境创设　　074
　　一　角色区　　074
　　二　建构区　　077
　　三　表演区　　079
　　四　美工区　　082
　　五　语言区　　084
　　六　科学区　　086

第四课　幼儿园功能室的环境创设　　089
　　一　功能室环境创设的基本要求　　089
　　二　各类功能室的环境创设　　091

第四单元　设计与制作幼儿园墙饰　　102

第一课　幼儿园墙饰的内涵与分类　　102
- 一　幼儿园墙饰的内涵　　103
- 二　幼儿园墙饰的分类　　103

第二课　幼儿园墙饰的设计　　109
- 一　幼儿园墙饰的设计步骤　　110
- 二　幼儿园墙饰的设计要点　　115

第三课　幼儿园墙饰的制作技法　　121
- 一　平面剪贴　　122
- 二　玻璃粘贴　　124
- 三　半立体纸雕　　125
- 四　综合材料运用　　127

第五单元　创设幼儿园主题环境　　134

第一课　主题活动与环境创设　　135
- 一　主题活动的内涵　　135
- 二　主题活动的特点　　136
- 三　主题活动与环境创设的关系　　137
- 四　主题环境创设的价值　　137

第二课　幼儿园主题环境的创设　　140
- 一　主题墙的环境创设　　140
- 二　主题活动区角的环境创设　　148
- 三　其他空间的环境创设　　153

第三课　主题活动中的环境跟进　　154
- 一　主题墙环境的跟进　　155
- 二　主题活动区角环境的跟进　　156

第六单元　创设幼儿园心理环境　　164

第一课　幼儿心理健康与心理环境　　164
- 一　心理环境与心理健康　　166

二　幼儿的基本心理需要　　173

第二课　幼儿园心理环境的创设　　175

　　一　幼儿园人际环境的营造　　175

　　二　幼儿园文化环境的营造　　180

第七单元　设计与制作幼儿园玩教具　　186

第一课　幼儿园玩教具设计　　186

　　一　玩教具的内涵与种类　　187

　　二　自制玩教具的设计原则　　193

　　三　自制玩教具的构思方法　　196

第二课　幼儿园玩教具的设计与制作　　199

　　一　健康活动玩教具的设计与制作　　199

　　二　语言活动玩教具的设计与制作　　204

　　三　社会活动玩教具的设计与制作　　210

　　四　科学活动玩教具的设计与制作　　214

　　五　艺术活动玩教具的设计与制作　　217

参考文献　　222

数字资源目录

第一单元　走进幼儿园环境创设

数字资源1：幼儿园教育指导纲要（试行） 003
数字资源2：幼儿园教师专业标准（试行） 003
数字资源3：孟母三迁 006
数字资源4：通过环境创设来减少儿童的行为问题 011
数字资源5：幼儿的秩序敏感期 012
数字资源6：小鸟的乐园 014
数字资源7：瑞吉欧的幼儿学校 016
数字资源8：布朗芬布伦纳的环境观 021

第二单元　创设幼儿园空间环境

数字资源1：《托儿所、幼儿园建筑设计规范》 029
数字资源2：国内极富艺术性的幼儿园建筑 035
数字资源3：日本东京富士幼儿园 046
数字资源4：宋庆龄幼儿园 050
数字资源5：《教育强国》——《面向未来》中的安吉游戏 053

第三单元　创设幼儿园区域环境

数字资源1：进区域时不戴进区卡，如何引导？ 070
数字资源2：利用自然条件创设农村幼儿园室外特色区域环境 071
数字资源3：高低结构材料投放注意事项 073
数字资源4：卡罗琳·普拉特与她所创立的单位积木 079
数字资源5："民族村"中的音乐表演区 081
数字资源6：某幼儿园图书管理制度 093

数字资源7：某幼儿园美工室管理制度 095

第四单元　设计与制作幼儿园墙饰

数字资源1：家园联系栏环创　　　　　　　　　　　　　　　　　　　　　　　104
数字资源2：基于儿童发展需要的区域环境创设有效策略　　　　　　　　　　　106
数字资源3：儿童视角中的幼儿园主题墙饰——基于马赛克研究法　　　　　　108
数字资源4：多元互动性幼儿园墙面环境创设的特点与思考　　　　　　　　　109
数字资源5：立体墙饰制作　　　　　　　　　　　　　　　　　　　　　　　127

第五单元　创设幼儿园主题环境

数字资源1：陈鹤琴的单元教学　　　　　　　　　　　　　　　　　　　　　135
数字资源2：《学前教育专业师范生教师职业能力标准（试行）》　　　　　　139
数字资源3：《3—6岁儿童学习与发展指南》　　　　　　　　　　　　　　　142
数字资源4：《幼儿园安全友好建设指南（试行）》　　　　　　　　　　　　144
数字资源5："南瓜来了"　　　　　　　　　　　　　　　　　　　　　　　148
数字资源6："汽车叭叭叭"　　　　　　　　　　　　　　　　　　　　　　154

第六单元　创设幼儿园心理环境

数字资源1：《中国儿童发展纲要（2021—2030年）》　　　　　　　　　　　165
数字资源2：《健康中国行动（2019—2030年）》心理健康促进行动及其他专项行动相关内容　165
数字资源3：多元智能理论　　　　　　　　　　　　　　　　　　　　　　　172
数字资源4：信任对怀疑的心理发展阶段　　　　　　　　　　　　　　　　　174
数字资源5：高宽课程冲突解决策略　　　　　　　　　　　　　　　　　　　179

第七单元　设计与制作幼儿园玩教具

数字资源1：儿童玩具与教育　　　　　　　　　　　　　　　　　　　　　　187
数字资源2：艺术类自制学前玩教具——创意音乐坊　　　　　　　　　　　　192
数字资源3：纸杯小花朵　　　　　　　　　　　　　　　　　　　　　　　　197
数字资源4：我国非遗文化艺术——秦安麦秆编技艺　　　　　　　　　　　　198
数字资源5：立体纸质儿童绘本　　　　　　　　　　　　　　　　　　　　　210

第一单元

走进幼儿园环境创设

- 第一课　幼儿园环境的内涵与分类
- 第二课　幼儿园环境对幼儿发展的影响
- 第三课　幼儿园环境创设的理论依据

第一单元　走进幼儿园环境创设

◇ **学习目标**

1. 了解幼儿园环境、幼儿园环境创设的内涵，理解幼儿园环境的分类、幼儿园物质环境与心理环境的关系；

2. 掌握幼儿园环境对幼儿发展的影响，并能在教育实践中精心创设良好环境，从而促进幼儿全面发展；

3. 领会幼儿园环境创设的各种理论依据，如蒙台梭利教育的环境观、瑞吉欧教育的环境观、华德福教育的环境观、陈鹤琴"活教育"的环境观、布朗芬布伦纳的环境观，树立科学的环境创设理念，并能将科学的环境创设理念灵活运用于实践。

◇ **情境导入**

幼儿园环境具有非常强大的影响力，能够为幼儿的学习与发展带来积极或消极的影响。幼儿园环境的内涵丰富，根据构成内容的特质性差异，可以分为物质环境与心理环境。那么，什么是幼儿园物质环境？什么是幼儿园心理环境？幼儿园物质环境与心理环境孰轻孰重？学习完本单元，你就可以找到上述问题的答案了。

第一课　幼儿园环境的内涵与分类

幼儿园环境作为幼儿学习与生活的微观系统，对幼儿的成长与发展有着极其重要的影响。我国政府一向重视幼儿园环境创设，颁布的一系列政策法规明确规定了幼儿园环境创设的基本要求，为幼儿园教师进行环境创设指明了方向。2001年教育部印发的《幼儿园教育指导纲要（试行）》指出"环境是重要的教育资源，应通过环境的创设和利用，有效地促进幼儿的发展"，并对幼儿园环境创设做出了以下要求："幼儿园的空间、设施、活动材料和常规要求等应有利于引发、支持幼儿的游戏和各种探索活动，有利于引发、支持幼儿与周围环境之间积极的相互作用"，"幼儿同伴群体及幼儿园教师集体是宝贵的教育资源，应充分发挥这一资源的作用"，"教师的态度和管理方式应有助于形成安全、温馨的心理环境；言行举止应成为幼儿学习的良好榜样"，"家庭是幼儿园重要的合作伙伴。应本着尊重、平等、合作的原则，争取家长的理解、支持和主动参与，并积极支持、帮助家长提高教育能力"，"充分利用自然环境和社区的教育资源，扩展幼儿生活和学习的空间。幼儿园同时应为社区的早期教育提供服务"。

1 政策法规链接
扫一扫，阅读《幼儿园教育指导纲要（试行）》全文。

2012年教育部印发了《幼儿园教师专业标准（试行）》，在专业理念与师德维度、幼儿保育和教育的态度与行为领域，要求教师"重视环境和游戏对幼儿发展的独特作用，创设富有教育意义的环境氛围，将游戏作为幼儿的主要活动。"而且，在专业能力维度，将"环境的创设与利用"放在首位，并提出如下基本要求："建立良好的师幼关系，帮助幼儿建立良好的同伴关系，让幼儿感到温暖和愉悦"，"建立班级秩序与规则，营造良好的班级氛围，让幼儿感受到安全、舒适"，"创设有助于促进幼儿成长、学习、游戏的教育环境"，"合理利用资源，为幼儿提供和制作适合的玩教具和学习材料，引发和支持幼儿的主动活动"。

2016年教育部公布的《幼儿园工作规程》也指出："幼儿园应当将环境作为重要的教育资源，合理利用室内外环境，创设开放的、多样的区域活动空间，提供适合幼儿年龄特点的丰富的玩具、操作材料和幼儿读物，支持幼儿自主选择和主动学习，激发幼儿学习的兴趣与探究的愿望。幼儿园应当营造尊重、接纳和关爱的氛围，建立良好的同伴和师生关系。幼儿园应当充分利用家庭和社区的有利条件，丰富和拓展幼儿园的教育资源。"

可见，幼儿园环境创设既关注物质环境，又关注心理环境；既关注师幼互动，又关注同伴互动；既关注幼儿园资源，又关注家庭资源、社区资源；既关注环境对幼儿发展的引导作用，又关注幼儿主体性的发挥。

2022年，教育部印发的《幼儿园保育教育质量评估指南》将"环境创设"作为幼儿园保育教育质量评估重点内容之一。其中"环境创设"包括"空间设施"与"玩具材料"两个关键指标，以及四个考查要点。

2 《幼儿园教师专业标准（试行）》
扫一扫，阅读《幼儿园教师专业标准（试行）》全文。

环境的创设与利用是幼儿园教师必须具备的一项专业能力。具体来说，环境的创设与利用能力涉及创设良好的心理环境（如师幼关系、同伴关系），制度环境（如建立班级秩序与规则），物质环境（如适合的玩教具和学习材料）等。那么，到底什么是幼儿园环境，什么是幼儿园环境创设呢？

一 幼儿园环境的内涵

要理解幼儿园环境的内涵，首先要理解环境的内涵。《辞海》中对"环境"的解释如下：第一种指环绕所辖的区域、周匝;第二种是围绕着人类的外部世界,是人类赖以生存和发展的社会和物质条件的综合体。①在教育学中,通常采用《辞海》中"环境"的第二种解释。《教育大辞典》对"环境"的解释是:直接或间接影响个体的形成和发展的全部外在因素,包括先天环境和后天环境;以人的主体为中心,围绕自我的事物,包括外部环境和内部环境。②可以说,环境是人生活于其中,并能影响人的一切外部条件的综合,既包括人在社会生活中的条件和社会关系的综合,又包括人们赖以生存的自然条件的综合。③

幼儿园环境是一种特殊的环境,是幼儿园内对幼儿身心发展产生影响的一切物质条件与精神条件的总和。它是由幼儿园的工作人员、幼儿、各种器材、设备条件、人际环境以及各种信息要素,通过一定的文化习俗、教育观念所组织、综合起来的一种教育的空间、范围和场所。④

幼儿园环境创设则是教育工作者根据幼儿身心发展特点、规律以及幼儿园教育的要求,充分挖掘与利用幼儿园环境中的各种教育要素,引导、支持幼儿与环境相互作用,从而促进幼儿身心发展的过程。幼儿园环境创设主要包括空间环境的创设、区域环境的创设、主题环境的创设、心理环境的创设等。

二 幼儿园环境的分类

在我国著名儿童教育家、儿童心理学家陈鹤琴先生看来,儿童的环境不外乎两种,即自然的环境(即各种动植物的现象)与社会的环境(即个人、家庭、集体、市廛等类的交往)。我们认为,根据不同维度,幼儿园环境可以分为不同的种类。

从环境组成上看,幼儿园环境可以分为人的环境(如教师、幼儿)与物的环境(如材料、设备)。

从组成性质上看,幼儿园环境可以分为硬环境与软环境,其中硬环境主要指构成环境的物的成分,而软环境指环境中包括人及由于人的因素所形成的气氛或氛围,主要表现为教师与幼儿、幼儿与幼儿、幼儿与物质材料之间的关系。⑤

从活动区域上看,幼儿园环境可以分为室内环境与户外环境。

从幼儿园潜课程的结构及特征来看,幼儿园环境可以分为物质空间环境、组织制度环境与文化心理环境。

从幼儿在园一日活动的类型来看,幼儿园环境可以分为生活活动环境、游戏活动环境和学习活

---

① 夏征农.辞海[M].上海:上海辞书出版社,1999:1519.
② 顾明远.教育大辞典[M].增订合编本.上海:上海教育出版社,1998:604.
③ 田慧生.教学环境论[M].南昌:江西教育出版社,1996:2.
④ 汝茵佳.幼儿园环境与创设[M].北京:高等教育出版社,2006:4.
⑤ 杨枫.幼儿园教育环境创设与玩教具制作[M].2版.北京:高等教育出版社,2013:3.

动环境。

从构成内容的特质性差异来看,幼儿园环境可以分为物质环境与心理环境。

下面我们主要谈谈幼儿园物质环境与心理环境。幼儿园物质环境是幼儿园所有室内外的活动设施设备和物质材料,包括建筑、绿化、户外活动场地、门厅、走廊、活动室、墙饰、室内活动区等。下面我们一起来欣赏一下巴黎Ecole Maternelle Pajol幼儿园的物质环境(见图1-1和图1-2)。

"一所学校点亮一片童年",设计师选择"彩虹"这一主题来进行发挥。"彩虹之下遍是宝藏",在这里,"宝藏"是充满趣味的建筑,是可爱的儿童,是儿童的五彩未来,更是社会对儿童的基础教育。全盘考虑空间布局后,设计师用彩虹般绚丽的色彩为每个区域规划空间表情,设计适合这个幼儿园的配套家具,重点设计的庭院被作为这个幼儿园的标志与身份识别,以此创建了一个有趣积极的儿童成长环境。[①]

幼儿园心理环境则指幼儿园的人际环境(具体体现为园长与教师、教师与教师、教师与幼儿、幼儿与幼儿、教师与家长的关系)及文化环境等营造的人们身处其中能够体会到的一种氛围。

 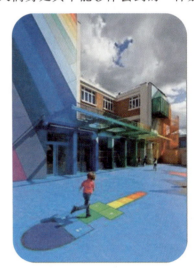

图1-1　巴黎Ecole Maternelle Pajol幼儿园(1)　　图1-2　巴黎Ecole Maternelle Pajol幼儿园(2)

《3—6岁儿童学习与发展指南》提出,"幼儿的学习是以直接经验为基础,在游戏和日常生活中进行的。要珍视游戏和生活的独特价值,创设丰富的教育环境,合理安排一日生活,最大限度地支持和满足幼儿通过直接感知、实际操作和亲身体验获取经验的需要,严禁'拔苗助长'式的超前教育和强化训练"。可见,幼儿主要通过直接感知、实际操作和亲身体验来学习,学习过程中离不开丰富的物质材料、设施设备。因此,物质环境是幼儿学习与发展的物质条件,为幼儿的学习与发展提供了前提。心理环境创设包括创设良好的人际环境、营造良好的心理氛围、形成良好的规则与行为标准等。虽然心理环境是无形的,但它直接影响着幼儿情感、社会性和个性的发展。

物质环境与心理环境相互作用、相互制约,物质环境需要通过心理环境发挥作用,心理环境基于物质环境体现出来。譬如,数量充足的物质材料可以避免由于资源短缺而引发幼儿之间的争吵。

---

① 贺一行.彩虹幼儿园巴黎Ecole Maternelle Pajol幼儿园[J].室内设计与装修,2012(9):120-125+4.

然而，没有良好的班级氛围，再好的物质材料也不能发挥其应有的效应。可以看到，物质环境与心理环境对于幼儿的成长与发展都发挥着不可替代的作用。然而，一所幼儿园能否成为真正的儿童乐园，主要取决于幼儿园的心理环境。但现实中，许多幼儿园往往重视物质环境的创设，轻视心理环境的建设。其实幼儿园物质环境和心理环境相辅相成、相得益彰，幼儿园教师不可轻视任何一方，否则其功能就会大打折扣。①

第二课　幼儿园环境对幼儿发展的影响

环境影响人的发展，这是不言而喻的。古今中外，不少教育家、思想家都针对环境与人的发展这一命题有过精彩的论述。

在我国，早在春秋战国时期，孔子就非常重视环境对人的作用，提出"性相近也，习相远也"；墨子提出了"染丝说"，认为"染于苍则苍，染于黄则黄，所入者变，其色亦变"，以染丝为喻说明环境对人的浸染作用；荀子的"蓬生麻中，不扶而直；白沙在涅，与之俱黑。兰槐之根是为芷，其渐之滫，君子不近，庶人不服。其质非不美也，所渐者然也。故君子居必择乡，游必就士，所以防邪辟而近中正也"，由自然现象推及人与人之间的相互影响，论证了环境对人的影响。魏晋南北朝时期的颜之推论述环境对儿童的熏陶，"人在年少，神情未定，所与款狎，熏渍陶染，言笑举动，无心于学，潜移暗化，自然似之，何况操履艺能，较明易习者也！是以与善人居，如入芝兰之室，久而自芳也；与恶人居，如入鲍鱼之肆，久而自臭也"②。在陈鹤琴先生看来，"小孩子生来大概都是好的。到了后来，或者是好，或者变坏，这是环境的关系。环境好，小孩子就容易变好；环境坏，小孩子就容易变坏。一个小孩子在诡诈恶劣的环境里生长，到大来也会变成诡诈恶劣的。一个小孩子在忠厚勤俭的环境里生长，到大来也是忠厚勤俭的。这是什么缘故呢？他所看见的、所听见的，都给他坏的印象，那他所反映的大概也是坏的；假使他在很好的环境里生长，他所听见的、所看见的，都给他好的印象，那他所表现的大概也是很好的。"③

孟母三迁

"孟母三迁"的故事在我国家喻户晓，即孟轲的母亲为了选择良好的环境教育孩子而多次迁居。可见，良好的环境对于孩子成长与发展具有重要作用。扫描文旁二维码，了解"孟母三迁"的具体内容。

在西方，英国教育家洛克提出了"白板说"，认为人生来如一块白板，理性与知识来自后天的

---

① 袁爱玲.幼儿园教育环境创设[M].北京：高等教育出版社，2010：6.
② 每天学点国学：颜氏家训之慕贤篇[EB/OL].（2019-11-03）.https://baijiahao.baidu.com/s?id=1649153041830220476&wfr=spider&for=pc.
③ 北京市教育科学研究所.陈鹤琴教育文集（上卷）[M].北京：北京出版社，1983：743.

经验。虽然洛克肯定了环境和教育对人的影响，但忽视了儿童的遗传素质与主观能动性对个体发展的影响。法国教育家卢梭在《爱弥儿——论教育》的开篇就指出"出自造物主之手的东西，都是好的，而一到了人的手里，就全变坏了"，因而其自然主义教育强调为儿童提供优良的环境。意大利教育家蒙台梭利提出"有准备的环境"，在瑞吉欧教育中，环境被视为"第三位老师"。这些观点都毫无例外地强调环境对幼儿成长与发展的重要性。

幼儿期是儿童大脑迅速发展的时期。任何经历（包括非教育性经历）都有可能对幼儿大脑的发展产生影响，而幼儿的经历受制于环境，因此成人创设的环境（包括幼儿园环境），对幼儿大脑的发展有着非常重要的影响。大脑的结构与功能是幼儿学习与发展的生理基础。而幼儿园的环境不是一种自然自发或随意设置的环境，而是教育者根据教育目标、着眼于幼儿身心发展的需要精心创设的"适宜"的教育条件。[①]因此，幼儿园环境对幼儿身体发展、认知发展、社会性发展、情绪情感发展和审美发展起着重要的作用。

一、对幼儿身体发展的影响

幼儿园环境有助于发展幼儿的大肌肉运动、小肌肉运动，促进幼儿手、眼、脑的协调发展。幼儿期的孩子通常正处于发展基本动作的阶段，这里的基本动作包括跑步、行走、跳跃、翻越、飞驰、踢、打、抓、动态平衡（移动时保持平衡）、静态平衡（保持重心平衡）和轴向运动（如弯曲、伸展、扭转和转动）。[②]虽然成熟水平在儿童动作发展过程中扮演着重要的角色，但它并不等于能力的发展。一系列具有挑战性的活动与设施可以为幼儿提供锻炼能力的机会，与之互动的教师则可为其提供鼓励与指导，从而促进幼儿动作能力的发展。

室内外环境的精心创设，如区域环境、户外游戏区等都能给予幼儿更多的锻炼机会，增强幼儿的身体素质，促进幼儿的动作发展（见图1-3和图1-4[③]）。譬如，在艺术区中，无论是美术欣赏、绘画还是手工，都能够使幼儿将心理操作与实际操作结合起来。在与艺术工具材料互动的过程中，幼儿能够手、眼、脑并用，通过直接感知、亲身体验等促进大小肌肉的发展。户外运动比室内运动会燃烧更多的卡路里。研究表明，经常参加户外游戏的儿童，在他们青少年时期的身体素质也会好很多。儿童花时间进行自己喜欢的户外游戏，能达到最佳的锻炼效果。对于大部分儿童来说，户外的有氧运动是他们提高身体素质、力量、耐力和进行减肥的途径。[④]

---

① 杨枫.幼儿园教育环境创设与玩教具制作[M].2版.北京：高等教育出版社，2013：3.
② [美]朱莉·布拉德.0—8岁儿童学习环境创设[M].陈妃燕，彭楚芸，译.南京：南京师范大学出版社，2014：369.
③ 钱敏."安吉游戏"户外环境打造例说[J].幼儿教育，2021（7）：18-21.
④ [美]朱莉·布拉德.0—8岁儿童学习环境创设[M].陈妃燕，彭楚芸，译.南京：南京师范大学出版社，2014：368-369.

图1-3 "安吉游戏"户外环境（1）

图1-4 "安吉游戏"户外环境（2）

二 对幼儿认知发展的影响

幼儿直接接触物质环境，对物体进行感知、观察与操作，可以认识物体以及物体与自身之间的关系，尝试提出问题、分析问题、解决问题。物质环境对幼儿认知发展的影响无疑会受到物质材料特性（如丰富性、动态性、可操作性等）的影响，还会受到诸如区域布局、空间密度等因素的影响。

幼儿通过与环境相互作用积极建构知识。精心创设的幼儿园环境可以促进幼儿认知能力的发展。例如，在玩建构游戏时，幼儿通过观察、比较，可以获得对积木的颜色、形状、大小以及积木之间的关系等诸多方面的认知；通过搭积木活动，幼儿除了可以发展小肌肉动作与手的协调能力外，还可以认识各种几何图形，初步了解一些物理概念。

幼儿倾向于用艺术的方式认识世界与把握世界，他们通过艺术认识这个世界的各种事物，记录自己的想法，并且促进自身的学习。譬如，幼儿在自然角观察凤仙花的生长变化过程，并将其用绘画的方式记录下来。幼儿完成绘画作品后，会与同伴进行分享与交流。艺术能够记录个人的想法，并将想法传达给他人。由于身心发展水平的限制，幼儿并不擅长用语言来表达自己的想法，而擅长用艺术的方式与他人进行交流。通过艺术，幼儿的想法、观点等变得有形可见，可以引发师幼之间、同伴之间的对话，促进幼儿的深度思考。幼儿通过讨论艺术作品，参与艺术创作，能够发展视觉感知或视觉思维，从各种角度来看待事物并且同时发展空间感，提出问题、解决问题并反馈到其学习中。

不同于室内活动区，户外活动区为幼儿提供了独特的认知学习机会。在丰富的户外活动区，幼儿可以学习了解自然界中的无生命物质（如沙、石、土、水、空气）与宇宙（如太阳、月亮、星星），可以学习怎样保护自然，同时有机会进行数学、科学、音乐、美术、语言等方面的学习，从而提升沟通、解决问题等能力。

第一单元 走进幼儿园环境创设

三 对幼儿社会性发展的影响

物质环境作为隐性课程，对幼儿的社会性发展能够产生潜在的、深刻的影响。物质环境的具体内容及其营造的氛围会对幼儿的行为产生暗示与引导作用。例如，进区卡可以体现活动区人数限制规则，幼儿通过观察，在活动区外就可以知道某个活动区还有没有空位，自己能否进入该活动区活动。我们来看看下面这个案例。①

由于三个孩子在画架下开大卡车（本来应该在建构区），教师感到非常挫败。我到幼儿园的前一天，其中一个画架翻倒了，颜料洒了一地。教师让那几个孩子停止游戏去休息。但是第二天他们又在画架下开卡车了。在这样的情况下，教师让他们一周内禁止在建构区游戏。我认为，这些孩子趴在地上只专注于玩卡车，并没有在意画架。经过讨论，我们重新布置了环境，在美术区和建构区之间摆放了清晰的间隔物。这解决了惩罚性手段不能解决的问题。

从上述案例可以看出，孩子们的行为受到环境布局的影响，当美术区和建构区分隔不明显时，孩子们出现了翻倒画架、泼洒颜料等行为问题；而当这两个区域之间有了清晰的间隔物时，孩子们的行为问题得到了解决。

幼儿活动空间的大小与密度会影响幼儿的社会性发展。空间密度即密度水平或每平方米所容纳的幼儿数量。它会对幼儿造成很大的影响，高密度会增加幼儿的压力、攻击性行为、破坏性行为和社会抽离现象，并降低积极的社会互动、成就和注意力；低密度则会导致旁观行为以及较少的社会互动等。②

活动材料的数量与性质也会影响幼儿社会性的发展。例如，丰富多样的材料能够吸引幼儿的注意力，减少幼儿之间的争吵，减少攻击性行为的发生，然而，当材料过于丰富时，幼儿反而容易分心，不利于幼儿进行持续深入的探索。再如，材料是否具有可操作性影响幼儿参与活动的主动性，具有可操作性的材料能够激发幼儿的活动兴趣，助推幼儿与材料充分地相互作用；反之，那些不具有可操作性的材料对于幼儿来说仅仅是一种摆设，无法满足幼儿的活动愿望，也不能促进幼儿的发展。

教师对待幼儿的方式直接影响幼儿的社会性发展，教师对待幼儿的态度与行为直接决定幼儿能否获得愉悦的情感体验，从而影响幼儿对待他人的态度和行为。

---

① [美]朱莉·布拉德.0—8岁儿童学习环境创设[M].陈妃燕，彭楚芸，译.南京：南京师范大学出版社，2014：10.

② [美]朱莉·布拉德.0—8岁儿童学习环境创设[M].陈妃燕，彭楚芸，译.南京：南京师范大学出版社，2014：117-118.

四 对幼儿情绪情感发展的影响

不同的环境能够激发幼儿不同的情绪情感体验。蒙台梭利指出，"儿童只有在一个不受约束的环境中，即在一个与他的年龄相适合的环境中，他的心理生活才会自然地发展并展现他内心的秘密"①。营造家一样的环境，有助于幼儿产生归属感，并降低幼儿在家庭和幼儿园之间过渡的困难。注重个体且创设有个性的环境，能赋予空间身份特征，从而增强幼儿的归属感、自尊、幸福感以及对环境的所有感。②

在幼儿园环境中，精心设计软装饰、质地、颜色、采光等元素，有助于营造家一样的环境。譬如，软装饰在营造温馨、舒适的环境中发挥着重要作用，幼儿可以在装了软垫的靠枕、豆袋椅、地毯等上面体验柔软的感觉。再如，不同的色彩可以激发不同的情绪。作为一种传导方式，造型要比色彩有优势；而在情感氛围的烘托上，色彩则要胜于造型。③

心理环境则主要以幼儿的情绪情感为中介影响幼儿的发展。良好的人际关系（如师幼关系、同伴关系），能使幼儿产生安全感，有利于幼儿自信、大胆地去探索陌生环境，从而为幼儿认知发展提供了前提条件。同时，良好的人际关系有助于幼儿保持情绪稳定，并大胆地与周围的人（如教师、同伴等）交往，帮助幼儿建构认知世界的方式。

五 对幼儿审美发展的影响

美能够带给我们一种安宁和愉悦的感觉，它是我们生活中不可缺少的力量；对美的渴求不局限于成人，幼儿也需要美，并不断地探寻美。④精心创设的幼儿园环境处处透露出美，能够促进幼儿的审美发展。

优美的幼儿园环境使得幼儿的生活处处散发着美，它能激发幼儿发现美、感受美、体验美、表现美与创造美的灵感，以艺术点亮幼儿审美的灵魂，这是幼儿园赋予幼儿的强大的内心力量与最珍贵的童年礼物。⑤让我们一起来欣赏下面这个幼儿园的廊道（见图1-5和图1-6）。⑥

---

① [意]玛利亚·蒙台梭利.童年的秘密[M].金晶，孔伟，译.北京：中国发展出版社，2006：96.
② [美]朱莉·布拉德.0—8岁儿童学习环境创设[M].陈妃燕，彭楚芸，译.南京：南京师范大学出版社，2014：107.
③ 杨枫.幼儿园教育环境创设与玩教具制作[M].2版.北京：高等教育出版社，2013：53.
④ [美]桑德拉·邓肯，乔迪·马丁，萨莉·豪伊.儿童视角的幼儿园班级环境创设[M].马燕，马希武，译.北京：中国轻工业出版社，2020：5.
⑤ 张敏.幼儿园环境的隐喻价值与提升策略[J].陕西学前师范学院学报，2020（3）：20-23.
⑥ 李宗玉."活教育"思想下的"活"环境[J].早期教育：教育教学，2020（7）：2-5.

图1-5 蓝与白（1）

图1-6 蓝与白（2）

　　看这个幼儿园廊道里的蓝与白，深深浅浅的蓝色搭配纯色的白墙，沉静、雅致的风格就凸显出来了。这些蓝染作品虽然同是用布创作出来的，但这些布有着不同的质感，当染料与薄棉布、厚帆布、编织布、油画布等不同的布进行碰撞时，会产生不同但又协调的视觉美感，将它们呈现在同一空间里，可以给人以和谐、统一的美感。

　　幼儿园活动室有着和谐的色彩、自然的光线、丰富的自然材料、生机盎然的绿植等，这些都可以增强幼儿对美的敏感度，从而提升幼儿的审美素养。再如，幼儿在进行积木建构时，常常会增加与功能无关的审美细节，学习平衡、对称、形状与设计，评价自己与他人的建构作品，从而发展审美意识与能力。

　　幼儿园环境要给人以美感，需要考虑的重要设计元素之一便是颜色，可以说，颜色在创设美的环境中发挥着极其重要的作用。减少色彩的运用，摒弃材料堆叠，可以增加环境的舒适度，这也契合了陈鹤琴先生提出的讲究环境布置的艺术性；反之，如果色彩过多，材料繁多，则容易给人眼花缭乱的感觉。

通过环境创设来减少儿童的行为问题

❹ 教师在创设幼儿园环境时，可以采取哪些措施预防儿童常见的行为问题呢？扫描文旁二维码，了解"通过环境创设来减少儿童的行为问题"的具体内容。

第三课　幼儿园环境创设的理论依据

　　环境作为一种重要的教育资源，在幼儿发展过程中发挥着不可或缺的作用。为幼儿创设良好的环境，注重环境与幼儿身心发展的关系，是20世纪以来诸多卓越教育家的共识。其中有不少教育理论的环境观促进了现代幼儿教育环境创设的改革与发展，诸如蒙台梭利教育的环境观、瑞吉欧教育的环境观、华德福教育的环境观、陈鹤琴"活教育"的环境观以及布朗芬布伦纳的环境观等。这些幼儿教育环境观形式多样、来源多元，对我国幼儿园环境创设实现内容、形式、来源的丰富多样具有重要的启发意义。

一　蒙台梭利教育的环境观

蒙台梭利认为，幼儿的身心是在外界的刺激与帮助下发展起来的，是个人对环境进行的自然、自发的活动。她认为环境是重要的教育内容，许多教育方法均由环境决定。如果没有理想的环境，幼儿就无法意识到自己的能力，也就永远无法脱离成人而独立。蒙台梭利主张根据幼儿的发展特点，创设一个以幼儿为本位的环境，让幼儿自己生活，这个环境就是"有准备的环境"。蒙台梭利所提出的"有准备的环境"是指满足幼儿在成长过程中生理需求和心理需求的环境，其主要包含以下六大基本要素。

（一）自由观念

自由是必要的，因为只有足够自由，幼儿才能够随时选择自己感兴趣的活动材料和任务，成人才能够通过观察了解幼儿的兴趣，了解他们的个性发展情况，以便随时改进环境来适应幼儿的发展情况。

在蒙台梭利看来，自由的环境有助于幼儿自我训练和自我发展，是幼儿形成自身个性的重要条件。虽然这些联系不是个体本身所必需的，也不是为了某种利益，却是形成和谐复杂个性的重要因素。蒙台梭利在强调为幼儿提供具有完备玩教具的学习环境的同时，还强调让幼儿自主选择感兴趣的活动，这样幼儿才会专注于所需要完成的任务，并不断地进行重复练习，直到他们的内在需求得到满足，行为举止符合社会道德的基本要求，达到"正常化"的标准。

（二）结构和秩序

蒙台梭利非常重视秩序感的培养。在她看来，拥有秩序感不仅可以减少对生命的浪费，而且外在的秩序感也能够帮助幼儿形成内在的秩序感，使其建构清晰的逻辑思维，形成和谐的道德品格。

蒙台梭利教育重视环境的秩序，她主张在教室中，幼儿的活动都要按照日常周期进行，他们的活动安排和节奏是能够预料到的，学习材料也可以在这种条件支持下有序地组织，幼儿可以在自己期望的地方找到所需要的活动材料。

> **幼儿的秩序敏感期**
> 0—6岁的幼儿存在九大敏感期，而在这九大敏感期中，秩序作为人类生命的第一需要，对人类行为习惯的培养具有重要的意义。扫描文旁二维码，了解幼儿的秩序敏感期。

（三）真实和自然

蒙台梭利强调必须让幼儿生活在现实的世界里，因为幼儿想象力的发展基于感觉和真实世界的经验。为幼儿提供的活动材料首先应当与幼儿身形相匹配；其次应有一定重量，具备真实可操作性；最后要避免使用虚幻的色彩，尽可能接近生活中的真实物体。

蒙台梭利教育不仅重视室内环境的创设，还极为关注大自然在幼儿教育中所发挥的重要作用。她认为，幼儿本身即是大自然组成的一部分，他们可以从大自然中汲取自身发展不可或缺的力量。因此成人应该为幼儿创造接触大自然的条件，使幼儿能够有时间、空间去接触和欣赏大自然的秩序、和谐与美感，探寻并掌握大自然中的一些现象与规律。

（四）美感与气氛

幼儿的心理有很强的吸收性，所以成人为幼儿提供的环境必须是优美且和谐的。在蒙台梭利看来，真正的美是建立在简洁的基础上的，幼儿园教室环境在视觉上应做到协调统一、生动、美观、大方，不要显得过分凌乱或有过多刺激。除了美感之外，蒙台梭利还主张整个环境应当平和、有滋养力、轻松温馨，让幼儿乐在其中。

（五）蒙台梭利教具

蒙台梭利教具是蒙台梭利教育环境中最为重要的组成部分，它可以分为日常生活教具、感官教具、语言教具、数学教育和科学文化教具。蒙台梭利教具不同于一般玩具，它是依据科学理论设计出来的一系列富有结构、秩序特征的活动材料。蒙台梭利教具不是供教师使用的，并非作为教师教学的辅助用品，而是提供给幼儿活动时的材料，让幼儿进行自我教育和自我探索（见图1-7和图1-8）。幼儿在操作蒙台梭利教具时，能够发展智力、注意力、持久的心理平衡、抽象思维和自然创造等能力，可以说，它为幼儿提供了精神与物质结合的最佳方式。

图1-7 蒙台梭利教具（1）

图1-8 蒙台梭利教具（2）

（六）集体生活

蒙台梭利认为，幼儿天生具有集体行动的能力。这种团结感不是通过任何教育灌输的，与任何形式的模仿、竞争和个人利益都没有关系，它是自然赋予的，也是幼儿通过自己的努力获得的。从根本上讲，蒙台梭利非常看重幼儿的社会交往。因此在蒙台梭利教育的环境观中，环境不单单指物质材料，更包含了与幼儿互动的人。人是幼儿学习和吸收的主要对象，幼儿进行的互动主要包括幼儿间的互动以及幼儿与教师的互动。

蒙台梭利在20世纪提出的"有准备的环境"对今天的幼儿教育仍有较为深远的意义，对幼儿园班级环境的创设也有着较大影响。一个适宜的环境，实际上为幼儿开拓了一条自然的生活道路。如果没有这种环境，让幼儿一直处于虚弱、乖戾和与世隔绝的状态，幼儿的精神生命就不能发展，因此，为幼儿创造一个适宜的环境，也就为其提供了生长和发展的最佳外部条件。①

二 瑞吉欧教育的环境观

环境在瑞吉欧教育中也占据着举足轻重的地位。瑞吉欧教育工作者认为，环境是一个可以支持社会互动、探索与学习的"容器"。空间具有教育的内涵，在瑞吉欧教育中，环境的教育不仅体现在美丽的贴画、随处可见的生机盎然的各样植物中，更体现在让幼儿乐此不疲的各种玩教具设施中。每一处环境都是瑞吉欧教育的重要组成部分，用瑞吉欧教育工作者的话来说，在瑞吉欧教育中没有一处无用的环境。②瑞吉欧教育中的环境是在其价值取向的基础上创立的。在瑞吉欧教育中，环境的教育取向主要表现在以下几个方面。

（一）环境作用于课程设计与实施

教育者在设计课程时，不论是设计理念中还是操作具体的实施方案中，环境都是被重点考量的要素。这一方面表现在瑞吉欧教育的课程较多是由环境生成的，例如"我的影子朋友""小鸟的乐园"等，教师通过观察来发掘幼儿对环境要素的兴趣点，以师幼互动的方式将这些要素整合为具体方案；另一方面表现在课程也为环境创设提供依据。瑞吉欧教育中任何方案的具体实施都离不开环境的支持，教师需要创设适宜的环境来为具体方案的实施保驾护航。

6 小鸟的乐园
扫一扫，了解瑞吉欧教育案例——小鸟的乐园。

---

① 吴晓丹.蒙台梭利教育思想与方法[M].上海：复旦大学出版社，2012：53.
② [美]贾珀尔·L.鲁普纳林，詹姆斯·E.约翰逊.学前教育课程[M].3版.黄瑾，等译.上海：华东师范大学出版社，2011：41.

（二）环境是幼儿进行互动的重要因素

马拉古奇曾说："教育乃是复杂的互动关系所构成的，也只有'环境'中各个要素的参与，才是许多互动关系实现的决定性关键。"[1]环境之于瑞吉欧教育，是幼儿与幼儿之间、幼儿与成人之间、幼儿与物体之间互动的关键性因素。瑞吉欧教育的环境布置，重视环境中各个元素的参与，这也是瑞吉欧教育中复杂多样的互动关系得以实现的决定性因素。瑞吉欧教育理念下的学前教育机构，不论是幼儿园的地理位置，还是活动室内的物件摆放位置，都会充分考虑幼儿的互动，保证幼儿能够有幸福感以及归属感的体验。

（三）环境是会说话的"第三位老师"

瑞吉欧教育将环境形象地比喻为"第三位老师"，一方面瑞吉欧教育赋予了环境生命与灵性，让环境肩负起教育的责任，幼儿园里的必需物品、材料以及器械都不是被动存在的，而是具有教育意义的情境要素，能够为教育活动提供支持；另一方面瑞吉欧教育认为环境不是一成不变的，要积极主动地适应幼儿与教师的需要。[2]环境会跟随幼儿的需求不断更新变换，因此环境就如同教师，它对幼儿认知的提升、能力的发展、情感的体验都发挥着重要作用。

（四）环境是最佳记录方式之一

记录幼儿成长的方式有很多，例如图片、书籍、录像带等，瑞吉欧教育中最常用的展示方式是墙壁上的告示栏。瑞吉欧教育的环境就像一面镜子，记录着幼儿及教师的成长和点滴的进步。正如马拉古奇所说的，"我们学校的墙壁会说话，也有记录的作用，利用壁面的空间暂时或永久地展示幼儿及成人的生活"[3]。环境记录对促进教师、家长和幼儿的成长发挥着积极作用：首先，它能够促进教师专业成长，帮助其进行自我反思；其次，它能够为幼儿提供学习知识、发展能力以及情感体验的机会，促进其全面发展；最后，它能够为家长开辟了解幼儿的新途径。

（五）环境拥有家庭的氛围

幼儿园不仅仅是开展教学活动的场所，瑞吉欧教育工作者们用环境创设理论与实践告诉我们幼儿园应该像一个家。对身心尚未发育成熟的幼儿来说，像家庭一样舒适、温暖、愉悦的环境，能够帮助他们获得幸福感与安全感，顺利进行建构式学习。例如，瑞吉欧教育环境中，教育工作者们会用屏风、布帘或帐篷将教室划为几个小空间。幼儿可以在自己喜欢的空间中或卧或坐，进行活动。

---

[1] 孙娓娓.探析瑞吉欧教育的环境观[J].鸭绿江（下半月版），2016（1）：242.

[2] 王娇艳，程秀兰.当"有准备的环境"遇上"第三位老师"——对蒙台梭利教育和瑞吉欧教育中"环境"的比较研究[J].早期教育（教师版），2014（9）：4-6.

[3] [意]洛利斯·马拉古奇等.孩子的一百种语言——意大利瑞吉欧方案教学报告书[M].张军红，陈素月，叶秀香，译.新北：光佑文化事业股份有限公司，1998：33.

马拉古奇的教育目标是创造一个和谐的环境，在这个环境中每一位幼儿和教师都感到自在、愉悦和幸福。教育不仅要追求外在的目标，更要注重内在的品质，要能够发展幼儿的创造力，使幼儿形成完整的人格。[①]

瑞吉欧的幼儿学校
瑞吉欧学校的环境美丽宽敞，非常重视校内与校外环境的规划与配合，并重视学校周围环境中的事物，将其视为环境的延伸。扫一扫文旁二维码，了解瑞吉欧的幼儿学校。

三、华德福教育的环境观

华德福幼儿教育理论起源于德国，其创始人为鲁道夫·斯坦纳。华德福幼儿教育以人为本，目标是培养自由、道德自主、具有完整人格和高度社会能力的人才。华德福教育主张亲近自然，倡导将人类放到大自然中去认识自然、尊重自然。华德福教育在教育手段上较为重视对自然素材的应用，在活动安排中也非常强调人与自然的和谐统一。

（一）有生命感觉的美和自然环境

在鲁道夫·斯坦纳看来，万物都是息息相关的，校舍周围充分的自然空间可以帮助幼儿观察和感受本身和自然的节奏变化，引导他们感知、认识自然界。因此华德福主张将人的感官发展与自然环境相结合，在教育手段的选择与教育活动的安排中，突出自然的中心地位，倡导人与自然的和谐统一。感官全然开放的幼儿感知到的一切组成其独特体验，亦成为其生命中必不可少的一部分。

（二）重视成人在幼儿成长环境中的作用

在华德福教育中，幼儿并非独自在自然界中进行探索与发现，成人在幼儿的成长环境中发挥着重要的作用。在幼儿的精神世界尚未建构完成时，他们会着重模仿成人，因此成人要帮助幼儿适应世界。成人还必须创造可供幼儿发展的环境和跟幼儿生命状态相适应的生活节奏，确保幼儿生活节律的正常发展。

（三）讲求自然，感受与内心相协调的环境

华德福教育的一大特点是人和自然的协调融洽，它强调物质环境和心理环境的和谐平衡，强调为幼儿创造美丽、快乐和健康的环境。华德福教育提供的环境更有生命的力量，更加温暖柔和，其

---

① 李静.幼儿园环境创设实用教程[M].南京：南京师范大学出版社，2018：8.

在秩序的结构上通常不以数学逻辑的标准作为要求，而是以生活的逻辑作为标准。

华德福教育主张温暖与爱，强调融入自然生态的理念，突出的是人的灵性与发展，营造的是真实的、自然的、没有压力的教育环境，关注的是幼儿身体与心理的双重发展（见图1-9和图1-10）。

图1-9　澳洲华德福Lorien幼儿园

图1-10　奥地利华德福学校

四　陈鹤琴"活教育"的环境观

在"活教育"理论体系中，陈鹤琴非常强调环境对幼儿发展的作用与重要性。在陈鹤琴看来，环境始终潜移默化地影响着幼儿，并作用于幼儿的一生。围绕环境的创设，陈鹤琴提出了环境的分类与具体方法。为了让幼儿获得全面均衡的发展，陈鹤琴将环境大体划分为游戏的环境、劳动的环境、科学的环境、艺术的环境以及阅读的环境。

不同的环境可以给孩子不同的教育和发展机会。游戏的环境可以让幼儿获得快乐，进而发展各种感觉能力、增长学识，无论是家庭还是幼儿园，首先要给孩子提供游戏的环境，其中最重要的环境要素即玩具。劳动的环境可以分为物理环境与社会环境，陈鹤琴更为强调劳动的社会环境，因为它可以为幼儿提供劳动的机会，锻炼幼儿的动手能力。科学的环境则包含两层含义：一是指环境要具有科学性；二是指成人要为幼儿提供科学领域的环境。艺术的环境注重为幼儿提供美的艺术，通过提供艺术材料、创设艺术的环境，陶冶幼儿的性情，为其带来美的体验。阅读的环境主要包括物质环境与人文环境两方面，倡导要尽早为幼儿创设良好的阅读环境，让幼儿爱上书籍、爱上阅读，并将阅读视为毕生的伴侣与导师。[①]

陈鹤琴认为良好的环境是幼儿健康成长的必要条件，幼儿园的课程应该以幼儿的环境为主，而幼儿的环境主要包括两种环境，即自然环境与社会环境。其中，自然环境是关于自然界的动植物，社会环境是关于人、集体以及相应的各种关系。"活教育"理论全面反映了陈鹤琴关于环境创设的

---

① 张剑春，刘雄英，陈欣悦，等.学前教育专业育人"活环境"创设研究——基于陈鹤琴学前儿童环境教育理论的实践[J].陕西学前师范学院学报，2021（5）：14-19.

原则、特点，综合而言，可以概括为以下几个特性。

（一）环境的综合性、活动性

环境的综合性又称为环境的整体性，强调环境的协同作用。陈鹤琴提出了"五指活动"与"整个教学法"，他强调幼儿园的课程是整体性的，在环境创设中也要注重不同领域之间的联系。任何一种环境都要与多个领域的活动相联系，同样的一种环境也应该能够为幼儿提供多方面的发展服务，这就是环境的综合性功能。譬如，户外种植、饲养环境就充分体现了幼儿园环境的综合性。户外种植、饲养环境能够给幼儿提供健康、科学、艺术、社会等领域的活动。例如，通过种菜和饲养小动物，幼儿可以了解动植物的相关知识；通过劳动锻炼，幼儿可以加强身体锻炼，增强体质；在与同伴合作种植、饲养过程中，幼儿能够发展社会性；对动植物进行观赏时，幼儿能够体会到自然中的艺术与美感。

陈鹤琴提出的"活教育"理念强调"做中教、做中学、做中求进步"，由此可见，在环境综合性的基础上，他十分推崇环境的活动性。环境的活动性包括两方面的含义：一方面，环境应当具有可操作性，且具有游戏性和趣味性；另一方面，环境并非一成不变，需要根据幼儿的发展需要不断更新变化。灵活变动的环境可由幼儿主动参与创造，让幼儿在创设环境的过程中、在与环境的互动中获得知识与经验。

（二）环境的自然性、适宜性

陈鹤琴认为，自然与社会都是活教材，也是活教具，自然界是幼儿园最好的教师，也是幼儿园的一个天然大设备。自然现象四时不同，如果依照时令，利用每一季的特殊自然物来布置幼儿园，可以使幼儿认识各种自然现象，让孩子置身自然，认识各种植物、动物，获得劳动的能力、审美的能力，在室内环境布置的时候也可以选择利用自然的材料，既实用又易得。①

在遵循时令布置环境的同时，陈鹤琴也非常注重本土文化在环境中的展示。他认为我们不能一味模仿外来教育思想，"国外有许多经验，也许有好的经验，但不能不加分析地照搬照套，要结合中国实际情况，适应中国的特点"②。幼儿所处的环境应当是具有本土化、中国化、时代性等特点的，幼儿园在进行环境创设时，应当多结合中国特色和本土文化，为更好地满足幼儿发展的需要提供重要保证。

（三）环境的生活化、游戏性

"活教育"课程论的总目标是把学校的教育环境安排得像是生活的环境。陈鹤琴认为，幼儿期的教育目的之一是培养幼儿基本的优良习惯，培养他们生活的艺术性，提高他们包括卫生习惯和行

---

① 张剑春，刘雄英，陈欣悦，等.学前教育专业育人"活环境"创设研究——基于陈鹤琴学前儿童环境教育理论的实践[J].陕西学前师范学院学报，2021，37（5）：14-19.
② 北京市教育科学研究所.陈鹤琴全集：第2卷[M].南京：江苏教育出版社，1989：46.

为等在内的生活技能水平。① 由此看来，陈鹤琴思想的主要特点是将生活与教育融为一体，在教育环境的创设中也要重视与日常生活相结合，培养幼儿良好的生活习惯。

陈鹤琴提出游戏应当是教育幼儿的主要方式，他非常重视游戏环境的作用。在他看来，幼儿可以通过游戏环境尤其是与自然、社会的接触获得直接经验，从而促进自身发展。对于幼儿园游戏环境的布置，陈鹤琴提出了三点环境创设原则，即通过儿童的大脑和双手布置环境、环境的布置要常常变化、高度应以幼儿视线为标准。②

（四）环境的艺术性、科学性

爱美是幼儿的天性，优美的环境可以培养幼儿的艺术素养，陶冶幼儿的情操。在不同的艺术环境中，可以通过不同的手段给幼儿以美的熏陶。例如，在音乐环境中，为幼儿配备适宜的乐器，以音乐陶冶幼儿情操，发展幼儿的音乐能力；在绘画环境中，通过生活实践与观察，带领幼儿了解生活与自然中的事物，为幼儿提供绘画的条件。

正如前文所说的，科学性的环境包含环境具有科学性，以及提供科学领域的环境两个方面。环境的科学性强调，无论是玩具的提供还是材料的应用，都要符合幼儿的身心发展特点。科学领域的环境要重视对幼儿科学素养的培养，提升幼儿的科学能力与科学兴趣。

除了以上阐述的环境观特性，陈鹤琴还倡导环境应当具备教育性、趣味性、丰富性、人文性等。陈鹤琴"活教育"思想所体现的"以幼儿为本"环境观和"为民族谋发展"的教育使命感，对当前的幼儿园环境创设具有深远的意义。

五 布朗芬布伦纳的环境观

美国心理学家布朗芬布伦纳提出的生态系统论认为，个人的行为不仅受社会环境中的生活事件的直接影响，还受到发生在更大范围内的社区、国家、世界中的事件的间接影响。布朗芬布伦纳在他的理论模型中将人生活的环境以及与环境的交互作用称为"行为系统"，并将该系统分为从小到大的四个层次，即微观环境系统、中观环境系统、外观环境系统、宏观环境系统。之后，布朗芬布伦纳还将时序系统纳入其中，强调任何发展的生态情境的改变都能影响幼儿发展可能的方向（见图1-11）。

---

① 徐金鑫，时松. 陈鹤琴"活教育"思想特点及其现代价值[J]. 陕西学前师范学院学报，2016（8）：39-42.
② 北京市教育科学研究所. 陈鹤琴教育文集：下卷 [M]. 北京：北京出版社，1985：13.

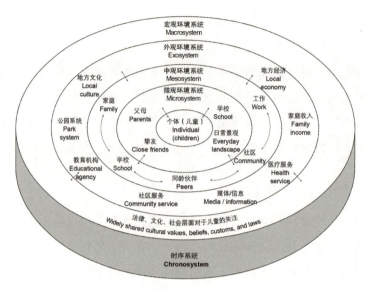

图1-11 生态系统理论分层模型图①

(一) 微观环境系统

该理论模型的最里层是微观环境系统（microsystem），它由个体在直接生活环境中的各种活动和互动模式构成。布朗芬布伦纳强调，为了认识这个系统中幼儿的发展，必须看到所有的关系都是双向的，即成人影响幼儿的反应，同时幼儿的生理特性、人格特征和能力也会影响成人的行为。除了幼儿园，家庭对学前儿童的身心发展也起着极其重要的作用。比如，父母在喂养婴儿时，会有意识地关注婴儿的进食、排便、睡眠等生理反应，确保婴儿处于适宜生长发育的环境中。婴儿在饥饿或有其他生理需求的情况下，也会用哭泣来吸引父母的注意，从而影响父母的行为。这些便是婴儿在微观环境系统中的活动及互动模式。

(二) 中观环境系统

该模型的第二层是中观环境系统（mesosystem），它是各个微观环境系统之间的联系或者说相互关系。如果微观环境系统之间有较强的积极联系，幼儿的发展可能会实现最优化；相反，非积极的联系则会对幼儿发展产生消极的后果。例如，如果幼儿在家庭中一直受到溺爱，那么他在幼儿园中一旦无法得到优先的待遇，极大的落差就会影响其同伴关系的建立，还会影响教师对其采取的指导教育方式。

(三) 外观环境系统

外观环境系统（exosystem）指的是虽然成长中的幼儿不在其中，却对他们所处的直接环境产生影响的社会环境。幼儿生活在家庭这个小单位里，但是家庭也会与外界产生联系，父母对待幼儿的方式会受到幼儿园、教师的影响，也会受到社会等多方面的影响。例如，具有灵活的上班时间的

---

① 黄伊伟.儿童友好型城市建设背景下景观设计师的职责和角色转变[J].景观设计学，2020（2）：110-121.

父母，可以在幼儿生病时在家照顾，这样就有助于幼儿的健康发展。

（四）宏观环境系统

宏观环境系统（macrosystem）是环境系统的最外层，它不是一个具体的环境，是由文化价值观、法律、习俗和资源组成的。宏观环境系统实际是一个广阔的意识形态，是存在于以上三个系统中的文化、亚文化和社会环境，规定了如何对待幼儿，教给幼儿什么以及幼儿应当努力的目标等，例如，中国的传统文化就影响了幼儿的行为习惯与言行举止。

（五）时序系统

环境并不是以某种固定方式影响个体的静态力量，相反，它是动力性的、不断变化的。布朗芬布伦纳把时间作为研究个体成长中心理变化的参照体系，并将模型中的时间维度称为时序系统（chronosystem）。布朗芬布伦纳强调根据幼儿的变化或者发展，将时间和环境相结合来考察幼儿发展的动态过程。

布朗芬布伦纳的生态系统理论是发展心理学的前沿理论之一，它强调人与环境的相互作用，并且认为这个相互作用的过程设定了人的发展路径。生态发展观进一步扩大了"环境"的概念，将环境看作一个不断变化发展的动态过程，突破了以往研究中环境的局限性，也使得更多发展学家开始注重生活与环境之间的相互作用，更好地解释了发展的事实。

8 布朗芬布伦纳的环境观
扫一扫，了解布朗芬布伦纳的环境观。

◇ 单元小结

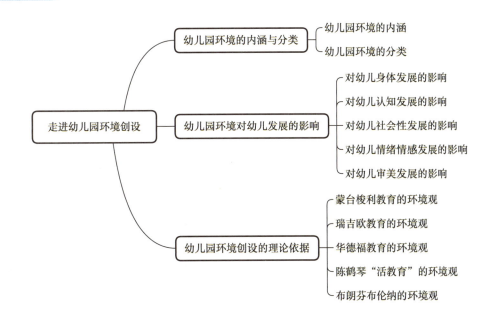

幼儿园环境是一种特殊的环境,是幼儿园内对幼儿身心发展产生影响的一切物质条件与精神条件的总和。幼儿园环境创设是教育工作者根据幼儿身心发展特点、规律以及幼儿园教育的要求,充分挖掘与利用幼儿园环境中的各种教育要素,引导、支持幼儿与环境相互作用,从而促进幼儿身心发展的过程。

根据不同维度,幼儿园环境可以分为不同的种类。从构成内容的特质性差异来看,幼儿园环境可以分为幼儿园物质环境与幼儿园心理环境。幼儿园物质环境是幼儿园所有室内外的活动设施设备和物质材料;幼儿园心理环境则指幼儿园的人际环境(具体体现为园长与教师、教师与教师、教师与幼儿、幼儿与幼儿、教师与家长的关系)及文化环境等营造的人们身处其中能够体会到的一种氛围。物质环境与心理环境相互作用、相互制约,物质环境通过心理环境发挥作用,心理环境基于物质环境体现出来。

幼儿期是儿童大脑迅速发展的时期。任何经历(包括非教育性经历)都有可能对幼儿大脑的发展产生影响,而幼儿的经历受制于环境,因此成人创设的环境(包括幼儿园环境),对幼儿大脑的发展有着非常重要的影响。大脑的结构与功能是幼儿学习与发展的生理基础。幼儿园环境对幼儿的身体发展、认知发展、社会性发展、情绪情感发展和审美发展起着重要的作用。

环境作为重要的教育资源,对幼儿的生长发展起着重要的作用,诸多教育理论环境观对现代幼儿教育环境创设的改革与发展发挥着促进作用。蒙台梭利教育的环境观倡导"有准备的环境",在她看来,环境须包含自由观念、结构和秩序、真实和自然、美感与气氛、蒙台梭利教具、集体生活等六大要素。瑞吉欧教育的环境观主张"没有一处无用的环境",明确了环境对课程设计与实施、幼儿互动、教育影响等的作用。华德福教育提倡人与自然和谐统一,主张温暖与爱,强调融入自然生态的理念,突出的是人的灵性的发展。陈鹤琴"活教育"的环境观则认为"染于苍则苍,染于黄则黄",不仅将环境划分为游戏的环境、劳动的环境、科学的环境、艺术的环境以及阅读的环境,还对环境的创设提出了综合性与活动性、自然性与适宜性、生活化与游戏性、科学性与艺术性等要求。布朗芬布伦纳通过生态系统论的各个层面,分别阐述了微观环境系统、中观环境系统、外观环境系统、宏观环境系统以及时序系统对幼儿发展的影响,突破了以往研究中环境的局限性。

思考与练习

1.单项选择题

(1) 幼儿园环境创设主要指( )。

A.购买大型玩具　　　　　　　　　　　B.创设合格的物质条件和良好的精神环境

C.安装塑胶地板　　　　　　　　　　　D.选择较清净的场所

(2) 从狭义上理解,幼儿园环境是指( )。

A.生活环境　　　　　　　　　　　　　B.心理环境

C.幼儿园教育的一切外部条件　　　　　D.幼儿园内一切影响幼儿发展的因素

(3) 明确指出"幼儿园应为幼儿提供健康、丰富的生活和活动环境，满足他们多方面发展的需要，使他们在快乐的童年生活中获得有益于身心发展的经验"的政策法规是（ ）。

A.《幼儿园教育指导纲要（试行）》

B.《托儿所、幼儿园建筑设计规范（试行）》

C.《幼儿园工作规程》

D.《城市幼儿园建筑面积定额（试行）》

2.材料分析题

（1）三岁的欣欣上幼儿园已经有三个月了。幼儿园里面有各种各样的玩具，还有她最喜欢的芭比娃娃。可是老师不允许欣欣在教室里跑，班里的浩浩总爱扯欣欣的辫子，欣欣向老师反映这个情况，老师也没有制止浩浩的行为。每天爸爸妈妈送欣欣去幼儿园的时候，欣欣都大哭大闹。

请结合以上材料分析幼儿园环境对欣欣的影响。

（2）请根据第三课的内容，试分析蒙台梭利教育与瑞吉欧教育环境观之间的异同。

实践与实训

【实训一】结合有关幼儿园见习经历，对所见习幼儿园环境创设情况进行分析，结合具体的环境创设细节总结该幼儿园的环境创设对幼儿发展的影响。

目的：掌握幼儿园环境对幼儿发展的影响，并能在教育实践中精心创设良好环境。

要求：根据幼儿园见习经历，从物质环境与心理环境两个方面分析幼儿园环境创设对幼儿发展的影响，并举例说明。

形式：小组合作。

【实训二】参观一所幼儿园，运用幼儿园环境创设的相关理论评析该园的环境创设状况。

目的：领会幼儿园环境创设的各种理论依据，并能将科学的环境创设理念灵活运用于实践。

要求：以小组为单位，在蒙台梭利教育的环境观、瑞吉欧教育的环境观、华德福教育的环境观、陈鹤琴"活教育"的环境观、布朗芬布伦纳的环境观等五种环境观中任选其一，并结合幼儿园环境创设的内容具体进行评析，谈谈启示。

形式：实地观察与分析。

第二单元

创设幼儿园空间环境

- 第一课　幼儿园空间环境的内涵与构成
- 第二课　幼儿园空间环境创设的原则与基本要求
- 第三课　幼儿园室内空间环境的创设
- 第四课　幼儿园室外空间环境的创设

第二单元 创设幼儿园空间环境

◇ **学习目标**

1. 理解幼儿园空间环境的内涵，了解幼儿园空间环境的基本构成，掌握幼儿园空间环境创设的原则与基本要求；

2. 了解幼儿园室外空间环境的划分，理解其划分依据，并能够运用所学知识，对幼儿园户外游戏活动场地的各个区域进行合理创设；

3. 掌握幼儿园室内空间环境划分的标准及创设要求，能运用所学知识合理地创设幼儿园的室内空间环境。

◇ **情境导入**

某幼儿园在一楼门厅处新安装了一面乐高墙，可供幼儿与墙面互动玩乐，小朋友们非常感兴趣。早操后，教师组织幼儿列队回班级时，不少小朋友被乐高墙吸引了，他们不仅动手操作拼接，还一起交流讨论。这时，队伍变得有点松散，见到这个情形，教师非常生气，对孩子们说："以后都不准去摆弄墙面上的乐高！"

在上述案例中，教师不仅没有引导幼儿观察门厅的新变化，带领幼儿对乐高进行探索尝试，反而对他们进行了严厉的批评，还惩罚孩子以后再也不能触碰乐高墙。这种做法既忽视了幼儿园环境的教育作用，也扼杀了孩子的学习兴趣。那么，在幼儿园环境创设中我们应遵循哪些原则？不同的区域我们该如何布置？实施过程中又要注意哪些问题？学习完本单元，你就会对幼儿园空间环境的创设有一个全面的了解。

第一课 幼儿园空间环境的内涵与构成

幼儿发展与早期教育都离不开周围环境的熏陶与刺激，《幼儿园教育指导纲要（试行）》指出："环境是重要的教育资源，应通过环境的创设和利用，有效地促进幼儿的发展。"20世纪60年代以来，环境问题越来越成为人类重点关注的问题。生物学、医学、心理学、地理学、生态学、社会学、建筑学、美学等众多学科，都将环境纳入研究范畴。环境保护形成社会浪潮，环境产业也成为新兴经济，环境心理学、环境社会学、社会生态学等交叉学科也随之出现。这些大大丰富、拓展了教育理论和实践工作者对教育环境的认识。深化对环境的科学认识，是当代教育工作者的重要使命。①

一 幼儿园空间环境的内涵

幼儿在与空间环境的交流互动中，萌发兴趣，发挥自身的创造性、主动性，逐渐建构自己的知识体系。正如瑞吉欧教育工作者强调的那样，环境是无声的教育者，我们应该关注并重视空间环境的创设。②幼儿园空间环境是影响教育活动的各种因素的总和，但是幼儿园的空间环境，不是一种自然自发或者随意设置的环境，而是一个综合的建构系统。它既要满足课程建设的需求，也要实现空间环境的教育功能。

幼儿园空间环境是由若干自然因素和人工因素有机构成的，与教师和幼儿紧密联系、相互作用的空间。其中的自然因素包括阳光、空气、地形、山石、水体和花草树木等；人工因素则包括建筑物、空间分割、内部空间的大小和形状、灯光、设备、人工小气候、装饰等人为设置的内容。值得注意的是，自然环境与人工环境有时很难区分，例如，属于人工环境的幼儿园绿化同时是幼儿园自然环境的有机组成部分。在这里，人工环境与自然环境合为一体，也即"人类化的自然"。③

幼儿园空间环境包括物质实体空间与幼儿心理感受空间，它是幼儿学习与生活的重要场所，对幼儿教育发挥着重要的作用。随着我国幼教事业的发展，幼儿园空间环境的创设对国家、教师、家长等各个层面都提出了不同的要求，总体来说，幼儿园空间环境的设计要立足于幼儿的心理特点，设计出符合幼儿艺术发展、视知觉特点的合理的空间环境，既要满足功能需求与文化需求，又要兼具科学性与艺术性。④幼儿园的物质实体空间包括幼儿园中人为和非人为的各种场所材料，例如幼儿园中的绿植、沙地、大型游乐玩具，以及教室、寝室、活动室等场所的教学设施以及材料布置等。而幼儿心理感受空间则主要指幼儿园中的气氛或者氛围，它对应着幼儿的感受、体验等情绪性方面，能够对幼儿的行为模式、道德品质起到良好的促进作用。

二 幼儿园空间环境的基本构成

从空间范围来看，一般空间环境可分为宏观环境、中观环境与微观环境。不同的环境视角定位

---

① 杨枫.幼儿园教育环境创设与玩教具制作[M].2版.北京：高等教育出版社，2013：3.
② 施玉洁.浅谈幼儿园的环境创设[J].学周刊：上旬，2016（12）：213-214.
③ 杨枫.幼儿园教育环境创设与玩教具制作[M].2版.北京：高等教育出版社，2013：3.
④ 李琳玉.幼儿园空间环境设计探究[J].大众文艺，2022（9）：22-24.

所涵盖的范围各不相同。以幼儿园为例，宏观环境即一所幼儿园的整体环境，中观环境指幼儿园中的教学楼、户外活动区等场地，微观环境则是指幼儿园中的办公室、走廊楼梯以及班级活动区等独立环境。概括而言，幼儿园的空间环境是由幼儿园的园门、围墙、户外游戏活动场地、走廊、楼梯、活动室内空间等部分组成的。①

当我们把幼儿园的空间环境放到国家、地区等大环境中审视时就会发现，不同的环境背景对幼儿园空间环境的创设会产生不同的影响，会使幼儿园的空间环境呈现出很大的差异。这些幼儿园的空间环境创设也会反映出不同国家、不同地区的风俗地貌。例如，丹麦阳光屋幼儿园（见图2-1）是一个会产生能源的幼儿园，在幼儿园中实行绿色修建技术。幼儿园屋顶的两侧沿着侧边的窗口以及屋顶设置的灯光，无论是在冬季还是在夏季都能够保证每个房间至少有三束光线进入，以确保幼儿园的孩子们拥有健康的室内环境。日本长崎的奥巴马保育园（见图2-2）位于海边，它看上去就像是一个为孩子们设计的互动博物馆，是海景、音乐与艺术的结合。面朝大海的一边，一整面透明落地窗，将蓝天、白云和大海真实地装进了这个幼儿园。孩子们还可以在连接二楼至露台的游乐绳索网攀爬玩乐，爬上去就可以到达面朝大海的露天阳台，直接感受海风温柔的吹拂。远远看上去，这个阳台就像是飘浮在大海上，为孩子们提供了近距离接触海景的机会。

图2-1　丹麦阳光屋幼儿园

图2-2　日本奥巴马保育园

在我国幼教事业高速发展的今天，重视幼儿园空间环境建设自然成为人们对幼教工作者的重要要求，这不仅是为了满足幼儿生活与游戏的需要，也是为了满足幼儿教育、幼儿身体发展和审美的需要。环境是默默无闻的"第三位老师"，静静地发挥着它的重要作用，而空间环境的创设也必然需要每个人的不懈努力。

第二课　幼儿园空间环境创设的原则与基本要求

幼儿园是幼儿生活、学习、成长的重要场所。幼儿身心发展具有一定的顺序性和阶段性，在创

---

① 杨枫.幼儿园教育环境创设与玩教具制作[M].2版.北京：高等教育出版社，2013：4.

设幼儿园空间环境时，一定要充分考虑幼儿的年龄特征，充分尊重幼儿的独立人格，遵循幼儿的身心发展规律以及环境创设原则，最大限度地发挥幼儿园环境的教育价值。

一、幼儿园空间环境创设的原则

《幼儿园教育指导纲要（试行）》中明确提出："环境是重要的教育资源，应通过环境的创设和利用，有效地促进幼儿的发展。"为了充分促进幼儿健康、和谐发展，在创设幼儿园空间环境的过程中，要遵循安全性、教育性、适宜性、经济性、艺术性、参与性等原则。

（一）安全性原则

安全性原则是指幼儿园环境对幼儿身体、心理各个方面都没有威胁，幼儿能够处于健康、舒适的状态。具体来说就是园内建筑、设施设备、活动场所等要符合国家安全标准；使用的玩教具符合环保要求；日常用品、水电设施达到国家安全标准；食品达到或超过国家规定卫生标准等，对幼儿的身心发展没有现实或潜在的危险。幼儿只有处于一种安全的环境中，才能够放开手脚，全身心投入到活动中，得到均衡发展。

1.幼儿园物质环境安全无害

幼儿园物质环境安全是指幼儿园的园舍建筑、设施设备、活动场地、玩教具等物质条件必须符合国家相关卫生标准和安全标准，不会对幼儿的安全和身心发展造成不良影响。[①]首先，幼儿园园舍建筑设计要规范、安全。住房和城乡建设部颁布的《托儿所、幼儿园建筑设计规范》对相关要求进行了详细规定："应建设在日照充足、交通方便、场地平整、干燥、排水通畅、环境优美、基础设施完善的地段"；"不应置于易发生自然地质灾害的地段"；"与易发生危险的建筑物、仓库、储罐、可燃物品和材料堆场等之间的距离应符合国家现行有关标准的规定"；"不应与大型公共娱乐场所、商场、批发市场等人流密集的场所相毗邻"；"应远离各种污染源，并应符合国家现行有关卫生、防护标准的要求"；"园内不应有高压输电线、燃气、输油管道主干道等穿过"。

1 《托儿所、幼儿园建筑设计规范》
扫一扫，阅读《托儿所、幼儿园建筑设计规范》全文。

其次，幼儿园的设施布局要合理完善。幼儿园班级内的活动室、寝室、盥洗室、厕所等区域是幼儿在园内生活的重要场所，为幼儿的活动、盥洗、休憩、吃饭等生活活动提供保障，此外，各活动室的供水排水设备、照明设备、通电设备等，包括橱柜、儿童床、洗手池、便池等生活设施设

---

① 赵娟，靳林，李敏.幼儿园教育环境创设与玩教具制作[M].北京：北京师范大学出版社，2017：20.

备,也是为幼儿提供生活服务的重要保障,因此各活动室设施设备的安全、舒适对幼儿的身心发展至关重要。在活动室的分布上要做到种类齐全、大小适宜、布局合理、干净整洁,每天还须进行日常清洁、消毒,以保证幼儿的身心健康。设施设备也应当以幼儿的身心特点为标准,电源开关等设施要远离幼儿的活动区域或设置在幼儿触摸不到的位置,以免发生触电、起火等意外事故。幼儿所用的床具、桌椅的尺寸也要适宜,边缘要平滑无棱角、无凸起(见图2-3和图2-4)。

图2-3　幼儿园床铺

图2-4　幼儿园桌椅

最后,幼儿园的玩教具要安全无毒害。玩教具是幼儿学习、游戏的必备材料,好的玩教具能够促进幼儿身体协调性和控制力的发展,提升幼儿的认知能力,调节幼儿的情绪。幼儿园的玩教具应当干净清洁,无毒害无棱角无尖刺无缺损,同时还要注意玩教具的尺寸,防止幼儿吞食。

2.幼儿园心理环境舒适温馨

幼儿园的心理环境是指由人际关系、文化观念等无形因素交织在一起形成的心理氛围,它包括影响幼儿精神状态、情绪情感的一切因素。[1]《幼儿园教育指导纲要(试行)》中也明确提出:"教师的态度和管理方式应有助于形成安全、温馨的心理环境;言行举止应成为幼儿学习的良好榜样。"

一方面,教师应当尊重幼儿、爱护幼儿。虽然幼儿发育还不成熟,但是他们在人格上与成人是平等的,教师要尊重幼儿的人格与权利,尊重他们的个性差异、尊重他们的发展规律与发展特点。教师还应当给予幼儿支持与帮助,教师不仅需要在幼儿情绪愉悦时分享他们的快乐,更需要在幼儿情绪低落、遇到困难时,给予幼儿适当的指导,帮助他们走出困境。另一方面,教师还要引导健康的同伴关系的形成。幼儿是社会人,良好的同伴交往可以给幼儿带来愉悦感,教师应当在日常生活中引导幼儿学会尊重他人、关心他人、帮助他人,习得亲社会行为,建立安全的幼儿园心理环境。

(二)教育性原则

教育性原则是指幼儿园的环境创设应该考虑环境的教育功能,让环境的目标与幼儿园教育目标一致,充分体现教师利用环境进行教育的思想,发挥幼儿园环境作为"第三位老师"的作用。[2]幼

---
[1] 温迪·科扎.幼儿园班级环境创设和一日生活[M].曹晓旸,译.南京:南京师范大学出版社,2013:30.
[2] 张建波.幼儿园环境创设[M].北京:教育科学出版社,2014:126.

儿园环境的创设要与教育任务、教育目标相匹配，并依据幼儿教育目标对环境创设做系统规划，将环境创设与幼儿园课程进行巧妙的结合，让隐性的幼儿园环境成为教育活动的助力，在无声无息的熏陶下促进幼儿德、智、体、美等方面的全面发展。《幼儿园教育指导纲要（试行）》要求培养幼儿"爱护动植物，关心周围环境，亲近大自然，珍惜自然资源"的情感和意识。我们来看看下面这个案例中，教师们是怎么做的吧！

幼儿园开展了以"保护动植物、爱护大自然"为主题的活动。在该活动中，教师不仅根据活动内容带领幼儿布置了"我认识的动植物"活动展板，还在班级中摆放了各种盆栽植物以及动物模型，通过环境布置，激发幼儿对大自然的好奇心，带领幼儿探索动植物的奥秘，增强幼儿保护自然环境的意识。

首先，幼儿园物质环境要有教育性。环境的内容可以是千变万化的，充满生命力的环境能够在无声无息中给幼儿生命以滋养。优质的幼儿园环境是有启发性的，它可以引发幼儿的思考，激发幼儿的行动，通过解决环境创设中的实际问题，拓展幼儿的知识面，提高他们的能力。其次，幼儿园物质环境还要注重互动性。幼儿园是天然的游戏场，园中的墙面、走廊、楼梯等都可以满足幼儿互动玩耍的需求，教师应当好好利用这些公共环境，增加幼儿与环境互动的机会。最后，幼儿园物质环境还应兼具展示性，其展示的对象不仅包括幼儿，还要面向家长以及幼儿园教职工。教师可以展示艺术品让幼儿得到美的熏陶，也可以展示知识内容，增加幼儿的知识经验。与此同时，幼儿园物质环境也可以展示幼儿成长记录、家长育儿经验、园内教育计划等，实现幼儿园与家长的交流互动，形成教育合力，促进幼儿发展。

心理环境也要具备教育性。幼儿园心理环境虽不可见，但能于无形之中规范幼儿的行为，对其予以精神引领。首先，幼儿园应当树立良好的园风，创立和谐的幼儿园文化，建立和谐的师幼关系与幼幼关系，为幼儿营造具有教育意义的精神家园。其次，幼儿园应当建立规范的管理制度以及一日常规，帮助幼儿习得社会生活规则，并将其内化为自己的行为准则。最后，教师要抓住幼儿园中随时可能出现的教育契机，挖掘生活中具有教育价值的事件，对幼儿进行启发诱导，实现幼儿自身的完善发展。

（三）适宜性原则

适宜性原则是指幼儿园所有物质条件都要从保障与促进幼儿身心健康发展出发，要与幼儿发展水平、年龄特点、兴趣爱好、个性特征等匹配协调，要能满足幼儿全面发展的需要。发展是个体在幼儿阶段的第一要务，促进幼儿身心发展是幼儿园的中心工作，幼儿园环境被赋予促进幼儿身心发展的功能，而要发挥此功能，幼儿园在创设环境时就必须坚持适宜性原则。

首先，环境应当与幼儿年龄特征相适宜。学前儿童处于身体发育的关键时期，他们身材矮小、动作不够灵活，普遍好奇心强、自主性强，注意力集中时间不长，因此环境创设应当注重此时期幼儿的生理与心理特点。例如桌椅板凳需要与幼儿身高匹配，物品材料的选择要以轻便、易于搬放为主；装饰布置也要生动形象、直观可感，并具备趣味性，让幼儿喜欢与之互动。

小班幼儿的思维具有直觉行动性，注意力以无意注意为主，行为多受情绪控制，新颖、奇特、对比强烈的事物更容易引起小班幼儿的注意。根据小班幼儿的身心特点，在环境创设中应注重营造生活气息与家庭氛围，宜采用形象活泼、造型简单、色彩艳丽的图案，以帮助小班幼儿认识事物或进行常规教育。中班幼儿的思维以具体形象思维为主，有意性开始增强，对事物的理解能力提高，动作发展较小班幼儿有明显的提升，对陌生事物好奇心较强。在环境创设中，可以选用多样化的装饰材料，突出环境的可操作性与互动性，在装饰中，内容布置也可以丰富一些，设置一定的背景与情节，例如将医院、警察局等元素纳入其中，促进幼儿的社会性发展。大班幼儿的抽象逻辑思维有所发展，有较强的探索欲与求知欲，动作能力与情绪情感都有所提高，喜欢具有一定挑战性的事物。基于大班幼儿的特点，大班的环境创设应注重让幼儿进行自主、自由的探索，装饰布置也可偏重知识性。

其次，环境需要符合幼儿的发展需求。幼儿的发展具有阶段性，当幼儿通过学习，能力积累到一定程度时，就会产生质的飞跃。幼儿园的环境创设不是一成不变的，应当随着幼儿发展水平的变化而变化，实时更新原有的环境创设内容，为幼儿营造良好的学习环境。我们一起来看看下面这位教师是如何做的。

在幼儿初步认识长颈鹿时，教师将长颈鹿的图片贴在墙上，便于幼儿了解长颈鹿的外貌特征。在深入学习长颈鹿的身体特点以及生活习性后，教师又将有关长颈鹿的画册、图画书放置在图书角，供幼儿自行阅读、自主探索。在学习如何绘画长颈鹿、了解长颈鹿的特征后，教师还开设了泥工坊，带领幼儿探索长颈鹿立体造型的制作方式。

教师还应当兼顾幼儿发展的差异性。由于幼儿自身的发展方向、发展速度、发展高度不尽相同，主要表现为性格、兴趣、智力、能力、学习方式等方面的差异，所以幼儿园环境还应顾及幼儿发展的差异性。教师可以设置多样的活动区，并投放丰富多样的活动材料，以满足不同幼儿的需求。例如，有的幼儿智力水平发展较好，喜欢思考探索，教师可以多提供七巧板、拼图等益智类玩具；有的幼儿内向喜静，教师则可以开辟一个"私密角"供幼儿独处。

最后，环境应当与本园活动相适宜。一般来说，幼儿园的主要活动为节日的庆祝活动，如中国的传统节日中秋节、端午节等。教师也会根据社会热点以及幼儿的发展需求设置相应的主题活动，如"北京冬奥会""神舟飞天"等活动。除此之外，幼儿园一般都会利用本地区、本园的优势资源，结合自身的办园理念，开展一系列独具风格的教育活动，因此幼儿园环境创设应当满足这些活动开展的需求。在布置环境时，教师要紧抓活动的内容，突出活动的重点，让幼儿完全融入其中，体会活动的意义，感受活动的文化特征。

（四）经济性原则

经济性原则是指在幼儿园环境创设中，应当根据幼儿园的实际情况，以较少的人力、财力、物力投入获得较大的教育成果，坚持因地制宜、勤俭办园的原则，最大限度地发挥教育工作者的能动性。在布置环境时，教师要根据幼儿的实际需求进行环境创设消费，尽可能减少不必要的消费，尽可能变废为宝、一物多用（见图2-5和图2-6）。

经济性原则应以实现环境的教育功能为主。目前许多幼儿园依然存在"环境作用于成人"的畸形现象，尽显奢靡之风。一方面，幼儿园为了应对上级领导的视察，花费大量资金改造幼儿园外观及基础设施，购买高科技设备，但是这些设施设备在幼儿教育中的利用率却较低，造成了浪费。另一方面，部分幼儿园为了扩大招生规模，往"精英化""贵族化"方向打造幼儿园物质环境，但是在需要投入教育和保育资金的时候往往捉襟见肘。幼儿园环境创设并非花钱越多越好，经济性原则也并非要求幼儿园一味节约开支，幼儿园应当将促进幼儿身心发展放在首位，以实用性为创设重点。

图2-5　废纸箱做装饰品

图2-6　车轱辘做吊饰

经济性原则要兼顾环境创设的灵活性。优质的幼儿园不一定是昂贵的。在进行幼儿园环境创设时，首先要因地制宜，充分利用社区资源，就地取材，如图2-7所示，这所农村幼儿园充分运用了绕园的小溪，搭配上农村中常见的水车，可以给孩子们带来无穷的乐趣。另外，环境创设要坚持废物利用、一物多用，教师应当熟悉各种材料的多种用途，将同样的材料运用在不同的环境造型中，呈现出不同的艺术效果（见图2-8）。

图2-7　绕园小溪变成戏水池

（图片来自网络）

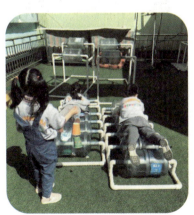

图2-8　水桶与废水管的利用

总之，贯彻幼儿园环境创设的经济性原则就是要将钱花在刀刃上，做到物有所值、物超所值，更要教育者启动教育智慧，充分利用生活中的废旧材料、自然材料来为幼儿园创设富有趣味与教育价值的环境。

（五）艺术性原则

艺术性原则是指在幼儿园创设空间环境时，要根据幼儿的审美特点创设美的环境，培养幼儿感受美、表现美、创造美的能力，同时，艺术性也指幼儿园环境创设的形式与方法应当新颖多样、富有趣味。充满艺术性的环境能够陶冶幼儿的情操，提升幼儿的艺术素养，健全幼儿的人格。空间环境创设的艺术性原则，要求教育者从幼儿出发，理解幼儿的审美需求，将幼儿园设计成安全、温馨、充满童趣的乐园。

在色彩方面，幼儿园环境创设要注意色彩的运用。幼儿偏好明快的色彩，他们能够从这些色彩的变化中感知色彩的节奏与律动。例如，西班牙贝莱斯卢比奥第八幼儿园的圆形窗户（见图2-9）中嵌满了五彩斑斓的玻璃，多彩的圆形窗户伴随着昼夜更替在地上投放着不同的光影，给幼儿展示着形状与色彩的变幻。色彩不仅能给人以美的感受，也能够对幼儿的心理产生影响，教师要善于运用色彩营造适宜的环境。福冈六本松幼儿园巧妙地将色块与结构联系起来，保育室的一侧墙上设有200多个储物箱（见图2-10），供小朋友们使用。潘通色卡般的柜面拥有250种色彩，起到装饰作用的同时，也鼓励小朋友通过颜色找到属于自己的储物箱，提高他们对于色彩的辨识能力。由此可见，幼儿园环境色彩设计的高明之处就在于将幼儿的审美需求与身心发展相联系，在追求艺术审美的同时，兼顾了科学的教育要求。

图2-9　西班牙贝莱斯卢比奥第八幼儿园的窗户

图2-10　福冈六本松幼儿园的储物箱

在造型方面，幼儿园的设计造型应当符合幼儿的审美倾向。幼儿大脑的视觉神经发育尚未成熟，更容易感知单纯、简洁、浑圆的造型，因此，在创设幼儿园环境时，可以更多地采用单纯、质朴的几何造型以及生动鲜活的卡通造型。在表现内容上，广袤无边的海岸、神秘莫测的森林、飘浮的云朵等都是幼儿园环境创设的灵感源泉，这些题材易于幼儿理解、欣赏，也有助于幼儿进行丰富的想象。当然，造型的构图也要注重主次关系，注意前后的空间关系以及疏密层次。德国

Wolfartsweier猫形幼儿园本身就是一只巨大的"猫"(见图2-11)。虽然外形不同于一般的幼儿园,但是它具备幼儿园该有的所有基本功能:"猫"的爪子"握着"孩子们的游戏区域;"猫"肚子的一楼是盥洗室、餐厅和厨房,从楼梯走上二楼,两侧是孩子们的更衣区和教室。"猫"的尾巴作为逃生通道被设计成了管道滑梯:当发生紧急情况时,孩子们可以顺着"猫"尾巴快速从二楼滑下来,前往幼儿园后方的空地集合(见图2-12)。

图2-11 德国Wolfartsweier猫形幼儿园(1)

图2-12 德国Wolfartsweier猫形幼儿园(2)

2 国内极富艺术性的幼儿园建筑
扫一扫,领略国内富有艺术性的幼儿园建筑。

(六)参与性原则

环境创设的过程是幼儿与教师共同参与合作的过程。教育者要有让幼儿参与环境创设的意识,认识到幼儿园环境的教育性不仅蕴含于环境中,而且蕴含于环境创设的过程中。以往,幼儿园环境创设较多地由教师包办,即使有幼儿参与,也仅限于将幼儿的作品拿来作为环境的点缀;学期初,教师经常为了布置环境加班加点,而一旦环境布置好了,就认为大功告成,一学期难得更换一次,因而环境对于幼儿没有持久的吸引力。教师应将幼儿参与的环境创设融入课程,以便对幼儿有针对性地进行教育。我们来看看下面这个案例中的教师是如何做的。

一位教师正在组织幼儿的谈话活动,起初的主题是环保——针对乱扔垃圾的问题。后来,谈话延伸到计划外的新话题——"奥运会"。孩子们对这个话题很感兴趣。教师意识到了这个话题的教育价值,于是引导幼儿讨论在墙壁上制作"奥运主题墙"并制订了计划。孩子们请爸爸妈妈找相关资料,制作奥运标志、田径场、环形跑道、看台等,画出了各种表情的观众和运动员,并进行了设计评比。

案例中的"奥运会"活动通过幼儿集体构思、游戏、调查、制作和家长参与等过程,教师由单纯的知识传授者变成了观察者、倾听者、合作者、决策者。幼儿会主动思考需要布置什么内容、需要装点成什么颜色、需要什么材料等问题。解决问题的过程充分调动了幼儿的思维积极性，发展了幼儿的主体意识。在实际的环境创设实施中，幼儿们会各抒己见，也会根据各种意见进行选择，并分配任务，这有助于培养他们的责任心以及合作意识。幼儿由单纯的倾听者变成了计划者、参与者，充分认识到了自己的能力，人人出谋划策，人人都来承担自己的责任，真正展示和发展了任务意识，提升了有目的地学习知识和技能的能力，以及分工合作、讨论、决策的能力和发现问题、解决问题的能力。

幼儿园空间环境创设的基本要求

幼儿园空间环境的创设是一门融合了多领域学科知识的创造性活动，它不仅要满足幼儿对于各类环境的多样化需求，注重环境外观造型特点与趣味性，还需要注意各个环境的功能发挥以及整体环境的结构体系。幼儿园空间环境的创设除了考虑环境的教育功能以外，还要强调环境的可操作性以及幼儿的适应性，涉及教育学、美学、心理学、幼儿人体工程学等多门类学科知识，因此，在进行幼儿园空间环境的创设时应考量一些基本要求。①

（一）舒适度要求

幼儿园是幼儿进行一日生活的重要场所，在进行幼儿园空间环境创设时，首先应当注重为幼儿提供一个舒适的环境，让幼儿获得最大的舒适感。对空间环境舒适度最基本的要求是干净卫生、温度适宜。要注意保持幼儿园空间环境的整洁，保持空气流通，幼儿的生活用房应满足冬至日底层满窗日照不少于3小时的要求。同时，温带地区、炎热地区的幼儿的生活用房要避免朝向西方，否则应配备遮阳设施。温度同样也会影响幼儿的生理反应，温度过高极易引发幼儿的高温疲劳，温度过低则会降低幼儿活动的灵活性，适宜的空间环境温度应当保持在20℃左右。②

保持环境的安静也是幼儿园空间环境创设的基本要求之一，一般来看，幼儿园室内噪音要求不大于50分贝。除此之外，幼儿园的空间环境还要注重幼儿的视觉舒适，虽然幼儿喜欢明亮鲜艳的颜色，但是过分刺激性的色彩与复杂花哨的造型也会让幼儿烦躁不适。要保持幼儿园空间环境颜色的舒适性，需要控制好色彩的搭配与种类。幼儿园环境的背景色应统一协调，但是注意不能添加过多的色彩，否则不仅会让环境零散，缺乏整体感，还会造成幼儿视觉困难。

（二）适宜度要求

适宜度要求是指幼儿园空间环境创设要适应幼儿的生理与心理特点。幼儿的生理特点是进行幼

---
① 杨枫.幼儿园教育环境创设与玩教具制作[M].2版.北京：高等教育出版社，2013：13.
② 杨枫.幼儿园教育环境创设与玩教具制作[M].2版.北京：高等教育出版社，2013：14.

儿园空间环境创设的重要依据。作为幼儿园空间环境创设的主体，教师应当了解幼儿身体各个部分与特点，并以此为依据进行幼儿园环境的创设。国家质量监督检验检疫总局发布的《学校课桌椅功能尺寸》就对幼儿园各个年龄段的桌椅的设计尺寸进行了规定（见表2-1），要求幼儿园桌椅严格遵循幼儿的生理尺寸来进行设计。

表2-1 幼儿桌椅尺寸表

班级	身高范围（cm）	标准身高（cm）	适用桌椅型号	桌面高（cm）	椅面高（cm）
小班	98～112	105.0	幼3号	46	25
中班	105～119	112.5	幼2号	49	27
大班	113以上	120.0	幼1号	52	29

此外，幼儿视觉器官的特点也应当被考虑到。幼儿的视野范围较小，其头部转动的角度与视野范围角度大致相同，头部转动的适宜范围是45°，上下30°，因此在进行幼儿园空间环境创设的过程中，要注意幼儿这一生理特点，例如班级墙面要以幼儿视觉范围的高度为标准进行创设。

（三）和谐要求

幼儿园的环境创设从形式上来看，是一个创造美的环境的过程。环境美包括自然景物美、建筑美、园林美、雕塑美、绘画美、工艺美等多个方面，但是美化幼儿园的空间环境并非将这些要素机械叠加，而是对其进行统一，协调空间与人的关系，寻求整体的审美效果。随着社会文明程度不断提高，人们对环境的审美需求已经逐步超过了最初作为主要功能的实用需求。在现代化城市建设中，多样化风格的建筑越来越多，亭台水榭、秀石雕塑、绿树成荫等艺术人居环境也会影响幼儿园的建筑设计与环境创设，因此在设计幼儿园空间环境时不仅要根据时代变化丰富建筑风格，还要注意使其充分适应幼儿的身心发展需求。

四合院是充满底蕴的北京符号。北京乐成四合院幼儿园就在现代幼儿园建筑中完美融合了四合院的建筑特点（见图2-13）。低矮平缓的房屋设计连通古老的庭院，让孩子们能体验"上房揭瓦"的乐趣。这里没有传统的教室，但开放的空间连通各个学习区，内设走廊、剧场、室内体育馆、庭院游戏场，以及无处不在的阅读区。

日本立川富士幼儿园的一角，是一个一半被透明玻璃包围，一面直接与外界环境相连的建筑（见图2-14）。7块交错的楼板包围着一棵大榉树，建筑中暴露的部分也都被这棵巨大的树的枝叶覆盖，建筑内部的柱子和楼梯隐藏在树叶和枝杈的阴影中，而蔓生的枝杈和茂密的树叶也在建筑内部穿透，打破了室内与室外、建筑与自然环境之间的界限。

图2-13　北京乐成四合院幼儿园

图2-14　日本立川富士幼儿园

第三课　幼儿园室内空间环境的创设

按照不同的组成性质，幼儿园空间环境可以分为物质环境与心理环境。幼儿园物质环境主要包括生活设施设备、玩教具材料、各类型功能室等有形的物质，而幼儿园心理环境则主要包括集体氛围、活动气氛、心理因素等构成的复杂环境系统。物质环境与心理环境一同构成了幼儿园的整体环境。[①]按照环境存在形式划分，幼儿园空间环境则可以分为室内环境与室外环境。室内环境主要指幼儿园主体建筑的内部环境，包括门厅、走廊、楼梯等室内公共部分以及班级单元、公共活动室、多功能室等专用空间。

一　门厅

幼儿园门厅是幼儿、家长、教职工以及其他幼儿园访客来往幼儿园的必经之地，是家长与访客逗留、休憩的场所，也是幼儿园对外进行展示、接待的重要窗口，因此门厅的规划与设计应纳入幼儿园环境创设的整体之中，做到美观实用、彰显特点。

（一）门厅的功能

1. 接待功能

接待功能是门厅的首要功能。门厅是全日制幼儿园每天进行晨检的地方，以保障全体幼儿的身心健康；门厅也是接待家长和外来人员的地方，避免他们深入幼儿园教学区，以保持教学环境的安静，维护幼儿正常的生活秩序。

---

① 赵娟，靳林，李敏. 幼儿园环境创设与玩教具制作[M]. 北京：北京师范大学出版社，2017：9.

2.展示功能

门厅是幼儿园对外宣传的窗口,它的艺术形象以及门厅中展橱都能够给来访者留下深刻印象,起到宣传、广告的作用。门厅可以展示幼儿的作品、介绍幼儿园的园风园建、介绍幼儿园教师队伍,以展示幼儿园特色。

(二)门厅的设计要求

1.门厅尺度避免大而无当

门厅的空间形态要把握合适的尺度,门厅的高度与厅内进出门的高度应当和谐,应根据幼儿园的规模与主体建筑中幼儿的数量进行合理的控制。一般来说,门厅净高为2.60~2.80 m,小型幼儿园的门厅建筑面积为30~40 m²,中型幼儿园为50~70 m²,大型幼儿园为80~100 m²。[①]

2.保证门厅的通畅与安全

在规划上,门厅的人流路线要简洁通畅,通往不同区域的流线要明确,避免设计过多的人行通道,而使门厅成为交叉走道的交会处,造成人流拥堵,危及幼儿的安全。另外,门厅门扇应平滑、无棱角,设计不宜繁杂,须突出重点。

3.突出门厅的美观与效用

门厅内墙的色彩要亮丽自然,符合幼儿的喜好。布置应突出幼儿园文化建设的痕迹,可以充分利用门厅展示园里各种信息,例如公告栏、办园理念、活动风采等。门厅如果空间充足,还可以放置一些椅凳、阅读书籍等,充分展示幼儿园的人文关怀。对于空间较高的厅顶,可以悬挂顶饰,既起到装饰的作用,也可减少幼儿因厅顶过高而产生的不安全感。

二 走廊及楼梯

走廊、楼梯是幼儿园连接各活动室与楼层,方便幼儿和教师行走的通道。它的合理性、科学性和趣味性的造型设计,有助于突出幼儿园特点。走廊不仅可以增加幼儿的活动空间,还有助于班级之间的活动沟通和联系,方便幼儿之间的交往,更好地满足幼儿之间的合作、分享、互助以及向他人学习的需求。

(一)走廊

走廊即有顶的过道,是建筑物的水平交通空间,也是用来联系各房间的通道。幼儿园走廊是幼

---

① 李静.幼儿园环境创设实用教程[M].南京:南京师范大学出版社,2018:36.

儿通行的地方，它的开放性决定了其具有通行与行为指导、展示与沟通、认知与学习、装饰与美化等功能。

1. 走廊的功能

（1）通行与行为指导功能

幼儿园走廊的功能首先表现为通行与行为指导功能。通行功能是走廊最直接与外显的功能，因此在走廊环境创设的过程中，要尽可能保持走廊通畅，不要有过多占用走廊空间、挡住幼儿视线的摆设。行为指导功能表现为左右行走方向、安全通过等提示作用，例如在走廊的墙壁上、地板上粘贴带有箭头的标志为幼儿指明方向，墙面上挂出"有危险，不要攀爬""请安静"等提示牌，都对幼儿的行为有很好的指导作用（见图2-15）。

（2）展示与沟通功能

展示与沟通功能表现为幼儿园学习过程的记录、课程计划与教学内容、园所文化与班级特色、家园联系栏与家长联系册等内容的展示。展示区因地而创，既可以设在走廊的墙面上，也可以设在走廊的两侧以及走廊的垂直空间上。展示与沟通功能是相贯通的，通过展示，为园方与外界搭建沟通交流的平台，促进家园联系，提升教师能力，打造园所文化。

图 2-15　幼儿园走廊标识

（3）认知与学习功能

认知与学习功能是指走廊环境的创设要有意识地对幼儿进行智育。通过走廊环境的设置向幼儿传授一些粗浅的知识，培养他们的想象力与观察力。走廊环境可以布置幼儿的学习作品，例如幼儿的绘画作品。墙上或地板上可以粘贴一些简单的标语，让幼儿在走走看看摸摸的过程中学到一些简单的知识。

（4）装饰与美化功能

幼儿园走廊上的装饰是走廊环境布置中按一定的标准所陈列的物品，如天花板上或者走廊的垂直上空装饰的挂坠、护栏边摆的绿植盆景、走廊墙壁上粘贴的趣味图片等。装饰以美化为目的，给幼儿以美的享受，培养幼儿初步的审美能力，陶冶幼儿的情操。

2. 走廊环境创设的基本要求

（1）注重通道作用，保证走廊的安全性

走廊宽度的设计要考虑到交通关联、人流量、防火安全疏散和其他功能，单面走廊或外廊的廊宽不应小于1.80 m，若是中内廊，宽度则不应小于2.40 m。走廊的长度必须满足建筑物的防火要求，距离楼梯口或出口的最大距离不能超过25 m。走廊内不应有类似壁柱等突出物体，否则很容易造成安全隐患。① 幼儿出入的走廊中不应设有台阶，防止幼儿摔跤。

---

① 李静.幼儿园环境创设实用教程[M].南京：南京师范大学出版社，2018：38.

（2）注重动静结合，保证走廊的童趣性

走廊环境创设不能是一成不变的，要因时因季、随教育内容不断变化调整。走廊的墙壁、顶部是展示幼儿作品、呈现教育信息的重要场地。走廊墙壁可以采用粘贴或悬挂的方式进行装饰，走廊顶部则可以采用吊饰，但是材料一定要轻且牢固，以免其掉下来砸伤幼儿。

（3）倡导共同参与，充分发掘走廊价值

狭窄深长的走廊会让幼儿产生压抑、害怕的心理，因此可以利用吊饰、挂饰降低视觉空间。同时在天花板吊顶上可以做一些木盒或留一些挂钩，方便以后悬挂幼儿的作品进行展示，增强幼儿的参与感。宽敞的走廊可以设置为幼儿的活动区，利用一些家具或者玩具架将其隔断成活动区域，狭长的走廊则可以设置为展示区，设置各种橱窗、展示栏等。

（二）楼梯

幼儿园楼梯也是幼儿园的重要交通路线，是重要的室内微观环境，兼具艺术性与实用性。楼梯的设计不仅要讲究合理性、科学性与趣味性，还要给幼儿以美的熏陶（见图2-16）。

1.楼梯的功能

（1）通行功能

幼儿园楼梯的首要功能是通行，这也是其最为外显的功能。楼梯不似走廊那般平坦通畅，而是由台阶、转角、扶手等部分构成，因此在创设幼儿园的楼梯环境时，需要进行全面的考量，确保楼梯各个部分的创设都符合相关标准，以保障楼梯的通畅与安全。

（2）衔接功能

楼梯是幼儿园空间环境创设中一个非常重要的组成部分。如果说走廊是连接幼儿园室内外环境的横向通道，那么楼梯就是连接幼儿园室内外环境的纵向通道。楼梯是建筑中各楼层之间的主要交通设施，将各个楼层紧密地连接在一起。因此在进行幼儿园楼梯环境创设的过程中，可以将楼梯视为每楼层环境创设的过渡，将楼梯与各个楼层进行整体考量，确保环境风格的一致。

2.楼梯环境创设的基本要求

楼梯作为重要的通道，既要满足使用功能要求，还要满足使用安全需要。幼儿园楼梯与普通楼梯的不同之处在于，其还具有装饰和美化的功能，是幼儿园环境创设中的重要组成部分。幼儿园楼梯环境创设必须符合以下基本要求。

第一，楼梯应明亮。幼儿园的楼梯须采光充足，光线明亮，保证白天幼儿在正常情况下无须开灯照明便可正常通行。此外，踏步踢面不应漏空，应做明显警示标识。

第二，楼梯应平坦。幼儿园楼梯坡度要平缓，幼儿迈步的幅度与抬腿举高都比成人小，因此幼儿园使用的楼梯踏步高度不应大于

图2-16　幼儿园楼梯

0.15 m，一般以0.13～0.14 m较为适宜；每个梯度的踏步一般不超过18级，亦不应少于3级。踏步宽度不应小于0.26 m，楼梯倾斜度应在24°～27°之间，方便幼儿上下。

第三，楼梯应宽敞。幼儿园的楼梯要满足两队幼儿同时上下楼不拥挤的要求，因此幼儿园的楼梯宽度不应小于1.20 m。

第四，栏高适宜。栏高主要从安全角度进行考量，幼儿园的楼梯栏杆应高于普通楼梯，一般要高于1 m，防止幼儿翻越栏杆；同时为便于幼儿上下楼梯，楼梯两边都应加设扶手，高度不应大于0.60 m。为增加幼儿上下楼梯的趣味性，也可以将楼梯做成滑梯式。

第五，栏杆紧密。楼梯栏杆的间距要紧密，楼梯垂直线饰的净距离不得大于0.11 m，也可以在扶手缝隙中间装饰上幼儿喜爱的动物、植物形象，这样可以防止幼儿从栏杆间隙钻出，发生意外。当楼梯井宽大于0.20 m时，必须采取安全防护措施。

此外，幼儿园的楼梯还应注意防滑，台阶表面要做防滑处理，每一级台阶边缘都要磨成半圆角，防止幼儿上下楼梯时摔跤、撞伤。楼梯的材质尽量以木质材料为主，便于幼儿抓握。幼儿使用的楼梯不应采用扇形、螺旋形踏步；幼儿园楼梯不只有扶手与踏步，楼梯转角以及楼梯下层空间也是重要的环境创设场所，可以设置成为创设园所礼仪文化宣传墙，也可以设置为活动区，这样不仅提高了楼梯利用率，也增添了楼梯环境创设的趣味性。此外，楼梯与楼层的转厅起着连接楼层使通道更为完整的协调作用，其设计风格、冷暖色调都应与大环境协调，不仅可以在转厅涂画或张贴、悬挂教师及幼儿的作品、艺术品、装饰画、宣传标语等，若转厅空间够宽裕，还可以摆放地躺沙发或布置成阅读角。

三 活动室

随着学前教育的发展，幼儿园的活动空间逐渐扩大，越来越多的幼儿园开始改建、扩建，在原有建筑基础上增设个性十足的专用活动室，或集多功能于一体的多功能室，为幼儿参与更丰富的活动奠定物质基础。按照不同功能，幼儿园活动室主要可以划分为多功能活动室、专用活动室和班级活动室。

（一）多功能活动室

多功能活动室一般是幼儿园里的中大型活动室，是幼儿园开展观摩、展示、集会活动的重要场所，一般兼具幼儿音体室、会议室、小礼堂等多种功能。多功能活动室面积大小应与幼儿在园人数呈正比，最小不得小于90 m²。由于多功能室在某种意义上来讲是幼儿园开展观摩、展示、集会的重要场所，因此在规划上应有单独出入的门，面积超过150 m²的多功能室可建一个小舞台和一个音响设备调试间。其空间的高度、采光、通风性等指标都高于幼儿单独的活动室，设计上要与幼儿园的整体风格一致，并凸显多功能室的独特性。[①]

多功能活动室是为实现多种功能设置的房间，也是幼儿园最大的活动空间，可供班级联合集会、跳舞、唱歌、家长集会及放映电影、录像、幻灯片等活动使用。天气不好时还可以作为临时游戏室，因此多功能活动室应临近幼儿的生活用房。无论是设在适中位置，还是设在幼儿用房的尽头，都不得把多功能活动室和服务用房、供应用房混在一起。当多功能活动室独立于主体建筑设置时，与主体建筑的距离不宜过远，并需要用连廊将两者连通。连廊设施是为了在雨天、雪天不影响幼儿室外通行，方便使用。

（二）专用活动室

专用活动室是为了满足某一特定活动需要而设置的活动空间。专用活动室可根据需要设置，可以是特定的房间，也可以利用走廊、大厅等其他空间安排幼儿在生活单元中不能实现的各种兴趣活动。这类活动室经常与幼儿园的特色活动相联系，面积较小且功能单一。幼儿园的专业活动室一般有4～6个，最常见的有美术活动室、科学探究室、图书阅览室等。科学合理地设置幼儿园专用活动室，不仅能够丰富幼儿在园生活，而且对开发幼儿潜能、促进幼儿全面发展有着积极的促进作用。

美术活动室是供全园幼儿以班级为单位，轮流进行绘画、手工制作的场所。美术活动室应选择采光和通风条件良好、有水源和清洁设施的房间。美术活动室大致可以划分为绘画区、手工区、作品展示区、材料区等区域。美术活动室一般要配备较大的操作台面。绘画区台面以木质材料为佳，台面中央可以制作一个深度与宽度为5～10 cm的凹槽，方便搁置美术工具。手工区台面可选耐磨、好清洗的塑石或大理石材料，台面边缘做圆滑处理。除操作台面外，美术活动室还应当配备展示陈列柜（架）、美术工具材料以及其他相应的设施设备。

用幼儿的原创作品来装饰环境是美术活动室环境的显著特色，美术活动室墙面可以设计成作品展示墙，展示墙高度为0.60～1.50 m。此外，美术活动室的天棚、墙面、地面、设施等色彩处理及空间分割，都可以充分发挥艺术想象力与艺术创造力，以大胆的造型、夸张的色彩、丰富的艺术表现激发幼儿的创作灵感。

科学探究室是幼儿探索事物奥秘、满足探索欲望、进行科学探究的专门场所。科学探究室一般由科学发现、科学探索、科技创新以及模型展示四个模块构成，涵盖磁、电、光、力、声音、空气、水、火、宇宙、生命、地球等内容。科学探究室可以划分为观察区、探索区、主题活动区、展示区等区域，一般配置与科学内容相关的展示窗、展示台、操作台、工具箱、水池等基本设施与设备。

图书阅览室通过创设温馨的环境吸引幼儿积极主动地阅读，开阔视野、愉悦情感。图书阅览室要保持良好的光线，确保空气流通，地面宜铺装木质地板或地毯，提供桌椅并投放一些软垫、软积木，可选图书架、图书柜、图书布袋等来收纳图书，高度一般不宜超过1.20 m，便于幼儿自取

[①] 唐华.幼儿园环境及创设[M].北京：国家开放大学出版社，2018：73.

图书。

（三）班级活动室

幼儿园的班级活动室主要由集体教育区与分组活动区组成。集体教育区一般较为集中地放置座椅、黑板、钢琴等用品，可以位于活动室的一角或者一边，面积的大小要视班级幼儿的人数而定，尽量靠近卫生间，便于幼儿在活动间隙如厕、洗手。分组活动区应放置相应的柜子、材料以及区域牌，它一般靠墙设立，区域数量根据幼儿班级人数决定。分组活动区要做到动静搭配、开闭结合，要根据活动区域特点投放活动材料，并合理利用光源、电源、水源。除此之外，班级活动室的环境创设还要注意实现以下一些要求。

首先，班级活动室应明快、敞亮，有充足的日照和均匀的天然采光。要合理设计班级活动室的进深，当活动室进深较大时，必须采用双面采光方式，以避免活动室出现采光不均、通风不畅和部分面积阳光照射不到等问题。目前幼儿园班级活动室多为单面采光，为防止班级活动室进深过大影响室内采光，单侧采光的活动室进深不宜超过6.60 m。设置的阳台或室外活动平台不应影响生活用房的日照情况。

其次，同一个班的班级活动室与寝室应设置在同一楼层。因为幼儿睡眠时间比较集中，若将活动室与寝室设置在不同楼层，他们要在同一时间上下楼梯，人流量大，拥挤现象明显，会产生很多安全隐患。

最后，房间应铺设暖性、有弹性的地面材料，幼儿使用的通道地面应采用防滑材料。从安全、卫生、保温考虑，班级活动室地面不应采用水泥地面或水磨石等凉性地面材料，因为这种材料使幼儿的脚感太生硬，缺少弹性，容易使幼儿摔伤，也容易起灰尘，不易清洁，尤其幼儿在活动室经常坐在地面活动，硬质、凉性地面对幼儿健康十分不利。

四 生活区

生活区是幼儿在园期间室内生活的主要阵地，是指为幼儿提供室内游戏、进餐、睡眠的各种用房。其设计应注重幼儿的心理发展特征，努力营造卫生、安全、舒适的环境，以促进幼儿的身心和谐发展，为幼儿创造健康成长的场所。幼儿园的生活区应设置寝室、卫生间、衣帽储藏间等基本空间。

（一）班级生活区的分类

班级生活区可以分为分散生活区与独立生活区。分散生活区是指提供幼儿生活服务的各种用房并不组成独立单元，区域大多分散、不配套，各个生活区域往往是幼儿园公用的。独立生活区是以幼儿班级为单位，将班级活动室、寝室、卫生间、衣帽储藏间等区域整合在一起，供一个班级的幼儿使用的生活单元房。独立生活区配套设施齐全,有利于教师开展一日生活的各项活动,便于进行整体的组织与管理,能够凸显幼儿园生活化的特点,是当下大力倡导的一种班级生活区的创设模式。

幼儿园生活单元房间的最小使用面积应符合表2-2的规定。当班级活动室与寝室合用时,其房间最小使用面积不应小于105 m^2。

表2-2 独立生活区各部分的最小使用面积(m^2)

房间名称		房间最小使用面积
班级活动室		70
寝室		60
卫生间	厕所	12
	盥洗室	8
衣帽储藏间		9

(二)班级生活区环境的创设与布置

班级生活区是幼儿在园活动的基本区域,是幼儿一日生活顺利进行的重要保障。我们在进行班级生活区环境的创设时,应当注重不同区域的功能,并结合幼儿的身心特点加以设计、布置。

1.寝室

睡眠对幼儿的生长发育有着重要意义,无论是全托还是半日托的幼儿园都应设有幼儿寝室。如今的幼儿园寝室有寝教分离的单独寝室和寝教合一的综合室两种模式。无论选择哪种模式,最好都是一个班级配置一个寝室。在寝室的环境创设上,也要注意以下要求。

第一,寝室要保持空气对流,不要设置在阴暗、潮湿的区域以及通风口处,保持寝室内的空气质量以及适宜的温度。寝室中还应当配备清洁消毒及温度调控设备,确保幼儿睡眠环境的舒适。

第二,寝室内的床铺必须符合幼儿的生理特点,小、中班幼儿不宜设置双层铺,防止出现幼儿攀爬摔落的事故。幼儿的床铺要牢固稳定,避免使用易弯曲、变形的材料,床边应设有护栏,以确保幼儿的睡眠安全。

第三,寝室内除了床铺以及必需品之外,不要堆放其他物品。寝室窗帘要具有较好的遮光性,不可让幼儿在睡眠中受到刺激光线的影响。寝室的墙面环境的创设也要尽可能简单,尽量使用温暖、柔和的浅色装饰,从而稳定幼儿的情绪,帮助他们更好地入睡。

2.卫生间

卫生间又称盥洗室,是幼儿生活不可或缺的重要区域,也是教师进行生活教育的重要场所。根据我国《托儿所、幼儿园建筑设计规范》的相关内容,幼儿园卫生间环境的创设应该符合以下要求。

第一,卫生间应临近活动室或寝室,且开门不宜直对寝室或活动室,并且应将厕所和盥洗室分开设置,或之间设置分隔措施,同时保证盥洗室与厕所之间有良好的视线贯通以及有效通风。幼儿使用厕所的次数相对频繁,平均每天3~4次,使用盥洗室的次数更多,每天6~7次,使用时间也比较集中,因此盥洗室的门经常不能处于关闭状态,若将盥洗室与厕所安排在一个大空间内,容易致使厕所内的臭气散布,污染活动室和寝室,因此厕所与盥洗室宜分隔或者分间设置,并且卫生间的设备数量不应少于表2-3的相关规定,其中,女厕大便器不应少于4个,男厕大便器不应少于2个。

表2-3 班级卫生间内最少设备数量

污水池(个)	大便器(个)	小便器(沟槽)(个或位)	盥洗台(水龙头,个)
1	6	4	6

第二,卫生间设施在布置上应当充分照顾幼儿的身心特点。盥洗池距地面的高度宜为0.50~0.55 m,宽度宜为0.40~0.45 m,水龙头的间距宜为0.55~0.60 m。大便器宜采用蹲式便器,大便器或小便槽均应设隔板,隔板处应加设幼儿扶手。厕位的平面尺寸不应小于0.70×0.80 m(宽×深),坐式便器的高度宜为0.25~0.30 m。

第三,厕所、盥洗室、淋浴室地面不应设台阶,地面应防滑和易于清洗。夏热冬冷和夏热冬暖地区,托儿所、幼儿园建筑的幼儿生活单元内要另设淋浴室;寄宿制幼儿生活单元内淋浴室也应独立设置。

第四,卫生间的墙面上可以张贴一些有趣的绘画作品或者培养幼儿文明如厕习惯的宣传画和标志,例如七步洗手法、排队如厕等内容。这些都对幼儿养成良好的生活卫生习惯有着促进作用。

3.衣帽储藏间

衣帽储藏间是用来存放幼儿的衣帽以及其他用品的空间环境,在功能上总是与班级活动室紧密相连的,因此在创设衣帽储藏间的环境时应当充分考虑其功能特点。

首先,衣帽储藏间的设置应当考虑实用性,室内要光线明亮,并且有足够的空间容纳整个班级的幼儿衣物。此外封闭的衣帽储藏间宜设通风设施,防止里面各类物品因通风不良而受潮发霉。

其次,衣帽储藏间要注重使用的便捷性。衣帽储藏间的入口与班级活动室应尽量接近,使幼儿通行流线短捷。特别是在寒冷的冬天,衣帽储藏室可以作为通过式的空间,一方面可起到班级活动室内外的过渡作用,尽量减少寒风对班级活动室的直接侵入;另一方面方便幼儿在进出班级时穿脱衣物。同时在衣帽储藏间中应做好标识,让每一位幼儿都拥有自己的衣帽储藏区,培养他们的生活自理能力。

最后,衣帽储藏间的设置要具有安全性。衣帽柜尽可能使用镶嵌式,并采用环保材料。还应注意的是,不要在走廊处设置衣帽储藏区,这种设置多半占用疏散通道,会带来一定的安全隐患。

日本东京富士幼儿园

❸ 扫一扫,观看视频,跟着手塚贵晴了解一下这所前所未见的幼儿园——日本东京富士幼儿园。

第二单元　创设幼儿园空间环境

第四课　幼儿园室外空间环境的创设

《幼儿园工作规程》中明确指出："幼儿园应当有与其规模相适应的户外活动场地，配备必要的游戏和体育活动设施，创造条件开辟沙地、水池、种植园地等，并根据幼儿活动的需要绿化、美化园地。"幼儿园室外空间环境在幼儿园环境创设中占据着重要的位置。幼儿园室外空间环境是指幼儿园房舍以外的场地，由幼儿园大门、园所景观、各类户外游戏场所构成。很长一段时间以来，室外空间都没有被人们视为学习环境，因为它看起来不像是一个"正式"的学习情境。但是，社会科学、人类学、民俗学、教育和环境心理学、社会地理学的相关调查研究发现，游戏场所是了解儿童期本质和人类发展的良好场地。①

一、园门及围墙

（一）园门

园门是人员进入幼儿园的入口，起到监管的作用。为充分发挥其通道管理功能，园所大门在设计时可以旁设小门，方便人员进出管理、晨检入园以及离园接送。由于园门在幼儿入园、离园时间段内会有大量的人员流动，因此园门应当远离主干道、行车道，保证幼儿进出园所的安全。大门一般会与保安亭相连，保安需要兼顾园内与园外的情况，因此大门不应遮挡保安亭的视野。越南胡志明市精英幼儿园大门右侧圆柱形的保安亭搭配不规则分布的圆窗，为大门的设计增添了许多趣味，可爱又不失协调（见图2-17）。

园门还是幼儿园对外的形象展示，是幼儿园给人们留下的第一印象。园门的样式整体上代表着幼儿园的风格，设计装饰不能与其他环境相割裂。无论采取哪种设计样式，幼儿园的园门在色彩搭配与造型设计上都需要与园所整体的风格相协调，突出幼儿园的特点。具有趣味的入口造型可以吸引幼儿的注意，帮助幼儿获得安全感，缓解分离焦虑。越南Chuon Chuon Kim幼儿园的主入口被设计成一个房屋造型的开放空间，与整体建筑造型相呼应，缩小尺寸的小屋显得十分有趣（见图2-18）。

---

① 汤志民.幼儿园环境创设指导与实例[M].上海：华东师范大学出版社，2013：151.

图2-17 越南胡志明市精英幼儿园

图2-18 越南Chuon Chuon Kim幼儿园

（二）围墙

幼儿园园门与围墙是密不可分的关系，如果说园门是幼儿园外部形象的集中表现，围墙则是幼儿园风格类型的补充说明，它们都是外界了解幼儿园的窗口。幼儿园的围墙可以分为外墙和内墙，外墙的设计应当大方，具有艺术性，展现幼儿园的园所标志，其装饰应当是大型且持久的，并与幼儿园的整体建筑风格保持一致。

相较于外墙，幼儿园内墙的功能性则更为突出。一方面，内墙可以起到展示作用，凸显幼儿园的文化特色，例如家园联系栏、特色活动简报、育儿经验分享等都可以在内墙中进行展示；另一方面，内墙也可以发挥教育作用，设置成幼儿的活动区，供幼儿娱乐玩耍。

二 绿化

幼儿园环境创设的意义之一就是为幼儿提供舒适健康的生活环境，而绿化是幼儿园环境创设的重要组成部分。幼儿园绿化以栽花种草、广植树木为主，在实施中结合当地气候条件、自然环境、地形地貌等特点，综合考虑不同植物的特征，如姿态、花期、花叶颜色等进行巧妙搭配，营造优美、惬意的户外环境，让幼儿在环境中受到美的熏陶，获得愉悦的情感体验，促进幼儿身心朝着健康快乐的方向发展，为启迪幼儿的审美意识，激发幼儿创造美的行为，营造舒适健康的环境创造条件。①

幼儿园绿化是幼儿园室外环境创设的重要内容，对幼儿活动环境的改善有着巨大的作用。幼儿园绿化不仅可以保护和改善生态环境、调节局部温度，还可以美化环境、辅助幼儿园一日生活的开展。整体而言，一方面，幼儿园绿化可以让室外空间环境的界限不那么生硬，在一定程度上提高幼

---

① 康琳.幼儿园环境创设与利用[M].武汉：华中科技大学出版社，2017：17.

儿户外环境的舒适度，激发幼儿的兴趣；另一方面，绿植也是幼儿园教育活动开展的重要素材，可以让幼儿在日常接触中认识植物外观，了解植物的习性与特点，在潜移默化中丰富相关知识。幼儿园绿化应当注意遵循以下要求。

首先，增大园内绿植覆盖率。《幼儿园标准化建设基本标准（试行）》中对绿化用地面积进行了具体规定："幼儿人均面积不低于 $2\ m^2$，包括集中绿地、种植园地和房前屋后、道路两侧的零星绿地面积。绿地覆盖率不低于35%。"幼儿园的绿化应当符合相关规定，为幼儿创设良好的绿色环境。幼儿园的绿化不局限于室外空间环境，也可以在室内环境中进行延伸，可以依据各种绿植的生存特性与外观特点，将植物广泛融于园门、墙面、内庭、班级内部等，以增加幼儿与植物接触的机会，提升幼儿园的绿植覆盖率。

越南同奈省的农场幼儿园的绿植屋顶就像一体成型的环状绿带，包围着一处中央运动场。绿植屋顶也种植了实验性的蔬菜植物，不仅让幼儿了解农作物的特性，还能让他们与大自然更加亲近（见图2-19和图2-20）。孩子们可以自由地行走于从地面自然延伸而上的环状绿带区，而墙壁上的攀爬类植物也可以让孩子在活动室中感到外面绿色的生机。

其次，各种绿植要搭配栽种。植物配置时需要层次分明、疏密有度，善用自然之法，避免人工之态。乔、灌、藤、花等植物的相接、相依、相嵌、相助，要富有层次。乔木是有直立主干且高度通常在6米至数十米的木本植物，幼儿园可以选用玉兰、银杏、香樟等乔木来界定空间、提供绿荫、调节气候等；灌木主干不明显，常在基部长多个枝干且高度通常低于6米，幼儿园可以用大叶黄杨、茉莉等灌木起到连贯和过渡乔木与地面、建筑物与地面之间的作用；藤蔓茎部细长，只能依附于其他物体或者匍匐地面生长，幼儿园可以利用葡萄、金银花等来延伸绿化空间，塑造独具特色的室外景观；草坪是由人工建植或人工养护管理，起到绿化美化作用，幼儿园可以运用早熟禾、高羊茅等为幼儿提供露天活动和休息的场所。

图2-19　越南农场幼儿园（1）

2-20　越南农场幼儿园（2）

最后，确保绿植安全无害。幼儿园在进行环境绿化时，宜种植有四季特征的无害花草树木，应当严格遵守国家关于幼儿园植物栽种注意事项的相关规定。禁止种植有毒、带刺、存在安全隐患的植物，例如绣球花、毛地黄、夹竹桃、一品红等。此外，植物花粉也是幼儿园安全不可忽视的问题，很多时候日常生活中植物花粉是过敏症的直接诱因。最常见的皮肤瘙痒、荨麻疹、支气管哮喘等过敏症状大多是由花粉引起的，因此幼儿园中禁止栽种法国梧桐、柳树、杨树、桦树等飘花散粉的植物，以减少幼儿近距离接触花粉的机会，为幼儿创造健康舒适的环境。

扫一扫，感受上海宋庆龄幼儿园优美的户外环境。

三 户外游戏活动场地

幼儿园户外游戏活动场地是幼儿开展户外活动的重要场所。良好的户外游戏活动场地有助于促进幼儿智力、社会感知力、身体等多方面的发展，也是增强幼儿自然感知的关键场所之一。美国得克萨斯大学一项针对学前儿童的研究显示，与室内游戏环境相比，户外游戏环境对幼儿的象征性游戏更有影响力，因为户外游戏环境为幼儿提供了更多的材料、自然因素以及教师的支持。我国著名的儿童教育专家陈鹤琴先生也认为，孩子们喜欢在户外进行游戏，自然环境中的花朵、石头、树枝等都能成为他们游戏的材料。①

《幼儿园工作规程》规定："幼儿园应当有与其规模相适应的户外活动场地，配备必要的游戏和体育活动设施，创造条件开辟沙地、水池、种植园地等，并根据幼儿活动的需要绿化、美化园地。"幼儿园的户外游戏活动场地按照不同的活动功能，可以划分为若干区域，包括游乐器械区、体育活动区、戏水玩沙区、种植养殖区等。

（一）游乐器械区

游乐器械区是深受幼儿喜爱的区域，以肌肉动作为主的游乐器械区能够促进幼儿身体动作技能的发展，有助于幼儿形成健康的体魄、养成良好的行为习惯，促进幼儿亲社会行为的发展，因此幼儿园较为重视游乐器械区的建设。游乐器械区可以根据所提供的器械特征划分为大型游乐器械区和小型游乐器械区。

大型游乐器械区也是大肌肉活动区，除了促进幼儿的肌肉发展之外，还可以锻炼幼儿强健的体魄和矫健灵活的身手，是幼儿园户外游戏活动场地中最常见的区域。幼儿通过攀、爬、跳等大肌肉活动，发展动作、姿态、身体各项机能。大型游乐器械区一般会投放大型的游乐器械和设施，比如能促进抓、蹬、跳等大肌肉运动能力发展的滑梯、弯道、单杠、楼梯、木桩等，有利于刺激幼儿前庭器官、感觉统合、运动技能和平衡能力发展的秋千、跷跷板、绳索木桩桥等，以及为大年龄段的幼儿提供的挑战性运动的大型攀爬架、攀爬墙、绳索桥等。小型游乐器械区一般是作为幼儿表演游戏或自主活动的小型区域，这里也可以投放一些小型器械帮助幼儿开展自主活动，比如促进较小年

---

① 北京市教育科学研究所.陈鹤琴教育文集（上卷）[M].北京：北京出版社，1983：598-599.

龄段幼儿运动能力发展的自行车、小手推车、大型积木推箱、小摇马等，适合幼儿开展角色游戏活动（如小医院、娃娃家、汽车、火车）的小屋等。

在创设幼儿园游乐器械区时应当注意避免使用金属等坚硬的材质器械，可以选择塑料材质或木质大型游乐组合器械等，且游乐器械区应置于软质地面上，例如沙地、塑胶地垫、草地上等，保持地面平整，不得有任何尖锐突出物品。越是大型的游乐器械区，其安全防护措施越要到位，幼儿园要做好日常的维护工作，及时消除安全隐患。

（二）体育活动区

体育活动区是幼儿园幼儿进行各类体育活动的主要区域，经常是幼儿做操、举行竞技比赛、开展健康领域教育等活动的场所，同时也承载着幼儿园大型活动的任务。在体育活动区不能设置太多障碍，可以有缓坡、草地，也可以设置开展竞技比赛使用的跑道，还可以将大块的软垫区域通过各式图形划分为不同的小区域，如按班级划分或按比赛活动类型划分，也可以用点、线等图案在地面上画一些方便幼儿游戏或者列队的记号，但是不能有突兀的游戏材料设施。因此，在设计时，教师要精心规划，充分利用每一个角落。如果体育活动区设计有趣，对于幼儿来说，每个地方都是有意思的、值得尝试探索的。在这样的场地上开展活动，幼儿的肌肉动作会自然而均衡地发展起来，各类游戏行为以及其价值也能够得到充分的体现。

（三）戏水玩沙区

水和沙是户外游戏中幼儿最喜爱的材料，也是非常容易获取的材料，同时是对幼儿进行触觉刺激、感统训练的重要材料。水和沙子的质地、重量、黏度和流动性使其成为一种变化多端的操作材料。戏水玩沙可以让幼儿练习拿铲子、挖沙子、舀水、筛、漏、堆积、装容器等基本技能，并学会用模子做各种造型（见图 2-21），同时促进了幼儿对沙和水特性的基本认识，为幼儿提供了学习与进行创造性表达的机会。

室外沙池有两种创设方法：一是在操场上建造专门的沙区；二是在教学楼的露天阳台上创设专门的沙区。这类活动场地在环境创设时要做好防水处理，避免出现渗水或塌陷等安全问题。正常情况下，考虑到沙坑的特殊属性，应该将位置选在建筑物的向阳背风处，既有利于幼儿的身心健康，也能在幼儿玩耍之后利用天然的环境给沙水池进行日光消毒，园所可以在其周围栽种一些树木绿植，在炎热的夏季能够起到遮阴避暑的作用。在设计幼儿园沙水区时，其场地需要严格遵守相关标准，沙地、沙坑的面积一般不宜超过 30 m²，深度为 0.3～0.5 m，边缘应高出地面，以防止沙流失和泥水流入。在场地设计中需要考虑幼儿的安全性，将沙水池边缘进行磨圆打滑处理，同时做好消毒工作。在使用沙坑时也要注意提供质地细腻、干净无污染的细软天然黄沙，避免使用白沙以及经工业加工的有色沙。沙池旁还要为幼儿提供玩沙的多样化工具和器皿，例如塑料铲子、小桶、筛漏、盆、运沙车等，有条件的话，还可以放置一些能承装大量沙的木箱和桶，用于储存沙。

戏水池面积不宜超过 50 m²，水深宜为 0.30～0.40 m，可修建成各种形状，可以是圆形、椭圆形、不规则形状，也可以环绕场地做一个透迤的水渠，如果场地有高度差可以根据场地的实际情况设置跌水景观。日常使用中要注意及时更新池中水，保持水质干净无污染，为了便于打理，戏水池的位置可以与沙池等设施保持一定的距离。但如果希望丰富沙池的玩法，水池也可以设置在沙池附近，使得沙水互相结合（见图2-22）。此外，如果戏水池的位置位于围墙边，可以利用假山或者围墙设置跌水景观，营造更生动的幼儿园户外空间环境。戏水设施的添加也可以增强趣味性，充实幼儿的户外活动，例如儿童压水设备、儿童水井、转轮水车、墙上戏水设施、儿童水闸、彩虹圈等。没有条件设置固定戏水池的幼儿园或仅在夏季短暂使用戏水池的幼儿园，可用帆布围合成可拆卸的戏水池。

图2-21 日本川和保育园玩沙区

图2-22 日本川和保育园玩沙戏水区

（四）种植养殖区

幼儿园中的种植养殖区是幼儿探索自然奥秘、了解生命规律的天地，也是孩子们特别感兴趣的地方。种植区里可以栽种易生长的植物、常见的时令蔬菜，让幼儿能够直观地了解植物的习性，并通过参与种植，感受劳动的辛苦与收获的快乐。养殖区中可以饲养一些性格温顺、好养易活的小动物，让幼儿通过饲养、照顾小动物，感受生命成长的不易与养育的艰辛，从而懂得尊重生命、珍惜生命。

1. 种植区

种植区是幼儿可以进行实践探索、接触大自然的环境。在种植活动中，幼儿通过与植物、泥土、水及各种工具的接触，了解不同植物的生长过程，感知生命的意义，积累有关数量、测量、空间、协作、规划、表现、责任感及审美等多方面的经验。在设置园内的种植区环境时，要注意满足植物的生长条件，尽量选择向阳背风的地段，幼儿园的种植区可以根据当地的气候和土壤种植不同的农作物、花草树木等，保证种植区四季有花、植物各不相同，四季变化分明。此外，为了便于幼儿观察植物的生长状况，种植区应尽量接近幼儿的游戏场地。

2. 养殖区

养殖区是幼儿喂养小动物的自然区域。幼儿对温顺的小动物有着天然的亲切感，幼儿园设置养殖区，可以为幼儿提供与小动物接触的机会，让幼儿通过亲身喂养、观察，培养爱护小动物的情感以及对动物科学的兴趣。一般来说，养殖区中应饲养诸如小鸡、兔子之类的性情温和、攻击性弱的动物，在养殖之前也要做好防疫工作，防止幼儿被动物咬伤、抓伤。饲养的房舍应当根据动物的尺寸大小进行设计，为小动物们提供宽敞舒适的空间，对于幼儿可进入的房舍也应当适当增大面积，保证幼儿有足够的空间与动物互动。饲养区要便于幼儿每天观察小动物，但是出于卫生防疫的考量，养殖区不应离幼儿活动区太近，并尽量置于背风向阳处。

5　安吉游戏是一场以"让游戏点亮儿童的生命"为理念的游戏革命，其本质就是在户外的以运动为特征的综合性游戏。扫一扫二维码，了解纪录片《教育强国》——《面向未来》中的安吉游戏。

四　建筑物外墙

幼儿园建筑的墙面装饰能起到保护墙体、延长墙体使用寿命的作用，也能使室内空间美观、整洁、舒适、富有情趣，并营造具有儿童特点的文化艺术氛围。因而，墙面是适宜展现幼儿园特点的地方，也是幼儿表现自我以及获取知识、提高审美能力的地方。

在外墙的设计与装饰中，首先，应注意幼儿园建筑外墙的墙面要平整，转角的地方不能尖锐，避免幼儿撞伤。墙面的装饰处理，可以采用瓷片、易清洗的墙纸和各种涂料。有条件的幼儿园可在外墙1.2 m以下装饰皮革或人造革，使墙面更柔软、温暖，且增加吸音的作用。地面至1.2 m处也可镶贴瓷片，一是方便清洁，二是可以增添幼儿园特色的氛围，还可以挂上一些可供幼儿写画的小黑板，便于幼儿表现自我、抒发内心感受。其次，对墙面进行装饰时不仅要注意色彩的选择，还要做到防雨防晒。墙体长期暴露在外，会遭受风吹雨打，如果没有进行防水防晒处理，就会导致外墙花纹斑驳，墙面开裂，严重影响美观。在墙面材料上，可以选择瓷砖、墙砖、防水涂料等防晒防水性能好的材料。最后，建筑外墙还应具有童趣性。外墙可以采用绘画、镶嵌画、浅浮雕等手法，装饰风格可采用卡通画等形式，总体上要有儿童生活气息，色彩明亮、清新夺目、富有童趣。除此之外，还可以利用幼儿园的建筑外墙设计橱窗，既可以设置公告栏、家园交流等栏目，也可以展示幼儿的作品，这样既美化了环境，又便于家长通过橱窗增进对幼儿园的了解。

◇ 单元小结

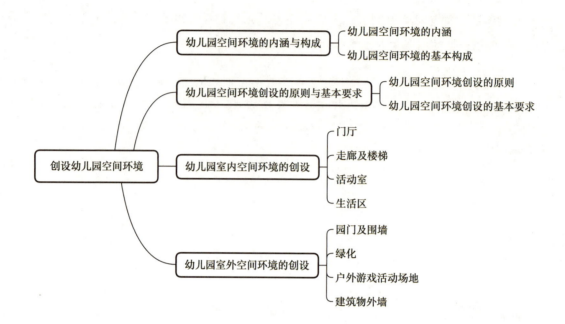

幼儿园空间环境可以视为教育者根据教育的目标，依据幼儿的身心发展需求所创设的适宜的教育条件。幼儿园空间环境是幼儿学习与生活的重要场所，在幼儿教育过程中发挥着重要的作用。

幼儿园空间环境由物质环境与心理环境组成。物质环境包括幼儿园中人为和非人为的各种场所材料，而心理环境则主要指幼儿园中的气氛或者氛围，对应着幼儿的感受、体验等情绪性方面，能够影响幼儿的行为模式、道德品质。幼儿园空间环境的创设不仅要满足幼儿生活与游戏的需要，还要满足幼儿教育、幼儿身体发展和审美的需要。

在幼儿园空间环境创设的过程中，不仅要达到舒适度、适宜度以及和谐的要求，还要遵循安全性、教育性、适宜性、经济性、艺术性、参与性等原则。安全性原则不仅要求幼儿园物质环境安全无害，还强调心理环境的舒适与温馨。教育性原则强调幼儿园空间环境创设应该考虑环境的教育功能，发挥幼儿园环境作为"第三位老师"的作用。适宜性原则是指幼儿园所有物质条件都要从保障与促进幼儿身心健康发展出发，要与幼儿发展水平、年龄特点、兴趣爱好、个性特征等相匹配，与幼儿园的园本活动相适宜。经济性原则要求幼儿园根据实际情况，以较少的人力、财力、物力投入获得较大的教育成果，做到废物利用、一物多用。艺术性原则需要幼儿园根据幼儿的审美需求，将幼儿园设计成安全、温馨、充满童趣的乐园，从色彩、造型等多方面着手增强幼儿园环境创设的艺术性。参与性原则提倡让幼儿参与环境创设，让他们充分认识到自己的能力，真正形成和发展任务意识。

按照环境存在的形式划分，幼儿园空间环境可以分为室内环境与室外环境。室内环境主要指幼儿园主体建筑内部环境，包括门厅、走廊与楼梯等室内公共部分以及活动室、生活区等专用空间。室外环境包括园门及围墙、绿化、户外游戏活动场地、建筑外墙等。每一类活动区域都有环境创设的具体标准与要求，因此在进行环境布置时应当充分考虑各个区域的功能与特点。

思考与练习

1. 单项选择题

（1）以下关于幼儿园室外环境创设的要求中，说法正确的是（　　）。

A. 根据当地气候特点创设良好的室外活动条件

B. 幼儿的活动场地可大可小

C. 绿化、美化和自然化至上

D. 尽量使用高档材料

（2）环境与教育目标相一致的原则是指幼儿园环境的创设要体现环境的（　　）。

A. 目的性　　　　　　　　　　　　B. 艺术性

C. 教育性　　　　　　　　　　　　D. 多样性

（3）下面关于沙坑创设的要求，正确的一项是（　　）。

A. 为了避免幼儿玩沙时被晒到，应该选择背阳的地方设置沙坑

B. 为了让幼儿玩得尽兴，沙坑越大越好、越深越好

C. 为了管理方便，沙坑尽量保持正方形

D. 应该为幼儿提供多样化的玩沙工具

2. 材料分析题

（1）大一班开展了识字比赛，教师为此创设了班级墙面环境，如图2-23所示。请根据环境创设的基本原则，对案例中为识字比赛创设的墙面环境进行评析。

图2-23　幼儿园班级墙面环境

（2）请根据本单元的内容，试为幼儿园设计一个便于管理与幼儿观察的户外种植区。

实践与实训

【实训一】比较图2-24和图2-25室内玩沙区和室外玩沙区的环境创设，根据相关理论知识评析两种设计对幼儿的不同影响。

图2-24 幼儿园室外玩沙区

（图片来自网络）

图2-25 幼儿园室内玩沙区

（图片来自网络）

目的：加深对环境创设理论的理解，提升对幼儿园环境创设实例进行比较和分析的能力。

要求：以小组为单位，根据所学的理论知识，对室内玩沙区与室外玩沙区进行比较，分析两种玩沙区的优缺点，并提出具体的改进建议。

形式：小组合作。

【实训二】参观一所幼儿园，运用幼儿园环境创设的相关理论评析该园班级活动室的环境创设状况。

目的：领会幼儿园班级活动室环境创设的标准，并能将科学的环境创设理念灵活运用于实践。

要求：以小组为单位，参观一所幼儿园，选择一个班级活动室画出平面图，提交对该班环境的规划及创设方案，并在实际参与该班级环境创设工作后写一份工作报告。

形式：实地观察与分析。

第三单元

创设幼儿园区域环境

- 第一课　幼儿园活动区创设的原则
- 第二课　班级活动区的设计与材料投放
- 第三课　常规活动区的环境创设
- 第四课　幼儿园功能室的环境创设

第三单元　创设幼儿园区域环境

◇ **学习目标**

1. 了解幼儿园活动区的基本概念、班级活动区的设计与材料投放，认识活动区环境创设的原则及指导方法；

2. 掌握幼儿园活动区创设的原则，能够根据这些原则分析幼儿园的环境创设，帮助幼儿在环境中更好地发展；

3. 熟悉常规活动区、幼儿园功能室的环境创设，明确环境创设的方法和要点，最大限度地为幼儿提供良好的环境和活动要素。

◇ **情境导入**

这个学期，李老师在大一班创设了新的活动区角"非遗绒花"。绒花是中华民族的传统文化，也是我国非物质文化遗产之一。在"非遗绒花"的区角里，幼儿通过听故事、动手做、角色扮演等活动，满怀兴奋与新奇地走进了绒花的世界。在活动区的环境创设上，李老师绘制了一幅幅色彩鲜艳、人物饱满的图片，讲解绒花的起源；同时将活动区域分为三部分，分别是制作材料区、流程展示区和绒花欣赏区。在制作材料区，李老师准备了制作绒花时会用到的材料，如蚕丝、铅丝、各种颜色的料珠等，带领幼儿认识绒花的组成部分；在流程展示区，幼儿了解并掌握了基本的制作方法（炼丝—染色—晾晒—勾条—烫绒—打尖—传花—粘花—包装），为了照顾到不同发展水平的幼儿，李老师还提供了成品和半成品的绒花；在绒花欣赏区，李老师放置了不同类型的绒花，既有传统形式的胸花、帽花、鬓花，又有花鸟鱼虫、飞禽走兽等形象。

看完上述案例，我们不难发现，一个科学有趣的活动区能潜移默化地帮助孩子大胆地操作、自由地探索，但这也对教师提出了一定的要求。如何在教育活动中确保幼儿的主体地位？怎样在环境创设中照顾到不同幼儿的发展水平和兴趣爱好？不同类型的活动区应该遵循哪些原则？如何兼顾材料投放的内容与时机？带着这些疑问，我们一起走进第三单元的内容。

第一课　幼儿园活动区创设的原则

幼儿园环境是幼儿的"第三位老师",著名教育家蒙台梭利认为,在教育上,环境扮演着重要的角色,就像人的大脑一样,影响着人的整体发展。幼儿园是幼儿一日生活的重要场所,幼儿无法像成人那样对环境具有选择、改造等能力,换言之,幼儿对身处的环境不可避免地带有依赖性和接受性,因此必须认识到幼儿园环境对幼儿身心发展具有重要的教育价值和意义。

《幼儿园教育指导纲要(试行)》明确提到:"幼儿园的空间、设施、活动材料和常规要求等应有利于引发、支持幼儿的游戏和各种探索活动,有利于引发、支持幼儿与周围环境之间积极的相互作用。"近年来,唤起教育工作者对活动区创设的重视,科学利用和开发活动区资源,挖掘活动区中的教育契机,促进幼儿与环境形成积极的互动,是当下乃至未来幼教界改革的方向和趋势。怎样创设适宜的活动区,以及怎样的设计指导才能促使活动区发挥最大的作用,已成为教育工作者要认真思考的问题。

一　幼儿园活动区的内涵

活动区作为一种活动形式,始见于欧洲学前教育机构,20世纪70年代在美国盛行。它充分重视幼儿的学习兴趣和年龄特点,打破传统教育中桌椅摆放的布局,并以游戏为依托,在环境中提供丰富的材料,让幼儿通过选择活动内容和方式来汲取知识,获得认知、技能、情感乃至身体等方面的发展。近现代,"活动区"一词进入我国教育界学者视野,并逐渐通过文化的渲染带有了本土色彩。伴随着如火如荼的幼教改革以及国外先进幼教思想的传播,活动区逐渐在我国的幼儿园得到推广。

有学者认为,活动区就是教育者利用孩子们感兴趣的活动类型及材料等,将一个大的空间划分成一个个功能性的小区域,让孩子们自由选择各种区域,以便他们在活动材料的选择及与同伴的配合中得到锻炼与发展。①

活动区实质上是创设理念灵活运用于实践的结果,幼儿依照自己的兴趣爱好选择活动的内容和材料,在轻松自然的氛围中自由地活动和学习。作为幼儿教育的一种形式,活动区有着难以替代的价值,主要体现在以下几个方面。

---

① 冯晓霞.幼儿园课程[M].北京:北京师范大学出版社,2001:259.

(一)促进主动性发展

在一个环境适宜、材料丰富、氛围宽松的活动区内,幼儿有自主选择参加与否的权利,也有决定材料种类、操作时间、游戏次数的自由。如果在操作的过程中,幼儿的兴趣发生了转移,还可以按照个人需求更换活动区。活动区的特殊性培养了幼儿的主动性,提升了幼儿的内驱力,促使其不断主动学习。此外,活动区打破了课桌排列小学化的模式,极大地丰富了游戏方式,幼儿可以自由使用各个活动区的材料开展喜欢的活动,也可以融入集体与小伙伴们合作完成,他们能够自主选择游戏伙伴,并制定相应的游戏规则,进一步满足其自主性发展的需要。

美国教育心理学家、认知心理学家布鲁纳认为幼儿是发现学习的主体。活动区为幼儿提供了一个没有压力的学习环境,可以为幼儿主动思考和创造奠定基础。在活动区里,幼儿能够充分发挥自己的想象力,运用已有的社会经验,根据自己的意愿装饰活动区,实现解放双手和头脑、促进主动性发展的目的。例如,在美工区,教师给孩子们提供了色彩丰富、品种多样的材料,引导幼儿按照个人喜好自由发挥,从而提高幼儿游戏的主动性、积极性(见图3-1)。

图3-1 创意美术"果实画"

(二)挖掘学习潜力

受家庭环境、遗传等因素影响,每个孩子的发展速度、行为能力、兴趣爱好、个性气质有着比较显著的差异,传统教学模式虽然能在短时间内传授大量的知识,但往往是"填鸭式"的集体学习,教师必须面对全体学生进行教学,无法做到因材施教;而活动区突破藩篱,给予幼儿更多的可能性。在诸多活动区前,不同性格特征的幼儿通过尝试,能够找到最适合自己的学习方式。哪怕是在日常生活中表现得平平无奇的孩子,也可能在活动区中显示出优于他人的行为和能力。

活动区作为开放式的游戏环境,为幼儿提供了学习的前提和条件。丰富的材料不仅让幼儿能够进行物品的识别、分类和整理,也让幼儿不经意运用观察、实验、归纳等科学方法,潜移默化地提升其发现问题、分析问题和解决问题的能力,从而不断挖掘幼儿的潜力。

活动区类型多样,为幼儿提供了自我选择的机会。例如,在美工区,幼儿能够操作大量的辅助工具和琳琅满目的美术材料，学会画、剪、折、粘等表现手法，进一步锻炼手部精细动作；在科学区，幼儿尝试将塑料制品与碎纸屑进行摩擦，从而发现自然界静电的存在，还可以通过水的形态变化、食盐溶解实验、水的折射，了解事物间的异同和联系；在角色游戏区，幼儿在对各类商品的探究和运用数学解决实际生活问题的过程中，获得了充足的感性经验，也为其他领域的学习奠定了坚实的基础（见图3-2）。《3—6岁儿童学习与发展指南》针对"科学探究"提出的教育建议里包括"通过拍照和画图等方式保留和积累有趣的探索与发现"。幼儿在活动区，可以尝试绘画、摄影、舞蹈、声乐等，这一方面能够帮助幼儿更加主动地清楚地表达自己的所思所想，另一方面能积极提升幼儿主动学习的能力，养成良好的探究习惯。

图3-2　"蚂蚁超市"环境创设

（三）加深交流与合作

活动区在教师与幼儿之间搭建了交流与指导的平台，教师通过观察幼儿在活动区的表现，能够熟悉每个孩子的身心发展水平和兴趣爱好，发现幼儿身上的闪光点，为有针对性的教育奠定基础。活动区在无形之中拉近了幼儿与教师的距离，增加了幼儿与教师交流的机会。教师作为幼儿活动的支持者、合作者、引导者，既能融入游戏参与活动，又能合理地指导幼儿开展活动。与集体教学相比，活动区将幼儿分散开来，教师在活动区里有更多的时间与精力跟每个孩子交流，这不仅满足了幼儿在情感上对教师的渴望，给予他们安全感和爱，也为融洽师幼关系，增强幼儿与教师的信任创造了条件。

著名心理学家维果茨基认为，合作学习活动能促进儿童成长，因为年龄相近的儿童可能在彼此的最近发展区内操作，并且表现出比单独学习更高的水平。活动区亦是幼儿交流合作的桥梁，在宽松和谐的环境中，幼儿逐渐获得有效的交往技能，习得正确的交往方式，积累人际交往的经验，交往范围也不断扩大。通过与同伴的交往，幼儿会逐渐摆脱以自我为中心的交往模式，理解并学会如何分享，如何帮助他人；当自己的兴趣和需要受到影响时，幼儿亦能及时调整，做到换位思考，学会积极地解决问题。这些有利于幼儿的身心发展，也是其实现社会化的重要途径。

二　幼儿园活动区创设的原则

幼儿园活动区比起其他教育活动，具有更强的灵活性和趣味性，能够激发幼儿主动探索、大胆思考的兴趣，调动幼儿学习的积极性，让幼儿在宽松、和谐、自由的环境中，感受到自主操作的活动乐趣，在与材料、同伴、教师的互动中实现全面发展。教师应结合幼儿已有的认知经验，挖掘更加丰富的活动区内容，充分利用材料创设幼儿喜欢的区域，推动活动区活动的有效开展。基于此，在幼儿园活动区创设中，需要遵循以下原则。

（一）安全性原则

《幼儿园工作规程》指出："幼儿园应当严格执行国家和地方幼儿园安全管理的相关规定，建立健全门卫、房屋、设备、消防、交通、食品、药物、幼儿接送交接、活动组织和幼儿就寝值守等安全防护和检查制度，建立安全责任制和应急预案。"活动区作为一种游戏形式，深受幼儿的喜爱，同时幼儿认知、技能、情感等方面的发展亦离不开活动区的积极促进。一方面，活动区的自由性、灵活性决定了它并非单个进行，班级里通常是多个活动区共同开展活动；另一方面，幼儿危机意识薄弱，生活经验不足，这无形中增加了安全隐患。因此，在创设活动区时务必凸显安全性。

安全是指幼儿与活动区所有的环境资源和谐相处，不存在安全隐患。安全和危险是相对的概念，安全就是避免危险情况的出现。首先，在软环境上，师幼互动、心理环境是影响活动区安全的重要因素。幼儿的学习具有模仿性，教师应有意识地提高幼儿的自我保护意识，把安全教育融入活动区的游戏中。当幼儿在活动区发生冲突时，教师尽可能引导其认识合作的重要性，让幼儿意识到不能一味地为了竞争而去抢夺。其次，在硬环境中，尤其是创建活动区时，玩教具必须坚固、安全、无毒，教师需要查看玩教具质量是否符合国家安全标准，定期做好维护和修缮；在有锋利棱角的器材上安装防护罩；电源开关、插头要装设在幼儿无法触碰的地方；相关配套设施如护栏、玩具柜等应经常检修，避免不安全因素的存在；最后，在活动组织形式上，教师需要对活动区人数进行把控，对于活动空间和人数的比例做到心中有数，如果活动区过于拥挤，密度太大，就会有一定的安全隐患。

安全是幼儿发展的必备条件，唯有身处安全的活动环境，幼儿的身体健康和生命安全才能有所保障。

（二）审美性原则

幼儿眼中的世界是美丽的、缤纷多彩的，在幼儿园里目之所及的每一处风景、每一个角落都应充满美的气息。活动区环境的设计和布置需要以美为前提，蕴含美的元素。

活动区的整体规划既要符合幼儿的欣赏水平，遵循幼儿的审美特点，又要涵盖形式美的规律，在布局、排列、色彩上下功夫，如在颜色搭配上尽量选择亮丽、明快、协调的色彩，给幼儿以美的视觉享受；在美术造型上，以稚拙、质朴、简洁的形象为主，以吸引幼儿，引发他们的共鸣；在物质材料的准备上，多提供内容丰富、形式多样的材料，进一步培养幼儿的审美情趣；在环境装饰上，要依据对称、变化、统一的规律，使作品排列富有童趣。

具有审美价值的活动区在提升幼儿审美能力的同时，也对幼儿的感知、大脑的协调发展大有裨益。此外，幼儿对活动区材料进行加工创作时，必然要维持手和大脑的功能协调，这既激发了幼儿大脑的灵性，也锻炼了幼儿手部小肌肉群动作的发展。参差交错、富有情趣的活动区能使幼儿受到美的熏陶，蕴含节奏变化的空间布局亦能让幼儿感到愉悦。

在活动区的创设过程中，切记不能以教师的审美取代幼儿的审美，应立足于幼儿的生活经验，充分创造条件和机会，在活动区中引导幼儿萌发对美的感受和体验，丰富他们的想象力和创造力，引导他们用心去感受和发现美，进而用自己的方式去表现和创造美。

（三）适宜性原则

活动区的环境创设应符合特定年龄阶段幼儿的身心特征，活动区的物质条件、精神条件要同幼儿现有发展水平、个性特征、气质类型、行为特点等相适应，以满足幼儿全面发展的需要。幼儿园各年龄段幼儿的活动能力和水平是不同的，这就意味着活动目标也应有所差异。活动区被赋予促进幼儿身心发展的功能。为更好地发挥此功能，教师在创设活动区时必须遵循适宜性原则。

适宜性原则包含两个方面的内容。第一，符合幼儿的年龄特征。设置活动区时，要符合幼儿的年龄特点和兴趣爱好，以满足幼儿不同发展阶段的需要。小班幼儿以具体形象思维为主，他们对于具体的、形象的事物有更强烈的感知，因此在小班环境的布局上，应以趣味性强、情景性浓厚的环境为宜，多为他们提供能够带来感官刺激、结构较为简单的材料。此外，由于3岁左右的幼儿生活经验较为缺乏，动手能力不强，教师要精简活动区，活动区数量不宜过多。中班年龄阶段的幼儿相较小班幼儿在认知上有所增强，动作的协调性和灵活度也有一定的提高，已初步具备了解决问题的能力。基于此，中班的环境要凸显可操作性，在材料的投放上，应选择富有层次的玩教具。大班幼儿的身体机能不断发展，动作更加协调、灵敏，活动的自主性水平明显提升，自我控制能力显著提高，开始有初步的逻辑思维特征。在活动区设置上，要增加区域的数量，投放的材料要偏向于探究性和引导性。

第二，符合幼儿的个性特点。教师在设置活动区时，要以幼儿的实际水平和知识技能为基础，在兼顾幼儿整体经验的前提下，尊重个体差异和个别需求。随着区角活动的展开，教师可以在原有的基础上，充分考虑每个幼儿的个性特点，不断调整环境，不忽视任何发展水平的幼儿，让每个幼儿都成为活动区的主人。

（四）动态性原则

活动区创设应遵循动态性原则。动态既强调了事物相对于静态的运动情况，又体现出创设过程中所显现的生成性、过程性变化。动态性原则意味着活动区的生成要根据空间、内容、材料等的变化而不断变化。它涵盖以下三个要点：首先，活动区的物质环境是动态的，不论是种类还是数量，都应展现出"动"的模式，这样幼儿才能更好地融入活动区，与环境进行互动。当今时代是飞速发展的信息化时代，人们汲取知识的方式和途径日趋多元化，幼儿更适宜通过亲自探索体验知识产生的过程。即使有些知识是浅显易懂的，也不能用"尽收眼底"的方式直接呈现给幼儿，而应该立足幼儿的实际生活，使用幼儿喜闻乐见的材料模拟现实中的生活场景，从真实的生活场景出发，使幼儿在已有的生活经验基础上获得新的经验。

其次，材料的给予是动态的。活动区投放的材料绝非墨守成规。众所周知，幼儿的学习来源于与材料的不断互动。丰富多样的材料可以激发幼儿的探索欲，而一成不变的材料会让幼儿失去兴趣，学习的效果必然是重复的、低效的，不利于幼儿的发展。

最后，教师的引导是动态的。教师需要重点关注活动的发展和幼儿的变化，及时增加材料的种类与数量，有目的、有计划地为幼儿提供新颖的、能够激发想象力和培养创造力的材料。值得注意的是，我们在将教师的动态引导同幼儿的兴趣变化相结合，给予幼儿自主选择、自我尝试的机会的同时，还要使幼儿保持注意力的集中。

第二课　班级活动区的设计与材料投放

创设良好的班级活动区能够满足幼儿的各种生理和心理需求，促进幼儿动作技能和社会交往能力的发展，为幼儿提供丰富的智力刺激和文化体验，帮助幼儿发展自我意识。[1]前文我们对活动区的内涵和创设原则进行了介绍，为活动区环境的创设奠定了理论基础。在实际的幼儿园一线工作中，班级活动区环境创设从构想、设计到落地都离不开教师的布置实施。

班级活动区是幼儿进行特定学习活动的场所。为了将教育价值最大化，教师应从班级空间、幼儿人数、年龄目标着手，创设多姿多彩的活动区，让每一个幼儿的探究学习与创造能力都得以实现。

 班级活动区的设计

班级活动区的设计包括活动区内容与数量、活动区的规划与布局、活动区规则的制定等内容。

（一）活动区内容与数量

《幼儿园工作规程》中提到："综合组织健康、语言、社会、科学、艺术各领域的教育内容，渗

---

[1] 朱家雄.幼儿园环境设计的目标（二）[J].早期教育：教育教学，1995（1）：20-21.

透于幼儿一日生活的各项活动中，充分发挥各种教育手段的交互作用。"幼儿园的教育内容是全面的、启蒙性的，大致划分为五大领域。设计班级活动区类型时，应以幼儿园最根本的教育内容与要求为出发点，遵循活动区创设的原则来设置活动区的范围（见表3-1）。

表3-1 幼儿园五大领域与活动区的教育价值

五大领域名称	教育价值	活动区名称示例
健康	进一步发展幼儿的基本动作，提高幼儿动作的协调性、灵活性；培养幼儿良好的生活习惯和生活自理能力	建构区 角色游戏区
语言	为幼儿创造自由、宽松的语言交往环境，发展幼儿的语言表达和理解能力，培养幼儿前阅读和前书写技能	阅读区 语言区
社会	促进幼儿的社会性发展，使他们能够理解并遵守日常生活中基本的社会行为准则，提升社会交往技巧	角色扮演区 艺术表演区
科学	激发幼儿的好奇心和求知欲，增强幼儿智力水平；使幼儿感受并体验数学问题和科学实验的重要性与趣味性	科学区 益智区 自然角
艺术	使幼儿能够感受美、表现美、创造美，激发其表现美、创造美的兴趣	美工区 音乐区 表演区

班级活动区的活动对于幼儿来说是富有愉悦性的游戏，亦是幼儿自我学习、自我探索、自我发展乃至自我完善的过程。在设计班级活动区时，活动区内容应同当下国家提出的教育要求相适应。自2021年《教育部关于大力推进幼儿园与小学科学衔接的指导意见》印发以来，各地区高度重视，统筹协调各方资源推进幼小衔接工作。2022年开展的第十一个全国学前教育宣传月，主题"幼小衔接，我们在行动"也表明了幼小衔接的重要性。基于此，教师将入学教育贯穿于大班幼儿的教育工作全过程，渗透于班级活动区是十分有必要的。例如：在角色扮演区增设新主题"小学生的一天"，帮助幼儿进行时间与课程内容的配对，感知小学与幼儿园的不同，学会合理安排时间；在建构区创立"我心中的小学"，引导幼儿搭建自己心目中小学的样子，激发幼儿对小学生活的向往等。

为活动区拟定合适的名称是活动区设置的重要环节。在熟悉活动区创设原则后，就可以着手为每个活动区命名。教师要根据幼儿的发展水平和兴趣需要来确定活动区种类，而名称在对活动区进行分类和设定时发挥了记忆辨认的作用。不过需要注意的是，命名应视教育功能而定，同时应兼顾"儿童化"，既要念起来朗朗上口，又要具有一定的教育意义。

《城市幼儿园建筑面积定额（试行）》规定："活动室每班一间，使用面积90 ㎡，供开展室内游戏和各种活动以及幼儿午睡、进餐之用。如寝室与活动室分设，活动室的使用面积不宜小于54 ㎡。"《幼儿园工作规程》也明确提出："幼儿园每班幼儿人数一般为：小班（3周岁至4周岁）25人，中班（4周岁至5周岁）30人，大班（5周岁至6周岁）35人。"以中班为例，一个班的标准人数在30人左右，相对应就需设置活动区5~6个。但是受结构布局、经费状况等现实因素影响，活动区的规模与数量会有所变化。再如，小班幼儿生活经验不足，教师能够为幼儿提供的活动区范围比较窄，设置过多数量的活动区意义也不大。还有一些偏远地区及农村幼儿园，可供使用的经费有限，这就导致活动区材料匮乏，与其追求活动区的规模与数量，不如整合资源优化配置，集中力量将个别活动区设置得科学合理。

简单来说，活动区的数量为4~5个最为适宜，活动区内容纳的幼儿人数以5~7人为最佳。

（二）活动区的规划与布局

确定好活动区的内容与数量后，就要考虑如何将活动区的空间进行合理规划与布局。教师在具体的实施与操作时应着重考虑这些方面的内容。

1.活动区的空间设置

陈鹤琴认为，怎样的环境，就得到怎样的刺激，得到怎样的印象，教育上的环境在教育的过程中起着一定的作用。[①]活动区的设置要为教育活动的主体即幼儿服务。在布局活动区时，要从班级的整体性、一致性出发，高效利用已有活动空间，加强对空间的把握，让地面、墙面、桌面被充分利用，使空间设置、材料、硬件设备发挥最大的教育价值。首先，教师要根据不同性质的活动区内容和教育要素，在班级内寻找适宜的位置。美发屋、医院、餐厅等角色扮演区是孩子们最喜欢的区角之一，通常人数较多，所需的玩教具与游戏材料也要多一些，在规划的时候要放在相对宽敞的区域；语言阅读区或称图书区对光线的要求比较高，最好设置在安静舒适的位置；种植区、建构区与自然息息相关，应尽量延伸至户外朝阳的地方；美工区具有特殊性，幼儿随时会用到各种颜料，容易弄脏手和地板，加上作品完成后要进行成果展示，故应设置在靠近水源又挨着墙壁的地方。

良好的空间设置能够引导幼儿与环境不断作用。错落有致的空间格局、新颖有趣的墙壁装饰、多样的玩教具能够极大地丰富幼儿的活动空间，促进幼儿良好的个性发展。

2.活动区的布局策略

（1）动静分区

《幼儿园工作规程》规定："幼儿一日活动的组织应当动静交替，注重幼儿的直接感知、实际操作和亲身体验，保证幼儿愉快的、有益的自由活动。"活动区类型不同，性质也有所不同，总的来说可以分为动态区和静态区两大类。图书区、美工区作为静态区的主要区域，对环境有一定的要求，适宜布局在安静的位置；而娃娃家、表演区活动的开展，离不开幼儿的语言和动作，这些区域通常会呈现出一派热闹繁忙的景象。这就需要将两类区域分开，避免动态区的幼儿对静态区幼儿产生干扰。

（2）干湿分区

美国学者布朗总结了活动区的特性，即静态与动态、用水与不用水等，并按照性质将活动区大致分成四种基本类型。[②]例如美工区、手工区属于静态用水型，玩沙区、玩水区属于动态用水型，图书区属于静态不用水型，建构区、表演区属于动态不用水型。教师在布局时要根据活动区是否需

---

① 邓晓辉，邹琳，李婷.幼儿园活动设计[M].北京：航空工业出版社，2016：193.
② 程方生.幼儿园环境创设实践指导[M].南昌：江西高校出版社，2014：75.

要使用水来进行干湿分区，以免彼此影响。

（3）同质相邻

同质相邻即尽量把性质相同的活动区安排在一起，便于幼儿跨区域进行游戏活动。在实际的活动区游戏中，经常会出现幼儿从一个活动区转换到另一个活动区的现象。活动区作为一种教育的形式，具有灵活多变、可反复利用的特性。教师在对活动区布局时，要及时满足幼儿兴趣转变的需要，促进材料在不同活动区的流转和变动。当不同活动区游戏相互联系时，教师能够为幼儿提供物质支持，帮助幼儿在不同活动区之间进行自由选择，使幼儿跨区域的活动能够得到自然的延伸和发展。例如，将娃娃家活动区与超市活动区设置在一起。娃娃家活动区的幼儿能够在角色扮演中自然而然地走入超市活动区买东西，参与超市活动的小朋友也可以制作一张购物清单以方便娃娃家活动区的幼儿选择。

3.活动区的布局要求

（1）界限明确，善用隔断

所谓界限明确是指不同的活动区之间应该有清楚明确的界限，活动区与活动区之间要形成鲜明的分隔。幼儿在活动区的游戏充满了浓郁的个人色彩，自我意识较强。活动区之间清晰的界限能够帮助幼儿识别不同类型的游戏活动，在为幼儿提供宽松、和谐的操作环境的同时，也给予幼儿自我选择的自由。在幼儿园的实际工作中，为了更好地开展活动，教师通常会选择两种不同类型的具有教育意义的界限物体对活动区进行划分。一种是平面界限物，即使用最直观的物品进行活动区的分隔，类似日常生活中常见的儿童地垫、毛毯、花草等（见图3-3），或者通过改变展板的颜色，以不同形式的线条、图案以及质地来划分。另一种是立体界限物，即借助具有若干横向层次的物体进行活动区的分隔，诸如幼儿熟知的玩教具柜、沙发、帐篷等物体（见图3-4）。班级活动室的空间是有限的，有的幼儿园教师利用固定的柜子和设备，借助传统工艺搭建技术，形成独具一格的空间格局，也有教师在环境内设置了安全的开阔平台，让活动富有层次感和立体感。但是在使用立体界限物进行区隔的时候，需要教师有意识地控制高度，一般以幼儿的视线水平、身高为基础来设计规划，这样教师能够更好地指导活动区活动，也方便幼儿辨认区域。

图3-3 利用不同颜色的毛毯作为活动区隔断

图3-4 借助帐篷打造出"阅读区"

（2）方便通畅、避免死角

教师要科学合理地利用活动区的每一寸空间，最大限度地发挥班级内硬件设施的作用，确保活动区与活动室内其他环境之间的交通是畅通无碍的，规避因空间分配不均造成的幼儿拥挤、踩踏事件等。要注意的是，班级中心和接送幼儿的教室门口不要设置活动区。

基于对幼儿人身安全的考虑，活动区不要出现遮挡教师视线的物体，避免出现"死角"。当教师身处班级活动区时，要能够随时看到活动区任何地方，观察到每个幼儿，能够对活动区的参与人数及活动开展情况了然于胸（见图3-5）。

图3-5　一览无余的活动区高度

（3）保持空间的相对封闭性

活动区是具有多功能、多层次、可自由选择活动的教育环境，这里丰富多彩的玩教具和活动材料，对于幼儿来说充满神秘感和吸引力。如果不保持空间的相对封闭性，活动区将整个显现在幼儿眼前，无形中会分散他们的注意力，降低他们有效学习的效率。此外，当面临过多选择机会时，幼儿反而会表现出无所适从、游离退缩。因此，教师要利用屏风、架子或者柜子适当装饰活动区，它们既可以靠墙排列，也可以同地面垂直摆放，令活动区一直保持相对封闭的状态，降低幼儿无所事事、四处闲逛的行为频次，减少外界的干扰，让幼儿专心致志地进行某个活动区的游戏。

（三）活动区规则的制定

规则是幼儿进入活动区操作材料、开展活动所遵循的法则。良好的规则是幼儿学习与生活的基础和保障，也是其社会性适应的重要内容。活动区的特性决定了它是幼儿自由、自主活动的领域，但是自由、自主并不意味着放任自流，而是理解并认可活动规则后的自我发展。为了保证活动区游戏的顺利开展，教师可以使用以下几种方法引导幼儿理解并遵守活动区规则。

1.图示法

3—6岁的孩子受认知水平、思维模式等方面的制约，在活动区活动时经常会出现与同伴争吵、抢夺玩具的情形，还有一些幼儿在活动中表现出犹豫不决乃至中途退缩的行为，致使活动无法继续。针对这些情况，教师要未雨绸缪，在幼儿进入活动区前就借助图画的方式确定好游戏的规则。

这些规则可以由教师和幼儿一起讨论制定，在活动开始前，教师需要针对每个活动区的特点和内容形式，围绕活动区的适宜人数、活动的开展过程、活动的反思与评价等问题与幼儿进行讨论，最终形成的规则请幼儿用自己喜欢的颜色和图案来呈现，并把规则张贴在活动区入口，确保所有进入活动区的幼儿都能看到并理解（见图3-6和图3-7）。用这种方法创设的规则幼儿最能遵守，因为所有的内容都来源于他们自身的思考和平等的交流。

图3-6　美工区规则

图3-7　语言区规则

2.让环境说话

当班级内建立新的活动区时，孩子们都会感到新奇有趣，想要进入活动区游戏，却往往不知该如何操作。为了避免幼儿出现无从下手、到处游逛的现象，教师要让环境"活起来"，将活动区规则蕴藏于环境中，通过区域中的环境提示幼儿应该遵循的活动规则。例如在"小餐厅"活动区，厨具、食材都被分别装好放置在一个个塑料托盘里，井然有序地摆放在教具柜上（见图3-8），这就是环境在告诉孩子：当进入区域时，一人只能领取相应数量的物品，玩完以后要收拾整齐、物归原位；还有的教师在放置水彩笔的盒子里贴上笔的形状，借助文字或者图案告知幼儿物品存放的位置，帮助幼儿顺利拿取的同时也方便后续归纳。实际幼儿园生活中，很多教师会采用收纳筐，引导幼儿将教玩具分类整理（见图3-9）。

图3-8　"小餐厅"内的置物托盘图

图3-9　创意区"蚂蚁呀嘿"收纳盒

3.限制人数

一个活动区能够承载的幼儿人数是有限的，如果人数过多，容易发生拥挤、踩踏等安全事故，也不利于教师及时进行观察和指导。此外，活动区空间和操作材料是有限的，也需要对活动区可进入人数有所规定。例如，娃娃家活动区只能进入6名幼儿，就可以在娃娃家活动区的地垫上贴6双鞋的贴纸，每有1名幼儿进入就把自己的鞋子放在对应的贴纸上面，当贴纸上摆满鞋子时即意味着该活动区人数已满，不能再进入了。

将人数的提示作为活动区的规则之一，不仅能够提示幼儿及时关注同伴游戏选择和开展游戏的状况，还能引导幼儿在自身需要同他人的游戏愿望发生冲突时约束自己，与同伴友好协商，提高学习行为。

4.进区卡

不同年龄段的班级活动室都开设了相应的活动区，以满足幼儿的活动需求，从而推动各类自主活动的开展。然而在实际操作中，活动室空间有限，其活动区数量亦有一定限制，幼儿在活动区内容易出现争吵、抢夺、材料使用混乱的情况。为了维护良好的活动秩序，避免幼儿消极等待、打闹等，教师必须对活动区进行一定的控制和干预。基于此，进区卡诞生了。它是一种充满引导意味的材料，也是幼儿进行自主活动的"门票"。[①]进卡区最主要的目的在于限制每个活动区的人数，以及在特定时间段幼儿可以选择的区域范围。换言之，只有幼儿拿到某个区域的进区卡后，才能进入该区域活动。

在设计和制作进区卡时，要考虑两个方面的内容。一方面是不同类型活动区进区卡的数量。教师要把主动权交还幼儿，让他们成为问题的发现者、思考者、研究者与解决者，即由幼儿根据区域空间的布局、范围、大小及可容纳的人数来决定最终的进区卡数量。如果幼儿亲身体验到区域可容纳的人数密度过大，他们就会有意识地去控制人数。

另一方面是不同区域进区卡的样式。设计进区卡时，要考虑幼儿的认知水平、审美偏好以及区域的典型特征，要进一步激发幼儿参与活动的积极性。在进区卡的外观设计上，要征求幼儿的意见，加入其喜闻乐见的主题元素。例如：小班的幼儿喜欢颜色鲜艳、生动活泼，能给视觉带来一定冲击力的图案，在选材时以小动物、卡通形象、水果等为宜；不同于小班幼儿，中班的孩子已经具备了一定的操作能力和辨别能力，要科学灵活地使用一些符号、文字、形象等元素来设计进区卡；大班幼儿的动手能力有了明显的提升，可以自己使用废旧材料制作进区卡，并配上插画。

进区域时不戴进区卡，如何引导？
幼儿的每一个活动区域都是有人数限制的，都有相应的进区卡。进区卡是教师控制区域人数、保证活动区活动质量的一种直观有效的方法。然而，经常有一些幼儿进区不带卡，对此应如何引导呢？扫描文旁二维码，了解具体内容。

[①] 申燕.进区卡对幼儿园区域活动的价值分析[J].陕西学前师范学院学报，2015（1）：51-53.

二 班级活动区的材料投放

幼儿在与材料的相互作用中建构起自己的认知思维，亦是在与材料的沟通中获得发展。材料是联结幼儿与活动区的重要因素，给予幼儿丰富的材料就是为其提供适宜的学习环境。在进行活动区创设时，材料从何而来，什么样的材料有益于幼儿发展等都是教师应该深思的问题。

在活动区中，材料投放是一项复杂的工作。材料投放太多，幼儿会什么都想操作，玩起来集中不了注意力，最后顾此失彼，无法专注去玩任何一个；种类投放不合理，无法吸引幼儿兴趣，也就达不到预期的教育效果。所以，适宜投放材料同幼儿教育的有效性息息相关。材料投放要注意遵守以下原则。

（一）材料来源的多样性

按照活动材料的性质，可以将其划分为自然物和废旧材料、成品材料和半成品材料；根据活动材料发挥的作用，可以将其划分为主导材料、次要材料、辅助工具；依据活动材料的结构，可以将其划分为低结构材料和高结构材料。①教师在投放材料时，不必拘泥于某种类型或某类物品，应尽可能扩大材料来源。大自然中的天然木材、周围环境中可以利用的零星材料、日常生活中的废旧物品都可以作为活动区的材料来源，比如，可以收集用完的塑料盒、瓶盖、碎皱纸等，这些材料不仅安全牢固，还非常容易获得。教师要勤于动脑、善于观察，研发一些组合式材料，可以把幼儿已经不爱玩或者小面积有损坏的玩具重新组合在一起，让其以全新面貌出现在幼儿的眼前，这样在实现废旧物品再利用的同时节约了资源。

不同地区的幼儿园在投放材料时可因地制宜。例如：在临海的幼儿园，教师可以去海岸上收集海螺、贝壳、珊瑚等海产品装饰活动区；在一些农村幼儿园，教师可以将轮胎制作成秋千、摇摇船，还能自由搭建平衡桥、跷跷板等玩具，户外活动亦可以选择天然的活动区，还可以和幼儿一起在田野、树林里寻找松果制作刺猬、小鸟的模型，把稻草搓成绳子扎稻草人，把树叶粘贴成美术工艺品。

材料来源的多样性不仅可以赋予幼儿可持续发展的理念，还可以激发幼儿的想象力、创造力，帮助他们自动自发地加入材料的利用和改造行列。

 利用自然条件创设农村幼儿园室外特色区域环境
 扫一扫，读一读，看看我们可以怎样利用自然条件创设农村幼儿园室外特色区域环境。

---

① 赵娟，靳林，李敏.幼儿园环境创设与玩教具制作[M].北京：北京师范大学出版社，2017：73.

(二)材料操作的探索性

皮亚杰认为,幼儿的智慧来自动作,教师要提供具体的材料让幼儿动手去操作,他们会在主动发起的活动中自主地建构知识。材料自身的特质促使幼儿通过操作,发挥各种探索行为与环境之间相互促进发展的积极作用。幼儿独特的思维特点和生活经历决定了材料在活动区活动中的重要价值和地位,材料操作起来是否具有探索性已经成为决定幼儿能否主动参与活动的重要因素。探索性并不单指幼儿发挥手部的功能,而是在动脑思考的前提下激发其手眼的协同合作。所以在投放材料的时候,教师要尽可能少给幼儿提供现成的材料,因为这些材料虽然能够实现部分活动目标,让幼儿在短时间内习得知识技能,但是玩法固定单一,长此以往,幼儿不是在跟材料进行互动,而是受制于材料,丧失了主动权。与之相反,具有探索性的材料不仅不会限制幼儿的玩法,还会有很多隐藏的操作方式,让幼儿能够依照自己的游戏意愿来探索事物,从而丰富自身认识世界、理解世界的途径。

个别幼儿园的玩教具是统一购买的,缺乏可变性强、可塑性强、可探究空间大的材料,幼儿在活动区没有动手操作的机会,与材料的互动性不足,幼儿的动手能力及创新能力无法得到锻炼。例如:在世界地球日主题活动中,教师为幼儿提供了一张世界地图,幼儿根据老师的指示找到了几个大洋和几个大洲,并描述了二者的联系与区别。显然,这样的材料并不具备典型意义上的探索性,是幼儿在教师的强化要求下完成的。真正的探索性材料是为幼儿提供世界地图拼图,各个大洲像拼图一样分割出来,让幼儿自己辨别形状和颜色,将每个大洲放在正确的位置上。在这个思考过程中,幼儿能够亲自动手、识别回忆,并主动构建头脑中的世界地图模型。

对于幼儿来说,蕴藏着探索性的材料才能真正实现"在玩中探索、在探索中学、在探索中获得发展"。只有激发材料操作的探索性,幼儿才会自己动手、动脑去认识问题、发现问题进而解决问题。

(三)材料投放的丰富性

新颖、生动、有趣的活动材料对幼儿有着较强的吸引力,能有效提高他们的专注力,减少幼儿之间的矛盾和摩擦,弱化幼儿的攻击性行为,保障活动顺利开展。材料投放的丰富性表现在三个方面。其一,提供丰富的多媒体设备,为幼儿的身心发展提供支持;其二,提供不同材质、特性的玩教具,如石头、金属、陶瓷、木材、棉麻、塑料、布帛等(见图3-10),材料的造型、结构要五花八门、形态万千,另外要注意在数量、颜色、大小、轻重、形态、宽窄、高矮上有所差异,从而帮助幼儿增强体验感;其三,投放的材料自身具有多种功能,要做到一物多用、一料多能,材料最好不要局限于某个活动区,应尽可能在其他领域流通,例如手指玩偶不仅可以在语言区出现,进一步培养幼儿的沟通表达能力,也可以运用于表演区,充分调动幼儿的想象力和创造力,促进幼儿艺术素养的沉淀。

家园合作亦是丰富投放材料的途径之一。教师可以合理利用家庭资源,让家长协同收集家中的废旧物品,如化妆品罐、纽扣、鞋盒、报纸、空塑料瓶等可以作为美工区、建构区的材料;旧日历、闲置衣物、边角布料、过时手机等可以用在表演区、角色区的游戏活动中；而绿植、各类花草种子亦能用在科学区。除此之外，教师还可以向家长寻求职业性和专业性的材料帮助，可以请在医院上班的家长帮忙提供人体结构图、牙齿模型等，还可以请从事农、林、牧、渔、水利业的家长提供金鱼、小兔子、乌龟，各类干果、鲜果、小树苗等（见图3-11）。

但是材料的丰富性并不意味着投放的种类越多越好，当活动区的材料过于丰富时反而会带来不良影响。面对琳琅满目的材料，幼儿很容易分心，时而抚摸这个材料，时而又去操作那个玩教具，还会被其他活动吸引，导致频繁更换活动区。因此，教师要把握好材料丰富性的度。

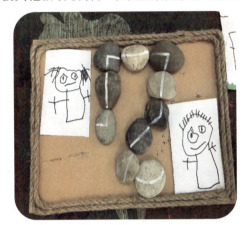
图 3-10　石头画

图 3-11　松果制成的美术作品

（四）材料使用的层次性

幼儿通过感官来认识世界，不同层次水平的材料适合不同的年龄段，可以提供不同的经验。对于小班的幼儿来说，他们手部肌肉的灵活性和手眼协调能力有待提高，教师在投放材料时更多的是考虑材料对于幼儿学习的价值，此时适宜提供一些比较基础且原始的半成品材料，增强材料对于幼儿学习的意义和价值。到了中班，幼儿的生理和心理发生了变化，他们更加活泼好动，思维更具体形象，所以在中班的材料投放中，要增加材料多样性的功能，提高操作的复杂程度，给予幼儿一些可以多次操作、反复使用的材料。随着年龄的增长，尤其是进入大班以后，幼儿精细动作发展迅速，材料不再仅是通过幼儿园购置，还可以是在教师的引导下幼儿动手制作，如为户外活动区制作沙包、易拉罐高跷等体育器械，为科学区制作小汽车、时钟等教学材料。

即使同一个班里的幼儿，在发展水平上也有一定的差异。这种差异的存在，意味着教师提供的材料必须考虑到不同层次幼儿发展水平的需要。教师在日常生活中要多观察、勤记录，了解幼儿在班级活动区中的发展水平，并立足于个体差异，为幼儿设计有针对性的材料。这些有针对性的材料操作程度要循序渐进，由易到难，能够维持幼儿参与活动的热情与积极性，让每个幼儿都获得成就感，在原有的水平上有所进步。

高低结构材料投放注意事项
3 依据不同的活动材料结构，可以将材料划分为低结构材料和高结构材料。扫描文旁二维码，了解具体内容。

第三课　常规活动区的环境创设

《幼儿园教育指导纲要（试行）》指出："幼儿园应为幼儿提供健康、丰富的生活和活动环境，满足他们多方面发展的需要，使他们在快乐的童年生活中获得有益于身心发展的经验。"活动区是一种以"幼儿为本"的活动组织形式，强调的是幼儿自主学习的能力。良好的活动区可以充分挖掘幼儿的潜力，提升幼儿学习的主动性，对幼儿未来发展具有深远意义。

活动区创设的核心即为幼儿提供一个和谐、开放的游戏环境，鼓励幼儿按照游戏意愿和兴趣爱好自由选择、大胆表现和创造，让幼儿在跟环境的互动中有所成长。幼儿是活动区的主人，活动区的创设需要满足幼儿的需求，活动区的名称和内容也要与幼儿的能力水平相适应，并用幼儿喜闻乐见的方式来呈现，使其能够理解和接受。

对于教师来说，最大限度地使用材料，规划设计教室内的各个活动区，并保证活动区内的游戏顺利开展，是每个学期最先被提上日程的事宜。尽管每个班级活动室的方位、幼儿的兴趣爱好、活动区主题等不同，设置情况也会有所不同，但大致来说，常规活动区可以分为角色区、建构区、表演区、美工区、语言区、科学区几大类。

一　角色区

角色区是幼儿开展角色游戏的场所，是幼儿依据自己的兴趣和需要，通过模仿和想象，借助扮演不同的角色人物，创造性地反映自身生活体验，开展一系列游戏行为活动的区域。

角色区能够帮助幼儿认识社会、熟悉社会存在与社会关系。通过体验不同的社会角色，幼儿能够了解不同社会角色的责任与义务。借助角色扮演，幼儿能在游戏中满足自己对于现实生活的幻想，把自己的愿望付诸实践，潜移默化地发展自身的思维能力及表达能力，并获得良好的生活体验。一直以来，角色区都是每个幼儿园的常设活动区，也是各年龄段幼儿游戏活动的重点区。

（一）区域布局

角色区的空间区域不能过于狭窄，宽敞的中庭是一个比较理想的位置。幼儿在开展角色游戏时，会围绕一定的主题和情节不断走动和对话，如果空间太小，会不利于多元主题角色游戏的统一规划开展，后期变更布置也比较麻烦。由于幼儿会在活动区内走来走去，选择不同的物质材料，并伴以大声的交流，所以教师最好遵循动静分区的原则，把角色区安排在其他比较热闹的区域附近，例如建构区，这样不仅可以减少同一时间内不同活动区的干扰，也能让材料在不同区域内流动起来。

角色区的布局以矩形最为适宜，从公共活动空间的一致性、整体性而言，只要使用一些分隔道具，如玩教具柜、沙发、家具，就能够灵活机动地划分出本区活动范围。

（二）区域环境设计

苏联现代游戏理论的主要代表人物艾里康宁认为，角色游戏的基本要素由主题、角色、动作和规则构成。此外，他把角色游戏主题划分成为三大类：第一，家庭人物关系是幼儿最常接触也是最为熟悉的，可形成以"娃娃家"为代表的日常生活主题；第二，社会关系是社会组成的重要部分，可形成以"美发屋""医院"等为典型的生产生活主题；第三，社会政治性主题亦是不可分割的内容，可形成以"冬奥会""旅行社"等为代表的主题，但在实际的环境创设中这一类型在幼儿园中比较少见。[①]角色区主题涉及的内容繁多，除了幼儿喜闻乐见的活动主题外，还可以在丰富游戏内容和情节的基础上，根据幼儿的生活经验生成其他主题，如恐龙乐园、鲜花屋、邮局等。不同性质的主题对环境的要求是不一样的。

角色游戏的开展建立在幼儿熟悉的知识和生活经验上，幼儿的生活经验越丰富，角色区游戏的内容就越多样。因此，在进行区域设计时，教师要注重营造贴近社会真实生活的环境，让幼儿有身临其境之感。此外，游戏区的道具、物品要分类摆放整齐，放在幼儿容易取放的地方，这些微缩仿生道具将有利于角色区故事情节的开展和活动的实施。

角色区旨在帮助幼儿按照他们对世界的认知来扮演角色、诠释各种行为，因此所涉及的主题内容包罗万象。教师要视幼儿的年龄特点有选择性地安排，如果只设置一个主题，就要及时更换内容，并且设置新的主题环境；如果设置的主题为2~4个，那么可以把幼儿最喜爱的娃娃家作为基础活动区，再另选其他几个幼儿感兴趣的内容进行环境创设。

（三）材料投放

角色区要根据相应的游戏主题和幼儿的年龄段投放适宜的材料。

1.娃娃家

大小和性别不同的娃娃（面部特征和着装要有所区别）、娃娃服饰、地毯、摇篮、奶瓶、扫把、簸箕、围裙、抹布、家具（床、餐桌、椅子、沙发、台灯等）、电器玩具（电视机、洗衣机、微波炉等）、餐具（小碗、盘子、勺子、筷子、水杯、餐巾纸等）、炊具（儿童塑料刀具、炒锅、电饭煲、煤气灶、铲子等）、蔬菜、水果模型等。

2.爱心医院

不同角色的服饰（白大褂、护士帽）、病床、玩具吊瓶、玩具针管、听诊器、病历本、医用胶带、托盘、体温计、玩具注射器、药瓶、药棉、绷带、笔、各类药品模型等。

---

① 刘焱.儿童游戏通论[M].北京：北京师范大学出版社，2004：623-624.

3. 小超市

不同角色（收银员、理货员）的服饰、货架、收款机模型、食品模型、生活用品模型、玩具、零钱、纸币代用券、收银台、购物车、物品标签、包装盒、电子秤等。

4. 银行

不同角色（银行职员、大堂经理、警卫）的服饰、名签、业务宣传栏、不同面值的纸币代用券、电脑、纸、笔、计算器、验钞机模型、存折、装钱袋等。

5. 美发屋

造型海报、理发围布、镜子、玩具剪刀、玩具理发器、玩具吹风机、刷子、脸盆、洗护用品、玩具卷发棒、发型头像等。

6. 小吃店

桌椅、屏风、菜单、纸、笔、餐具（小碗、盘子、勺子、筷子、水杯、餐巾纸等）、厨具（儿童塑料刀具、炒锅、电饭煲、煤气灶、铲子）、食物模型及图片、类型各异的黏土、托盘、收款机、钱币等。

7. 蛋糕房

不同角色（糕点师、收银员）服饰、各种类型的蛋糕图片及模型、模具、蜡烛、餐具、蛋糕纸盒、托盘、不同颜色的泡泡泥等。

（四）区域管理

角色区是幼儿游戏活动的空间，不同年龄阶段的幼儿对玩教具和游戏材料的需求有所不同，教师在准备游戏材料时就要提前考虑到这个问题。小班的幼儿具有强烈的好奇心，但是语言交往能力、生活自理能力都比较差，再加上刚来到幼儿园这个陌生的环境，对于家庭有深深的依恋，所以在小班以反映家庭生活的游戏材料为主；到了中班和大班，幼儿开始具有一定的动手操作能力，认识水平也相应提高，角色区就出现了以反映社会生活为主题的活动。基于此，教师必须科学合理地按照相应的主题内容准备活动材料。对于角色区来说，归纳和整理繁多的材料是区域管理的重点工作。

其一，巧妙使用收纳袋及收纳盒。各个主题的服饰可以用真空收纳袋压缩后储存，这样不仅节省空间，还能防止灰尘侵入；厨具、餐具、炊具这一系列模型可以使用收纳盒存放，并在收纳盒上贴上标签写清楚里面存放的物品，这样一些零碎的玩教具就不会丢失，当幼儿想玩的时候也可以直接拿出来使用操作，方便整理和取放。

其二，采用DIY式归类法。角色区内的空间毕竟是有限的，教师可以在角色区的墙壁上安装塑料筐或者纸篮子，把体积比较小的玩教具放置在里面，随后在纸筐外面用即时贴画上存放的物品类型；此外，还可以将环保材料制作成格子收纳袋安放在活动区，不仅能对角色区起到一定的装饰作

第三单元 创设幼儿园区域环境

用，还能时刻提醒幼儿物归原位。使用DIY式归类法时，教师要注意安装的塑料筐等放置的位置适合幼儿的身高，以方便其拿取。

二 建构区

学前期被认为是人类创造力的黄金期，而建构区在培养幼儿的创造力和想象力上发挥着至关重要的作用。进行建构游戏时，幼儿能够无拘无束地选择、排列材料并组合成形式新颖的物体，这些都为其充分活动提供了机会。而游戏中的材料和环境对幼儿的创意想象有着强烈的引导作用，易于激发幼儿的创造动机。在建构游戏中，幼儿能够与同伴建立良好的合作关系，学会欣赏自己和他人的作品，培养与同伴合作的意识，增加交往技巧，提升人交往际能力。

建构区活动是指在一定的空间范围内，幼儿能够自由自主地选择丰富的材料并与之互动，从而充分运用自身创造力和想象力进行相关活动。不同的学者秉持的观点有所差异，有些学者将幼儿使用结构材料（积木、积塑拼插等）进行社会生活再现和构建的区域定义为建构区。①

建构区作为幼儿喜爱的游戏区域之一，为幼儿自主探究学习提供了活动场所，不仅支持幼儿在解决问题中进行反思和学习，还激发了幼儿对生活现象和常见问题的思考，提升幼儿逻辑与推理能力，进一步培养幼儿的批判精神与创新思维。在建构区游戏过程中，幼儿通过不断的探索、构思进行自我表达，建构起对世界的独特理解。

（一）区域布局

幼儿园在规划活动室空间布局时，要给建构区留出足够的空间，占地面积应是其他活动区的1.5倍，尽量为幼儿的自由创作提供条件。建构区最好能两面靠墙，这在一定程度上能够给予幼儿心理上的安全感。左侧可以靠近窗户，因为采光性比较好，利于幼儿的活动搭建；如有条件，在建构区右侧使用玩教具柜把建构区跟活动室隔开，形成相对开放的区域分隔，也方便教师在公共区域能够随时观测幼儿的行为和建构区的情况。为支持幼儿专心致志地搭建，不受其他区域的干扰，建议建构区只设置一个入口。

幼儿进行建构游戏时，经常会频繁走动，并不时因搭建过程中出现的问题引发热烈的讨论或者拍手欢呼，整个活动区都洋溢着热闹的氛围，因而建构区要远离静态的语言区或者图书角，加之建构区与角色区之间往往联系密切，角色区也比较嘈杂，二者在布局时可以互相毗邻。

幼儿园还可以创设一些公共建构区或全园性户外建构活动区，并根据不同年龄段班级的主题设置和教育活动安排，有计划有目的地带领幼儿进入建构区，提供不同层次的建构材料，给予幼儿宽敞的环境和自由探索的空间。

---

① 何艳萍.幼儿园区域活动的实践与探索[M].北京：北京师范大学出版社，2010：106.

(二)区域环境设计

根据皮亚杰的认知发展阶段理论,3—6岁的幼儿正处于前运算阶段,其思维具有表象性,对于知识的学习很大程度上取决于自身的知觉与探索。因此,在进行环境创设时,所投放的材料务必丰富真实,教师要站在幼儿的角度来审视环境,切忌对材料进行过度加工,应根据幼儿的兴趣和需要做出呼应性的改变,尽可能帮助他们形成具体的形象认知。

建构区的墙面上可以张贴幼儿需要建构的模型图片、基础的搭建方法、搭建计划和搭建造型推荐等,给予幼儿一定的隐性教育。活动区的设置在形状、结构、薄厚、柔软度、光滑度等物体性质上要为幼儿的感官提供一定的刺激,促进幼儿认知结构的发展。教师可以在建构区的中庭放置一块粉色的布料,把它当成城堡的地面,鼓励幼儿大胆想象可以在"城堡"上搭建什么,引发幼儿的思考,带动幼儿创造力的发展;还可以在整个建构区铺上泡沫地垫,避免积木垒得过高倒塌时造成巨大声响,亦能降低材料的损伤,为活动的顺利进行保驾护航。

(三)材料投放

布鲁纳认为,幼儿的学习来源于教师提供的材料,材料的提供必须遵循幼儿心理发展的不同需求。建构区的活动过程,就是幼儿与材料不断互动的过程。在投放材料时,避免随意盲目,要依据幼儿身心发展的规律和故事中的情节有针对性地投放。

1. 积塑

雪花片(见图3-12)、不同建筑部位的积塑材料(门、窗、柱子、围栏、斗拱等)、拼插类积塑(见图3-13)、块形积塑、齿形积塑、乐高等。

图3-12 雪花片

图3-13 拼插类积塑

2. 积木

不同尺寸和类型的圆柱体、正方体、长方体、圆锥体、直三棱柱、半圆柱体、长方体立柱,长板(以平滑的自然原色木头为主),主题建筑积木,拼插积木等。

3. 自然材料

沙、土、水、雪等。

4. 其他材料

螺丝连接类积塑，积竹游戏、金属构造游戏、拼图拼板游戏、穿线编制类玩具材料，纸盒，塑料瓶，泡沫，剪刀，橡皮泥，黏土，纸片，建筑图，各种类型的标志等。

卡罗琳·普拉特与她所创立的单位积木

卡罗琳·普拉特创立的单位积木是一套精心设计的由各种方块、弧形、圆柱等形状组成的积木。扫一扫文旁二维码，了解更多相关内容。

（四）区域管理

在建构区中，环境成了支持幼儿进行探索学习及社会互动的载体，它为幼儿的沟通、参与、合作和有意义的发展创造了无限的可能。只有在科学环境的支持下，才能为幼儿有意义的游戏活动提供机会，引导学习的自然发生。

建构区里最为显著的就是各式各样的积木材料。积木经常会因为幼儿的汗水、污渍等，在表面或隐蔽处留存污垢细菌，而且一些大型建构作品并非处于封闭陈列的状态，时间一长也会落下灰尘，所以对积木进行清洗和保养很有必要。教师要定期把材料拆开，按照大颗粒和小型零件的类别分开清洗。例如，将需要清洁的大块积木全部拆分开，然后用柔软的毛刷蘸取适量清洗液清除凸点和圆孔中的顽固残留物，随后使用清水清洗，当材料表面无污痕和清洗液残留时，就可以用干净的抹布擦干。一些小型的零件可以直接用抹布在清水中进行揉搓擦拭。清洗完毕后，最好能进行消杀，在晒木制玩具时要注意翻动，以免有些位置没有晒到。

此外，建构区的材料都要存放在玩教具柜里，柜子的高度以利于幼儿取放为宜，还可以用图示标记的方法，把不同类型大小的积木存放在不同的横板或架子上，且贴上标签方便整理和清洁。积塑建议用大型收纳箱存放，以防潮、防灰尘。

三 表演区

活动区一直以来都是幼教界研究的焦点，作为艺术性活动区域的代表，表演区能较好地弥补集体艺术活动的不足，通过审美体验提升幼儿感受美、表现美和创造美的艺术素养。幼儿园表演区是幼儿园为幼儿创设的专门开展表演活动的空间。对于表演区的创设，除了考虑表演的需要外，还要考虑观看的需要、活动室面积的大小以及设备、服装、道具等物质条件。[①]表演区是幼儿通过扮演文化和艺术作品中的角色，抒发情绪情感，创造性地表达对生活及文艺作品理解的游戏场所。[②]表演区的活动反映了典型的现实生活，对幼儿具有强大的感染力。幼儿借助表演游戏的方式，能够提升认知，促进语言、动作、社会性等诸多能力的发展，亦能激发幼儿的戏剧天赋，因此创设良好的表演区环境具有一定的现实意义。

表演区的活动内容包括幼儿自发进行的故事表演和歌舞表演。表演区的组织形式不能过于单一，多元化的组织形式能够给幼儿提供不同的体验，让幼儿充分感受到游戏的乐趣。如分组表演，即小组内分工合作，可以让幼儿有机会体验不同的角色；而自主表演能够给幼儿更多的选择权和自主权，使其能够选择自己喜欢的表演角色和内容。

（一）区域布局

表演台是表演区里最重要的地方，教师在进行环境创设时，要为表演台预留出足够的空间，从而保障幼儿有效的活动范围。

在进行表演区布局时，教师要合理利用幼儿园的空间资源：可以将表演区设置在户外场地或者公共开放区域，这是十分理想的空间布局，不但便于表演区的统一规划，而且能够保证空间范围开阔明亮；还可以利用不规则的公共交通空间，比如走廊转角处、班级周边过道等设置表演区，此类布置灵活机动，空间利用巧妙，还能同其他班级实现资源共享。

教师还要坚持动静分区的原则。为了避免表演区的声音干扰到其他区域的活动，要将其与阅读区、美工区等较为安静的区域分隔开，这样即使是同时进行活动区活动，也能保证幼儿的有声表演不影响到其他区域的活动和学习。表演区一般有看台和舞台两个区域，教师要用幼儿能够理解并接受的标记进行区分。

（二）区域环境设计

游戏场地是表演区所必需的空间条件，游戏场地的大小和场景布置直接影响幼儿园表演游戏的有效开展。良好的环境和场景可以营造游戏的氛围，帮助幼儿更快地进入角色。在开展表演区活动时，既要给予幼儿足够的空间让其表演发挥，又要充分考虑到布局的合理性。例如，在进行故事类表演时，教师可以依据情节和内容的需要变更布局，将表演台、帷幕、墙面设置成可移动的形式，以便于灵活安排表演场地，合理地设计区域环境；进行歌舞表演时，可以加垫泡沫板在表演台下方，将其当作舞台背景来活动；有的幼儿园还开发了皮影戏等传统艺术形式，这时就可以把表演台当作演示台，挂上透明纸板就可以开始游戏了。

表演区在设计时不必一味追求华美的饰物、精致的服装，因为这些会分散幼儿的注意力，以简

---

① 虞永平.表演区（室）与幼儿园课程[J].幼儿教育：教师版，2010（9）：6-7.
② 董旭花，王翠霞，阎莉，等.幼儿园创造性游戏区域活动指导：角色区·建构区·表演区[M].北京：中国轻工业出版社，2014：118.

单、实用、易于穿脱的材料为宜。有时还可以以虚带实、以实促虚。表演区最主要的目的是依托表演游戏的环境来帮助幼儿快速进入角色开始表演活动。

表演区的环境创设还要体现出层次性和发展性，坚持审美与教育的统一。每次开展游戏之前，教师要同幼儿商议讨论本次活动的主题，尽可能让幼儿参与到区域环境的设计和游戏场景的布置上来，做到最大限度还原故事场景，让幼儿有身临其境之感。

（三）材料投放

表演区材料依据表演内容可以划分为音乐表演类、语言表演类、形象装扮类三种。[①]

1.音乐表演类

木鱼、手鼓、节奏棒、响板、三角铁、手摇铃、沙锤、手风琴、铝板琴、便携式游戏播放设备等。

2.语言表演类

绘本、图书、磁带、CD、录放机、海报等。

3.形象装扮类

民族服装、特色发饰、梳子、镜子、化妆盒、假发等。

（四）区域管理

3—6岁是幼儿规则意识和良好习惯养成的关键时期，教师要让幼儿参与到表演区的物品保管工作中来，培养幼儿爱护材料的好习惯，还要定期收集幼儿对于表演区的意见和建议，每次表演游戏结束后发给每个幼儿一张反馈卡，让幼儿在卡上用画画的形式表达自己的兴趣和需要，根据幼儿反馈调整表演区。

表演区最多的是各类民族服装和特色发饰，教师要定期对区域内的服饰进行保养。个别衣服是直接套在幼儿身上的，而发饰基本上会贴合幼儿面部，如果长时间不清理极大可能会沾染灰尘，在与幼儿亲密接触后易引发局部过敏问题。教师可以用可降解塑料膜或者快递箱做成防尘装置，避免服饰和发饰等蒙灰。

表演区的管理不是一朝一夕的事情，教师要将近期的主题环境建设与中长期的布置有机结合起来，立足整体把握全局，以防表演区布置混乱零散无法构成体系，造成人力、物力的浪费。

5 "民族村"中的音乐表演区
扫一扫，阅读"民族村"中的音乐表演区。

[①] 李曼.幼儿园表演区材料投放策略探析[J].东方娃娃：保育与教育，2020（10）：30-33.

四 美工区

幼儿有强烈的好奇心、表现欲和探究欲，而艺术探究活动作为幼儿表达自我的一种语言，也成为其表现精神生命活动的方式。美工区是幼儿园开展艺术活动的重要载体，也是幼儿感受美、表现美、创造美的核心区域。在这里，幼儿能够以自己的意愿来开展活动，而美工区拥有丰富的材料，可以帮助幼儿大胆自由地实践和探索，从而在与材料的科学互动中获得满足感和幸福感。

美工区是幼儿进行自主绘画和手工制作的一个重要场所，是幼儿根据自己的兴趣与需要进行自我表现的开放性游戏场所。①美工区也是一个供幼儿自由欣赏和创作的活动空间。②作为一种独特的形式，美工区承载着幼儿艺术活动的开展和实施，具有强烈的自主性和个性化特征。通过在美工区不断学习，幼儿能够实现并满足自身个性化的发展，推动思想解放。

幼儿的艺术活动具有主动性、游戏性、生成性、互动性的特点，这与游戏精神是不谋而合的。③美工区为幼儿提供了富有趣味性的材料和童趣性的环境，营造了和谐、自由的创作氛围，在能够自我表达不注重结果的美工区里，幼儿的天性能够得到合理的释放。

（一）区域布局

美工区给予了幼儿相对宽松、开放、和谐的空间，幼儿在这里能够自主自发地进行自己喜爱的创作，从而得到身体和心灵的满足，并逐渐养成积极探索、乐于表达、敢于创造的优良品质。

美工区空间布置的原则是宽松、愉悦和富有美感。美工区在环境创设时要有艺术氛围，为幼儿创设自由、宽松、和谐的气氛。④在区域布局时，要重视自然的审美价值。如果条件允许，可以把美工区设置在窗户边或者其他靠近自然的地方，这样幼儿在美工区活动时，抬头就能看见窗外的蓝天白云、花鸟树木，还可以近距离感受春夏秋冬的四季变换。无形之中，美工区就成了连接幼儿与自然的纽带，能够帮助幼儿找到创作的灵感，使幼儿充分感受到不同风格、不同形式的艺术之美。

美工区的设置要重视动静分区的原则，因其比较安静，可以同图书角、益智区等静态的活动区域设置在一起。此外，美工区的创作离不开幼儿眼睛的观察，所以对光线的要求很高，尽可能设置在明亮适宜、光线充足的地方。美工区投放的材料多为颜料、水彩这些容易上色的物质，最好能够靠近水源，便于活动结束后清洗画笔、清洁桌面和整理自我。

① 李季湄，冯晓霞.《3—6岁儿童学习与发展指南》解读[M].北京：人民教育出版社，2013：254.
② 张念芸.学前儿童美术教育[M].3版.北京：北京师范大学出版社，2014：157.
③ 王任梅.试论儿童美术的本质与特点[J].早期教育：教育科研版，2017（Z1）：25-28.
④ 姚孔嘉.美工区的创设与指导[J].教育导刊，1998（4）：13-14.

（二）区域环境设计

教育家杜威曾提出：环境至多只能提供刺激以唤起反应，这些反应从个人已有的倾向开始。①人不是物，人有精神世界，唯有美工区环境契合幼儿的精神世界，才能促发幼儿的自主行动。

在设计美工区环境时，要确保美工区有宽阔和明确的通道，并在区域的边界设置分隔物，以免同其他区域相互干扰。美工区是开展艺术创作与艺术欣赏的区域，在进行环境设计时，要重视它的审美价值，为幼儿呈现多种多样的色彩、形态之美，从而扩充幼儿的审美经验。教师要重点考虑区域的颜色、结构、形状、图案的空间分布，在凸显艺术性的同时，也要做到颜色明丽清新，造型美观简洁，陈列质朴大方，符合幼儿审美情趣。

在美工区中应设置大量的自然环境，而非一些仿真的塑料制品。自然中蕴藏着无限生机，要尽可能多地为幼儿提供自然中真实的事物，如易培植的花木、绿植等，还可以设置特色欣赏角，为幼儿的审美提供有力的支持。

美工区会产生大量的美术作品，所以美工区要适度留白，为后期张贴幼儿作品预留位置。

（三）材料投放

美工区在解放幼儿眼睛、双手、大脑的同时，也为其形成健全的人格奠定了良好的基础，尤其是在个体的发展和审美能力方面起着不可或缺的作用。美工区的材料投放不仅要随着主题活动的变化而变化，还要注意提升儿童的认知水平和手部精细动作的发展，并且随着幼儿知识和年龄的增长，不断丰富材料的种类。

众所周知，幼儿美术教育活动包括三个方面的内容，即幼儿绘画、手工和美术欣赏。具体来说，幼儿绘画意味着学习材料的特质和使用方法，通晓绘画语言、绘画内容和主题；手工涵盖对各类材料的辨别与加工，以及掌握基本操作技能等；美术欣赏可以概括为对美的作品的赏析和品鉴。

立足于美术活动的组成部分，教师在准备活动材料时，应有绘画类材料、手工类材料和美术欣赏类材料这三大类。

1.绘画类

彩色铅笔、水彩笔、蜡笔、记号笔、水粉笔、颜料、调色盘、托盘、空罐头瓶、若干A3及A4纸张、颜色各异的卡纸、皱纹纸、宣纸、吹塑纸、报纸、橡皮纸、瓦楞纸、包装纸、墨水、油画棒、海绵、棉签、滚筒、牙刷、一次性水杯、罩衣、围裙、垫板、画架、小印章、湿纸巾、扫帚等。

2.手工类

黏土、彩色橡皮泥、纸浆、模具、儿童剪刀、固体胶、双面胶、白乳胶、绒球、扭扭棒、坚果壳、纽扣、树叶、贝壳等。

---

① [美]约翰·杜威.民主主义与教育[M].王承绪，译.北京：人民教育出版社，1990：32.

3. 美术欣赏类

美术作品如水墨画、油画、水粉画、水彩画、版画、剪纸、皮影、牛皮画、雕塑、艺术服饰、风筝、地毯挂毯、抽纱刺绣工艺品、民间传统美术工艺品等。

(四) 区域管理

幼儿在美工区活动中能够基于自己的意愿和兴趣来自由地创作和欣赏，在生成性的过程中促进情绪情感的宣泄和表达。美工区的活动开展不仅能够支持、丰富集体教学活动，还能有针对性地提升幼儿合作、交流的能力。因此，科学适宜的区域管理尤为重要。

大多数美工区都是开放式的，所以教师要合理地整理、收纳材料，在美工区内设置收纳柜或者壁柜（一般为三层），分门别类地摆放好各式工具与材料，保障后续取用的有序性；摆放桌椅柜子时，要兼顾幼儿的身高，让环境充分发挥无声的"引导者"作用；还要善于使用各类编号和标签，如把同一类型的材料集中、固定地放置在工具筐里并按顺序设置编号，使幼儿在取拿时能一目了然，还能帮助幼儿养成物归原处的好习惯。

五 语言区

艾登·钱伯斯在《打造儿童阅读环境》一书中提到："阅读总是需要有个场所的。必须有一个可以让我们心无旁骛的场所，才能专注地融入书本。"[1]学前期是语言学习的关键期。语言区作为语言发展的重要环境，要为幼儿营造愿意说、敢于说、学会说的氛围，帮助幼儿在这里自由地享受人际交往的快乐。语言区是教育者根据语言教育活动目标、语言活动类型及幼儿喜爱的语言活动材料，有目的、有计划地创设的语言环境。[2]幼儿语言的发展是在不断地使用语言和与人沟通之中逐渐实现的，要想提高语言教育的效果，就要为幼儿创设多运用、多交流的机会。语言区区别于其他形式的单一、枯燥乏味的学习，能够为幼儿提供富有趣味的语言游戏活动，极大地激发幼儿的学习兴趣。

总之，教师要尽可能开设富有童趣的语言区，秉持"心中有目标、眼中有儿童"的理念，给予幼儿适宜的语言材料，让语言区"活"起来，促进幼儿语言能力的不断发展。

(一) 区域布局

语言区有大量书籍，在活动室内占据的面积较大。教师可以考虑班级场地的实际利用情况，在墙角、过道等灵活机动的位置布局语言区。适宜的光线是创造良好语言环境的关键，不仅可以减少

---

[1] [美]艾登·钱伯斯.打造儿童阅读环境[M].许惠贞，译.北京：五洲传播出版社，2011：40.
[2] 李波.幼儿园语言区角教育活动价值体现与指导策略研究[J].中国科教创新导刊，2011（30）：64.

视物模糊、眼睛干涩等视觉疲劳问题，还能提升幼儿的阅读质量。如果有条件，尽可能把语言区设置在毗邻窗户的位置，让幼儿感受到柔和的自然光。摆放书架时，最好放在与照明灯垂直的地方，让人造光源同自然光源处于平行位置，便于最大效率地利用光线。

语言区相对来说是一个安静的区域，尽量把它和建构区、角色区这些热闹的区域区隔开，在选择语言区的辅助材料时，可以以布套、软枕、坐垫等柔软的材料为主，降低噪声对幼儿的干扰。

（二）区域环境设计

以往提到语言区，大多数人会有"冰冷的图书、整齐划一的书桌，气氛冷清缺乏童趣"的刻板印象。这样的环境哪怕是成人也不喜欢。温馨舒适的环境能够让幼儿减少压力，更加积极主动地参与表达和交流学习。在语言区内，要突破桌椅对幼儿的限制，更多地提供一些软垫或者毛毯，让孩子惬意地坐在这些柔软的物质上，选取自己喜爱的功能区开展活动。书本也不必拘泥于合上的状态，可以半开半合地放置在书柜上，使阅读区充满休闲的趣味。语言区的墙面设计要淡雅大方，不宜过于鲜艳，否则会喧宾夺主，分散幼儿的注意力。

语言区的功能由听、说、读、写四大部分组成，教师很容易陷入"百花齐放"的误区，即一次性把所有的功能区展现出来，这就导致幼儿在语言区的不同功能区中踌躇不前，进而盲目选择。在设计区域环境时，要视所在年龄班级幼儿的实际情况而定，从最基础的语言游戏入手，循序渐进地过渡到"视听角""前书写区"等环境。

此外，幼儿园对语言区的命名是不尽相同的，其中多以阅读区、图书区居多，不同的区域名称表现了教师对语言区内涵、性质的不同理解。语言区包罗万象，随着幼儿认知水平和生活经验的提升，他们的语言能力也在不断增强，会主动萌发根据阅读内容进行表达和故事创编的愿望。总之，在设置区域环境时，要厘清语言区的内涵，立足功能区的分类布置适宜的墙面、提供松软的地毯，打造一个能让幼儿享受听故事、讲故事、自我阅读、前书写的区域。

（三）材料投放

语言区是幼儿进行阅读、前书写、倾听与表达的专门场所，它在幼儿的语言发展中占据着十分重要的位置。教师在语言区投放幼儿喜闻乐见的活动材料，可以促进幼儿与语言材料、同伴的有效互动，提升幼儿语言能力的发展。语言区的功能分为听、说、读、写四个方面，可以围绕倾听、表达、阅读、前书写来科学地投放材料。

1. 倾听类

录音笔、播放器、耳机、录制有各种声音的音频文件、地毯、靠垫、小桌椅等。

2. 表达类

手偶、小方桌、积木、蔬菜及动物模型、天气预报墙、照片拼贴、故事骰子、儿童信件、故事角、播报台等。

3.阅读类

温馨的小帐篷、小型沙发、书架、绘本（文学故事类、综合类、科普知识类、趣味游戏类、学习智能类、绘画美工类）、童话书、儿童迷宫大全、儿童文学书、立体书、食谱、地图册、幼儿照片、故事人物图片、生活道具图片等。

4.前书写类

椅子、铅笔、橡皮、白纸等。

（四）区域管理

幼儿作为活动区的主人，要主动参与到语言区的管理和维护中来。教师可以定期引导幼儿修复破损的绘本，带领他们建立书籍管理制度。如在班级设置值日生"图书管理员"，每周认真做好书籍的防尘、防晒工作，保持语言区的安静、整洁、有序。

语言区的书籍种类繁多，图书的整理和归纳是重中之重。教师在同幼儿商议后，可以用铅笔在每本书籍的扉页画上孩子们约定俗成的标记，引导幼儿依据标记完成摆书的任务，因为这种符号是幼儿提出的，所以不大会出现因标记记错而绘本位置错乱的情况。此外，还可以制订读书计划，每周进行读书推荐，这不仅能提高幼儿的动手操作能力，也能为培养幼儿良好的行为习惯奠定基础。

总而言之，从语言区游戏开展前规则的制订、环境的创设、图书的收集，到中后期游戏活动的总结、物品的收集与保管等，教师都要让幼儿参与其中，做语言区的主人。唯有充分参与和管理，幼儿才能增进感情，发自内心地喜欢语言区。

六 科学区

科学区是对幼儿进行科学教育、培养幼儿科学素养的重要途径，也是幼儿园科学教育的一种补充形式。科学区是活动室内的幼儿进行实验操作和科学探索的空间，既可以同其他区域结合，也可以独立设置。[1]同时，科学区也是教师有目的地创设的环境，在内容上以幼儿生活中和其他感兴趣的事物为主，支持幼儿借助有准备的环境及材料来探究外界，从而明晰物体与材料的物理特性、相互关系和有关的科学现象。[2]科学区能够激发幼儿的探究欲和好奇心，满足幼儿自主学习的需要，并且具有较强的包容性，能够让幼儿通过独立思考、自主探索，极大地提高自身的科学素养。皮亚杰指出，学前儿童的认知水平以具体形象思维为主，无法进行抽象的逻辑思考。但科学区为幼儿提

---

[1] 董旭花，韩冰川，王翠霞，等.小区域大学问——幼儿园区域环境创设与活动指导[M].北京：中国轻工业出版社，2013：155.

[2] 王微丽，霍力岩.幼儿园科学区材料设计与评价[M].北京：中国轻工业出版社，2018：3-4.

供了具体的操作学习环境，赋予幼儿话语权，允许幼儿遵循自己的本性法则来探索。通过直接感知和实际操作，幼儿不断积累经验，形成受益终身的学习态度和能力。

（一）区域布局

科学区涉及内容丰富，是幼儿进行探索、实验的场所。科学区必须为幼儿提供丰富的材料，以保障其有充足的机会体验操作活动，因此科学区对于空间活动面积的要求比较高，教师可以根据活动室的实际情况，把科学区设置在较为宽阔的位置。

幼儿对万事万物充满了好奇心与探究欲，他们想要通过自己的探索明晰物体间的异同与联系，进而发现问题、分析问题、解决问题。为了更好地帮助幼儿使用归类、排序、判断、推理等方法从事科学探索活动，教师需要打造开放式的操作环境，如多设置几个入口，方便幼儿在区域里来回行走，或者记录实验过程和结果，让活动区真正成为幼儿与科学对话的平台。

（二）区域环境设计

教师在设计环境时，要贴近幼儿生活实际，创设科学安全的操作环境，让每一个孩子都能在愉悦、轻松的氛围中感受科学的魅力，逐步提高逻辑思维能力，并为其他领域的深入学习夯实基础、筑牢根基。教师可以使用观察桌、实验台、置物架以及各式各样的容器、图片、科学模型装饰科学区，在视觉上营造浓郁的科学氛围。

科学区探究的内容浩繁，既有自然科学现象、事物的形状特征，又有日常生活中的数学问题，这些都对水源、电源、光照等环境条件有一定的要求。加之幼儿在进行个别探究时，也需要相对安静独立的空间，所以，科学区最好毗邻语言区、美工区这类相对安静的区域。另外，还要靠近光线适宜、水源充足的地方，为科学实验的顺利开展保驾护航。除了在室内创设科学区外，还可以在室外延伸出动物园、自然角这些生态区域，教师同幼儿一起观察种植植物和饲养动物的过程，感受生物的多样性和独特性，支持幼儿亲自动手养花、种菜，激发幼儿科学探究的灵感，促进幼儿观察力、想象力的提升。

教师是幼儿学习活动的支持者、合作者、引导者，因此营造一种平等、尊重、独立的探究氛围是非常必要的。在精神环境层面，教师要及时转变自己的身份角色，在科学探究过程中真正成为幼儿的引领者。尤其是在进行师幼互动时，不能高高在上，要俯下身子、迈开步子，同孩子们一起观察操作，帮助幼儿探索并理解物理现象产生的条件及成因，并鼓励他们大胆猜想、设法验证。

（三）材料投放

科学区是幼儿园备受青睐的区域之一，活动材料作为教师教和学生学之间的桥梁，其重要性不言而喻。只有科学、有效的材料才能引起幼儿的兴趣，进而激发幼儿与材料互动的积极性。所以，材料投放的合理与否，直接关系到幼儿探究能力的发展和感性经验的获得。

《3—6岁儿童学习与发展指南》指出，幼儿科学学习的核心是激发探究兴趣，体验探究过程，发展初步的探究能力。它把科学领域分为科学探究和数学认知两个方面。基于此，教师为幼儿进行科学区活动所提供的材料应包含以下两个方面的内容：科学认知类材料和数学认知类材料。

1.科学认知类

感官：可引入蒙氏感官教具，如插座圆柱体、粉红塔、棕色梯、嗅觉瓶、温量板、触觉板、听觉筒、二项式、三项式等。

声：易拉罐、电话、传声筒、哨子、喇叭、对讲机等。

力：天平、不倒翁、细线、橡皮筋、积木、皮球、沙漏、斜坡造型玩具、小车、毽子、小鼓、响板、口琴、铃鼓等。

光：水、玻璃杯、小镜子、硬币、手电筒、万花筒、放大镜等。

电：电话、录音机、电池、塑料梳子、塑料尺子、碎纸片、铅笔、水彩、电线、铜丝、铁丝、保险丝、铝丝、毛线、塑料管、纸绳、电灯泡、电池等。

水：容器、棒棒糖、筷子、不同材质的水、记录表、水盆、毛巾、笔、观察记录表、吸管、树叶、螺丝、小木块、塑料夹子、橡皮泥、硬币、牙签等。

磁：磁铁盒（如钥匙、回形针、棉布、瓶盖、玻璃等）、条形磁铁、磁铁钓鱼竿、小鱼、回形针、迷宫玩具板、动物磁铁等。

空气：气球、泡泡机、风铃、涡轮、风车、纸飞机、小碗、水、汤匙、洗洁精、积塑、吸管等。

辅助材料：动植物标本、模型、地球仪、日历、温度计、工具书、显微镜、图卡、日历、量杯、烧杯等。

2.数学认知类

五子棋、围棋、积木、数字筒、可以折叠组合的立体图形、手套、鞋子、筷子、贴纸、数字板、宽窄长短不同的纸条、纸币代用券（5毛、1块、10块）等。

（四）区域管理

在整理科学区活动材料时，要遵循层次性和递进性原则。不同的科学实验用到的科学材料是不同的，当活动区同时出现几种不同类型的实验材料时，教师务必将其中一个实验的材料按顺序摆放好后，再开始有层次地整理其他实验的材料。例如，中班活动柜里不仅有沉浮实验的材料，也有反映百合花生长变化的卡片，此时教师应综合考虑科学区教育目标，按照班级幼儿的年龄特征、整体发展需要，先把符合当前中班幼儿探索的百合花卡片按照从低到高的顺序在活动柜里摆放好后，再开始整理沉浮实验的材料。

科学区物质资料相对来说较为精细小巧，因此在幼儿园中普遍存在材料丢失或者配套不完整的现象。为了防止物品遗失或残缺对科学实验可操作性和可探究性的降低，教师要定期检查每样材料是否完整。

第四课　幼儿园功能室的环境创设

近年来，幼儿园功能室逐渐步入大众的视野。功能室所具备的价值是巨大的，一方面有利于幼儿创新精神的培养，促进其全面发展；另一方面也加快了教师专业能力水平的提高，支持教师专业化成长。

功能室是基于某种特定类型的活动需要而设置的活动空间，在功能室里，幼儿能够自由探索，充分发掘自身的兴趣爱好和学习需要。[①]根据不同的活动主题，功能室能够有效提供所需的设施和环境，满足课程在时间和空间上的特定要求。幼儿园一线管理者要在现有园舍建筑面积和经济条件的基础上，深挖教育潜力，拓展活动空间，创设满足幼儿多元智能发展需要的功能室。

一　功能室环境创设的基本要求

自教育部等九部门于2021年12月联合发布"'十四五'学前教育发展提升行动计划"以来，各地政府不断实施教育提质扩容工程和教育强国推进工程，幼儿园空间活动随之扩大，功能室、游泳池等许多相应的基础设施也在逐渐完善。很多幼儿园在原有建筑基础上扩建增设了具有鲜明办园特色的功能室，还有的在本园区创造集多种功能于一体的公共活动空间。这些不仅解决了现有班级活动室内区域环境无法满足幼儿成长需要的问题，还为幼儿参与更加新颖生动的活动奠定了物质基础。立足于此，教师在对功能室进行环境创设时须遵循一定的要求。

（一）适宜性要求

功能室是一个功能多元、活动丰富的综合性室内场所，既支持体育游戏、观摩教学、节目演出及亲子运动会等大型活动的开展，又能够满足幼儿园多种教育教学活动的实施需要。由于功能室具有目的性、共享性、教育性，使用的班级比较多，而且不同性质的功能室有不同的基础设施和活动设备，为了减少人力、物力、财力的浪费，园所管理者要提前对功能室进行功能划分，维持各功能区的相对稳定，避免活动时互相干扰。首先，功能室环境创设要适宜幼儿的活动需要，保持室内布局合理，通道顺畅，便于幼儿在其中自由自在地游戏或走动。在购买硬件设备时，可以选择能够移动的玩具柜或者屏风来隔断区域，但注意这些立体界限物的高度最好不要超过120 cm，这样有利于教师的视线随时落在幼儿身上。当功能室的面积超过150 m²时，可以增设多媒体、舞台照明灯、服装道具等。

[①] 王剑.幼儿园功能室篇[J].早期教育（美术版），2014（3）：41.

其次，要适宜幼儿的身心发展。幼儿在功能室的活动量相对较大，且以大肌肉运动为主。在进行环境创设和区域布局时，应立足于幼儿的游戏意愿和健康状况，在他们接触最多的地面材料上下功夫，率先考虑材质的舒适性和安全性。活动室的顶部线条以稚拙、浑圆、简单为宜，并饰以幼儿喜欢的灯具和墙画。教师要提前考虑吊饰的高度和大小，不能影响后续活动的正常开展。对于一些立柱和带有锋利棱角的建材，要用柔软材质包裹，避免对幼儿造成伤害。

在活动室的颜色选择上，以浅色为主，浅黄、浅绿、浅粉都可以，这些清淡柔和的色彩具有缓释压力、调节情绪的作用，能够给人以安全、舒适之感，可以在同伴互动、师幼活动中间架起放松心情、促进交往的桥梁。

（二）独特性要求

独特性是幼儿园功能室的核心和灵魂，不同地区、不同类型的幼儿园要在谙熟本区域风土人情的基础上，结合自身的办园特色，创设具有鲜明特征和显著印记的功能室。这就意味着功能室环境创设应符合独特性要求，它绝非照搬经验或直接抄袭，而是要打造自己的特色，形成独特的品牌，让教育更有活力。

园所周边的自然资源、人文资源是丰富多样的。这些资源为功能室的环境创设提供了思路。教育工作者要提炼不同功能室活动所应具备的关键经验和能力，筛选出符合幼儿身心发展规律且独具价值的资源，并将其以活动材料和空间环境的形式装饰在功能室中。虽然功能室的环境要与园所整体环境相协调，但每个功能室都可以各有特色，例如科学室的设计凸显现代化，重在激发幼儿的认识兴趣和探究欲望，使幼儿能从中领略科技的变化与魅力；图书室以中式温馨为核心，设计风格要突出稚拙、童趣。因此，在创设功能室环境时，要量体裁衣，使环境灵动而富有独特性。

功能室环境创设亦要体现幼儿的年龄特点。现行幼儿园按照年龄大小，划分为小、中、大班三类不同班级，每个层次幼儿的认知水平、学习需要、兴趣点有所不同，他们对环境的接纳和适应也各具差异。而功能室为了帮助幼儿科学、全面地发展，进一步突破了区角活动的藩篱，将模式传统、环境单一的区角转化为集融合性、多元性于一体的功能室。功能室不仅材料充足、种类繁多，可同时供多个班级幼儿活动，还提升了教师统一指导的有效性，引领教学质量高位攀升。

（三）互动性要求

互动性是指功能室的环境创设与身处其中的幼儿彼此联系、相互作用的过程。功能室最重要的价值并非将环境装饰得美轮美奂，而是能够润物细无声地教育幼儿。因此在创设功能室时，需要将幼儿的发展放在第一位。颜色是无处不在却又容易被人们忽视的环境元素之一，不同类型的功能室通过颜色的搭配和设计，在体现以幼儿为主的前提下，亦能够与幼儿建立互动联系。比如，图书室最好以淡雅的绿色、蓝色、浅褐色为主，这些颜色都是自然界中常见的色彩，不会对幼儿的视网膜产生过多刺激，能够缓解幼儿眼睛的疲劳；美工室多以淡黄色为主，其具备和平、温柔的性格特征，能够起到放松心情、缓解压力的作用，在进行美术活动时，这种颜色能够在无形中促使幼儿间的互动更加和谐、自然。

此外，功能室的空间布局、材料投放、设施设备等皆对幼儿的游戏和探索活动起到一定的支持、引导作用，能够帮助幼儿与周围环境产生积极的互动。幼儿作为功能室环境的主体，应该参与到环境的规划和创设之中，充分表达自己的意愿。比如，在科学室中，幼儿可以按照个人兴趣爱好选择想要培育的动植物，在图书室里，幼儿可以投放自己喜爱的绘本及文学作品等。

二 各类功能室的环境创设

幼儿园功能室的科学开发与利用，关注了幼儿学习与发展的整体性，最大限度地支持和满足幼儿通过直接感知、实际操作和亲身体验获取经验的需要。立足于幼儿身心发展规律而创设的功能室，既适用于幼儿集体活动的开展，又充分考虑到小组合作的需求，在发挥功能室应有作用的同时，也为幼儿园园本课程建设的发展奠定了良好基础。

（一）图书室

图书室可以帮助幼儿养成良好的阅读习惯，弥补家庭藏书的不足，保障幼儿教师教育教学研究。幼儿园图书室的核心功能，就是成为幼儿阅读生活的建构者，为幼儿提供适宜的阅读空间、良好的阅读条件，从而激发幼儿阅读的兴趣。

1. 区域布局

图书室要注重选址的科学性、合理性，最好设置在光照充足、色彩柔和、安静舒适的地方。创设图书室是为了给幼儿自主、宽松的学习环境，因此具备相对独立的空间已成为区域布局的基本要求。在进行区域布局时，可以设置在园所比较重要的位置，毗邻其他活动室，关注到不同年龄段幼儿的阅读需要；在环境创设时，应保证室内通风效果良好，能够及时地进行空气对流；要与玩水玩沙区隔开一定的距离，保持周围环境整洁卫生，以防细菌滋生蔓延。图书室的整体外观需要根据幼儿的年龄特征、审美偏爱来设置，以"童趣化、儿童化"为主，帮助幼儿产生安全、温馨的心理感受，使幼儿更快地平静心绪，在其中体会到阅读的愉悦。图书室的顶部设计和绘本陈列可以参考图3-14和图3-15。

2. 区域环境设计

图书室要有丰富的辅助材料和多样化的阅读环境。各类书柜的摆放要基于方便实用的原则，尽可能增大收纳空间，让书籍的陈列更为合理。在安置书柜的时候，最好贴合墙面摆放，不宜过高，并且配上图书插袋，从细节上做到呵护幼儿。要善于使用不同种类的陈列柜，固定陈列柜的摆放要有层次的变化，而开放式书架最好在室内错落有致地进行点缀，可移动的书架要灵活摆放，以方便幼儿阅读为宜。

图书室不仅是阅读的地方，还可以是书写、绘画的"乐园"。除了常规的座椅，还可以放置造型可爱的地毯、软垫、阅读沙发，方几上也可以摆上卡通玩偶、毛绒玩具，它们在减少噪声的同时，还能让幼儿体验到柔软的触感。书架上宜陈列图书创编的铅笔、橡皮、卡纸等物品，便于幼儿记录。

图3-14 图书室顶部设计

图3-15 图书室绘本陈列

（3）材料投放

图书类型要多样，可以设置期刊、阅读、图书创编等活动区域。在期刊区，可以选购《幼儿画报》《幼儿故事大王》《大灰狼画报》《东方娃娃》等脍炙人口的期刊。阅读区的内容要广泛一些，可以相对划分为自然科学、童话故事、儿童散文、儿童诗歌、国学经典等类别，随后根据不同的性质，进行分门别类地投放。

在图书材质的选择上，不必拘泥于常见的简装、精装版书籍，可以购买牛皮纸、玻璃纸、茅草、布质或者竹片制成的图书。为了丰富幼儿的阅读体验，还可以提供一些造型独特的书籍，如卷轴形、树叶形、方形及圆形的图书。①图书室亦可以提供3D立体书、变色书、挖孔认知洞洞书，以激发幼儿的兴趣，增添趣味因素。

（4）区域管理

图书室藏书众多、内容丰富，最好能设置固定工作岗位，任用专职教师来负责图书室的整体布局、规划、书籍购买和日常管理工作。图书室是针对全园幼儿开放的，图书管理员应把大、中、小班的书籍相对应的放在上、中、下层，方便不同年龄段幼儿取阅。幼儿的阅读材料不是特别厚，幼儿大多借助封面上的图案来选择图书，所以在书籍的摆放方式上，以平放为佳。

在书籍的来源上，除了购买、园所自制的方式以外，还可以借助捐赠、儿童共享等途径进一步丰富图书室书籍种类。需要注意的是，为了满足幼儿个性化的需要，图书室应及时更换图书。图书的更换时间最好不要超过一个月，如果周期太长，幼儿容易对阅读材料产生疲劳感，不利于阅读活动的开展。

图书室是重要的园本资源，要引导幼儿参与图书室的维护和整理，促使其成为图书室的主动建设者。教师可以和幼儿一起研究讨论如何让书籍摆放得更有规律、方便寻找，也可以和幼儿一起动

---

① 王瑞颖.幼儿园图书室建设与儿童阅读推广[J].河南图书馆学刊，2013（10）：128-129.

手制作标签，从而帮助幼儿在标签制作时习得相关经验，在规则设置过程中了解阅读的重要性。为了提醒幼儿爱惜图书、保持安静，图书室还可以选购一些带有图标的地毯，对他们进行暗示。另外，在图书室中摆放一些绿色植物，如绿萝、多肉等，可以起到空气净化和点缀环境的作用。

6 某幼儿园图书管理制度
扫描文旁二维码，了解"某幼儿园图书管理制度"具体内容。

（二）美工室

幼儿园美工室是幼儿园综合设计的一部分，也是幼儿进行艺术探索的独立空间。在这里，幼儿可以欣赏艺术作品，进行绘画、手工等艺术创作活动，展示美术欣赏与创造的想法、观点和他们独特的语言。

美工室的设置要走因地制宜，彰显特色之路。在幼儿园中，通常需要较大的活动空间来创设美工室。按照美工室的不同性质，可以将其划分为欣赏区、绘画区和手工区三个区域。如再进行细分，又可以把绘画区分为国画区、水粉画区、版画区等。[①]

1. 区域布局

目前，我国幼儿园班级人数一般为20～35，人均占有活动室的面积大于 $1.2\ m^2$，人均占有空气容积为 $3～4\ m^3$，《托儿所、幼儿园建筑设计规范》规定幼儿园的活动室面积每班不小于 $50\ m^2$，然而在实际设置中，美术活动需要一些其他的设施材料如玩教具柜、材料橱、工具柜等，因此美工室的面积应大于这一标准，最好为 $60\ m^2$[②]。

美工室涉及幼儿的各类感官，尤其是对视觉有最直接的影响，所以一定要有窗户，同时应避免阳光直接照射，最好能设置在光线柔和、分布均匀的地理位置上，还要配备人工照明设施，以日光灯和聚光灯为主。

美工室靠近水源或者洗手池，一方面能够提供美术活动的用水，另一方面便于幼儿洗手、清洗工具以及打扫环境卫生。

2. 区域环境设计

美工室的区域环境设计应呈现浓厚的艺术氛围，在色彩搭配、内容选择上，都要给幼儿以美的感受。美工室的设计要有层次性，如色彩从冷到暖分布；明度从亮到暗渐变；纹理从复杂到简单呈现；造型从大到小、从方到圆展示。以上种种都可以看成富有层次的变化，它们让环境拥有极其丰富的视觉效果，在最大限度利用空间的同时，还不会显得杂乱无章。美工室最适宜的布局方式是将平面墙壁布置同立体展台布置相结合，同时兼顾顶面、墙面、桌面和活动区域等不同方位的装饰

---

① 许卓娅，孔起英．艺术小班[M]．南京：南京师范大学出版社，2001：31．
② 人民教育出版社美术室．幼儿美术教学论[M]．北京：人民教育出版社，2007：85．

（见图3-16）。顶面能够悬挂各式材料和手工艺品，增强美工室环境的装饰效果和艺术氛围。墙面可以进行创意分区，如将一面墙的下部贴上瓷砖，既可以让幼儿画水粉画又能张贴绘画作品。桌面上可以放置用各种材料制作的区域标语，如使用小石子拼成的"轻声细语"和松果展示的"清理干净"等，通过艺术化的表现形式，进行隐性的教育。

为了更好地帮助幼儿发展，打破以往固定的思维模式，教师要将环境还给幼儿，除了在墙壁上悬挂适合幼儿欣赏的世界名画外，更要挂上幼儿们自己的作品，通过重新排列、组合、装饰，借助夸张、强化的艺术手段，把美工室打造成展示幼儿成就的园地，如开辟"展览角"，陈列幼儿的自制画册、玩具、手工作品等，让幼儿活动在自己创造的环境之中。

3.材料投放

美工室材料投放区域可划分为欣赏类、绘画类和手工类。

欣赏类：包括平面的图片、画册及立体的实物工艺品这两类材料。但是二者不能太过相似，应在风格上别具一格，凸显多元化的特色。例如绘画作品，如果从绘画工具和技法上看，能够分为素描、中国画、水粉画、油画、水彩画、版画等；从描绘对象上看，可以分为人物画、风景画、静物画等；按照画面的形式和功能，可以分为单幅画、组画、连环画、宣传画、装饰画、年画、漫画等。实物工艺品既可以来源于日常生活，如文房四宝、餐具、茶具、玩具、各类服饰，又可以是一些具有装饰或实用功能的商品，如景泰蓝、玉雕、彩雕、琉璃、漆器、青铜、玉石、剪纸、刺绣等。当然，选择实用工艺品的前提是幼儿能理解并且喜欢这些物品和材料。

绘画类：用于绘画的工具和材料以纸和笔为主。纸类有珍珠棉、水彩纸、卡纸、水粉纸、宣纸、牛皮纸等；笔类有铅笔、水性笔、毛笔、蜡笔、水彩笔、粉笔、油画笔、炭笔、马克笔等。另外，用于绘画的其他工具和材料还有很多，如瓶盖、吸管、纸杯、铁丝、水粉颜料、调色盘、油墨、滚筒、牙刷、雪糕棒、洗笔桶、抹布等。这些生活中常见的材料，经过幼儿创造性的思维，变得更艺术化（见图3-17）。

图3-16　美工室环境布置

图3-17　美工室材料陈列

手工类：常用的手工工具有剪刀、胶水、尺子、小竹刀、泥工板、垃圾桶。

美工室的材料有点状材料、线状材料、面状材料和块状材料等。点状材料有石子、沙子、泥丸、纸球、谷物、松果、树叶、草籽、纽扣、绒球、串珠等；线状材料包括各种纸条、树枝、金属丝、毛线、棉线、麻绳、牙签、棉签等；面状材料包括各种纸、布、木板及铁板等；块状材料包括各种三维立体形态的材料，如黏土、陶泥、石膏、纸浆等。以上皆可以创造出让人意想不到的艺术作品。

4.区域管理

美工室作为幼儿园专用活动室之一，需要设有专门的管理员，负责统筹安排全园幼儿的美术活动。美工室的材料繁杂，许多材料由于自身性质容易损坏，因此需要制定良好的规章制度保证其正常运行。为了提升幼儿的参与度，可以由孩子们自己讨论制定美工室的活动规则。规则的掌握和遵守可以由常见的教师讲解示范改为通俗易懂的图示，张贴在恰当的位置。

管理员需要帮助幼儿明确各种材料摆放的位置，使其逐渐养成有需拿取、按序归还的好习惯，还要教育幼儿爱护美工室环境，不乱丢纸屑和杂物，不在美工桌及墙壁上乱涂乱画。活动过程中，管理员要注意提醒幼儿不得随意触碰各种设施设备的插座开关。美工室内所有的物品和材料要有借有还，只要借用必须备案登记，并且如期归还。幼儿美术活动结束后，由管理员和各班教师指导幼儿将所有物品放回原处，并将室内清理干净。

7 某幼儿园美工室管理制度
扫描文旁二维码，了解"某幼儿园美工室管理制度"具体内容。

（三）科学室

科学室促使幼儿在活动中积累有关身边科学现象的感性经验，激发幼儿对科学的兴趣。通过自身的感知和操作，幼儿可以了解现代科技进步给人们生活带来的便利，从而培养爱科学、乐探究的情感。

1.区域布局

科学室适宜设置在户外和室内建筑连接的地方，最好有朝南的大窗户，还需要在临窗的地方设置工作台面、水槽及多孔插座，窗户边悬空设置一个储存柜。可以留一个门通至户外廊檐，廊檐下也设有工作台面，再往外可以设立饲养区与种植区。

2.区域环境设计

科学室的活动需要相对开放的环境，材料要方便移动，因此，区域应有相对固定的相对宽敞的范围空间，并有配套的桌椅。由于科学区的许多活动需要幼儿进行思考、探究，环境应该相对安静。

3.材料投放

科学室可划分为人体与健康、生物、自然科学现象、科学技术四大区域。①

人体与健康区的材料主要是人体主要器官模型、各种感知觉及人体结构操作材料、人体奥秘光盘、精装图书。幼儿通过看、听、摸、摆弄等方式，可以粗知人体的结构和主要器官的功能，从而懂得自我保护（见图3-18）。

生物区一般是于户外设饲养区和种植区。饲养区饲养常见的各种性格温顺的小动物，种植区按季节特征种植各种类型的蔬菜以供幼儿观察、认识。在室外，利用自然条件有计划地种植各类花草树木，在室内，则利用玻璃柜提供一些动植物标本。操作台上提供分类材料，使幼儿通过观察、分析，掌握常见动植物的名称、外形特征、生活环境及分类特点，认识自然、动植物与人类的关系，形成环保意识（见图3-19）。

图3-18　爱眼小屋

图3-19　生活实验区

自然科学现象区又可细分为身边的科学区、气象站、太空馆、沙水区等。教师要为科学区提供电、磁、光、力等小实验或科学游戏的材料，为气象站提供幼儿了解气温、气压、湿度、雨量、风向、风力等气象知识的系列仪器，让幼儿通过每天观测和记录气象资料，了解气象规律，学习观测方法。

科学技术区的材料一般是生活中常见的现代科技产品模型或图片，尤其是我国有名的科技产品、现代化家具、家电等。

（4）区域管理

科学材料柜是需要科学室管理者重点注意的地方，每一筐材料都应该做好对应标志，标志可以是绘制的，也可以是拍摄的。数学材料、观察材料和实验材料等要分门别类摆放，便于幼儿形成按序取放材料的良好习惯。另外，一些学具（如操作材料、纸、笔等）可以按每人一份来摆放，满足每个幼儿的操作需要，避免实验时发生争执。

---

① 叶兰兴，陈蕾，温钻儿，等.幼儿园科学室的创设与利用[J].教育导刊，1999（S1）：17-18.

第三单元 创设幼儿园区域环境

◇ 单元小结

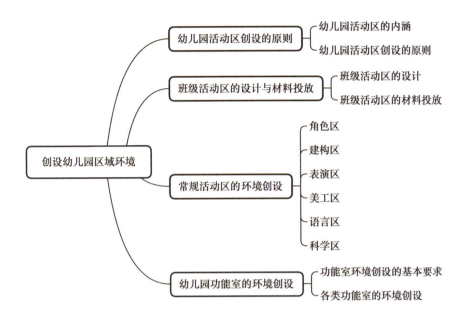

近年来，伴随着学前教育深化改革规范发展与"解放儿童"思想的深入人心，社会对幼儿自我发展的重要性认识不断提升。21世纪是张扬个性、崇尚自主的时代，传统的集体教学已不再是幼儿园教育活动的唯一形式。

班级活动区是最能体现幼儿自主活动的组织形式。幼儿可以根据自己的兴趣需要和游戏意愿选择活动的内容及游戏的种类，并借助材料与环境、同伴产生互动，从而进行探索学习，获得经验和认识。比起专门的教育活动，活动区活动更注重幼儿的自主学习和独立发展。

环境创设在幼儿园活动区活动中占据着重要的位置，不仅深刻影响着活动的开展，也是幼儿发展的前提和保证。教师要结合幼儿已有的认知经验，挖掘更加丰富的活动区内容，充分利用材料创设幼儿喜欢的区域。教师在幼儿园活动区环境创设中，要遵安全性原则、审美性原则、适宜性原则及动态性原则。

活动区是幼儿自由活动、自主学习的场所，但并不意味着教师要将所有的主动权都给予幼儿。尤其是在材料的投放上，一定要注意材料来源的多样性、材料操作的探索性、材料投放的丰富性、材料使用的层次性。活动区的空间设置、材料投放，在很大程度上影响着游戏的开展和活动的质量，教师务必科学统筹、合理规划，这样才能使活动区的教育功能得到充分发挥。

良好的活动区能够开发幼儿的潜力，提升幼儿学习的主动性，对幼儿未来发展具有深远意义。大致来说，常规活动区可以分为角色区、建构区、表演区、美工区、语言区、科学区。教师在区域布局、区域环境设计、材料投放、区域管理上，要为幼儿提供健康、丰富的活动环境，满足他们多方面发展的需要，让幼儿在拥有快乐童年的同时，获得有益身心的经验。

幼儿园功能室打破了活动区空间和材料的限制，体现了幼儿园的特色教育。常见的功能室有图书室、美工室和科学室。它们将传统的、功能较为相近的区角进行融合,为幼儿提供了玩教具数量充足、空间环境宽阔的"小天地",帮助幼儿在独立、交流、合作的氛围中学习成长。

思考与练习

1.单项选择题

(1) 教师为美工区准备的材料主要有( )。

A.欣赏类和绘画类　　　　　　　　B.绘画类和手工类

C.欣赏类和手工类　　　　　　　　D.欣赏类、绘画类和手工类

(2) 美工区、科学区中的一些活动内容有时需要用到水,可以相对靠近盥洗间;而语言区、表演区等不需要用水的区域,可以选择远离水源的地方设置,这体现的区域布局策略是( )。

A.动静分区　　　　　　　　　　　B.固定与临时分区

C.干湿分区　　　　　　　　　　　D.个人与小组分区

(3) 活动区的数量可以根据活动室大小来确定,一般设置( )个。

A.2~3　　　　　　　　　　　　　B.3~4

C.4~5　　　　　　　　　　　　　D.5~6

2.材料分析题

(1) 活动区时间到了。大一班的小朋友们纷纷按照自己的喜好选择了不同的区角开始游戏,这时候小郑老师发现教室外的表演区一个人也没有。于是就从其他区域随机抽取了几个小朋友在表演区玩。刚开始,豆豆拿着话筒在舞台上唱着歌,看台上的小朋友们跟随音乐不断欢呼和鼓掌。可是过了一会儿,就听不到唱歌的声音了。小郑老师出来一看,有的小朋友在一起聊天,看到老师过来赶紧把表演区的衣服往身上摆弄,豆豆干脆直接坐在地垫上发呆,嘴里喃喃地说着太无聊了。

请结合以上材料,分析活动区创设对幼儿的影响。

(2) 刘老师在进行区域设置及环境布置时,把表演区安排在科学区附近。表演区中堆满了各种各样的特色服饰、发饰,以及乐器设备。刘老师告诉班上的孩子,只要他们喜欢,不管多少人一起进入活动区游戏都可以。新学期来临,刘老师发现其他班级纷纷更换了表演区的活动主题,她直接把标志牌上的字体进行了更换,活动区内却没有丝毫的变化。

请根据本章相关内容,试分析刘老师的做法有哪些不妥当的地方,以及应当如何改进。

实践与实训

【实训一】参观一所幼儿园,简述其活动区环境创设中存在的问题,并结合所学知识提出科学合理的建议。

目的:掌握幼儿园活动区创设的原则,能够根据这些原则分析幼儿园的活动区设置,帮助幼儿更好地发展。

要求:基于个人幼儿园实习经历,以班级活动区中的某个区角为例对其环境创设进行分析。

形式:小组合作。

【实训二】根据大班幼儿的身心特点以及游戏发展水平,设计活动内容。

目的:理解班级活动区的设计与材料投放,并能将理论与实践相结合。

要求:根据图3-20给定的条件,对活动室进行活动区环境规划设计,写出具体的设计方案,并说明自己的设计思路(合理利用以下设备:6人长方桌椅7张,玩教具架6个,壁柜1个,陈设柜3个,书柜1个,高柜子2个,小柜4个,地毯2块,还可创造性使用其他资源)。

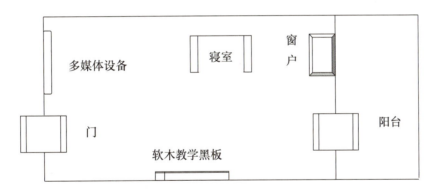

图 3-20 特定的幼儿园环境条件

形式:个人实践。

第四单元

设计与制作幼儿园墙饰

- 第一课　幼儿园墙饰的内涵与分类
- 第二课　幼儿园墙饰的设计
- 第三课　幼儿园墙饰的制作技法

第四单元 设计与制作幼儿园墙饰

◇ **学习目标**

1. 了解幼儿园墙饰的内涵，理解幼儿园墙饰在幼儿园环境中的作用与意义；

2. 掌握幼儿园墙饰的分类、设计步骤与设计要点，并能在教育实践中通过创设不同类别的墙饰，支持幼儿身心全面发展；

3. 领会幼儿园墙饰的制作技法，如平面剪贴、玻璃粘贴、半立体纸雕、综合材料运用，并能将幼儿园墙饰制作技法灵活运用于实践。

◇ **情境导入**

幼儿园墙饰是幼儿园环境必不可少的组成部分，它包括教室主题墙、活动区角墙、走廊墙、公共活动区域墙等，能够为幼儿的学习与发展提供相应的支持。按照不同维度，幼儿园墙饰的分类也不同。那么，幼儿园墙饰的具体内涵是什么？幼儿园墙饰的类别有哪些？幼儿园墙饰应如何进行创设？学习完本单元，你就可以找到上述问题的答案了。

第一课 幼儿园墙饰的内涵与分类

《幼儿园教育指导纲要（试行）》明确提出：环境是重要的教育资源，应通过环境的创设和利用，有效地促进幼儿的发展。在幼儿园的一日活动当中，环境是幼儿每天生活所接触的，因此，幼儿的身心发展、社会化发展以及个性发展都会受到环境的影响。幼儿园环境具有装饰、教育、审美、展示等价值，不同区域的环境发挥的作用有所不同。

幼儿园的环境包括外部环境与内部环境，不管是内部环境还是外部环境，创设时都离不开墙饰这一要素。幼儿园墙饰不仅可以装饰、美化幼儿园，还具有一定的教育意义，能够培养幼儿的审美、思维和想象力等。墙饰已经成为幼儿园教育教学的有效手段之一。

一 幼儿园墙饰的内涵

墙饰种类繁多，包括涂料、手绘画、创意格子、搁板、壁挂架、墙贴等各类墙上饰品。墙饰艺术是公共环境艺术的重要组成部分，它不仅具有美化环境的作用，也具有一定的功能性。

幼儿园墙饰是指幼儿园在创设园内外环境的过程中，所使用的一切具有美观性、教育性的墙上装饰，例如班级主题墙、公共展示墙、走廊装饰墙等。幼儿的发展是在与周围环境的相互作用中实现的。幼儿园墙饰作为幼儿园环境的重要组成部分，对幼儿的身心发展具有积极的促进作用。

马克思说："人创造了环境，同样环境也创造了人。"[①]幼儿园墙饰也是幼儿园课程实施的重要载体，例如班级主题墙饰以直观形象的方式和材料记录已经实施和正在实施的课程，使课程不断地延伸，让幼儿在活动中不断地发现问题，进而解决问题。因此，不断创设和完善幼儿园墙饰的过程也就是不断拓展、延伸课程的过程，能够在很大程度上促进幼儿认知的发展和语言能力、动手能力的提高。

二 幼儿园墙饰的分类

按照不同的维度，幼儿园墙饰可以有不同的分类，最常见的分类方式有以下几种。

（一）按空间划分

幼儿园墙饰从空间上划分，可分为室外墙饰和室内墙饰。

1.室外墙饰

室外墙饰指的是幼儿园主体建筑、围墙的墙面设计。室外墙饰的主要目的是配合幼儿园整体环境设计，突出幼儿园风格，彰显幼儿园特色，增强幼儿园的辨识度。室外墙饰有幼儿园园标、幼儿园教育理念（见图4-1）、幼儿园文化墙、幼儿园发展史展示栏、室外互动墙等。

幼儿园室外墙饰可利用的空间较为广阔，面向群体广泛，需要根据不同需求来进行墙饰创设。幼儿园是幼儿的第二个家，是幼儿生活、游戏和学习的主要场所，对于新入园的幼儿来说，色调柔和、充满童趣的室外墙饰可以给其带来亲切感，减轻幼儿对于陌生环境的恐惧，缓解入园焦虑，并且有趣的室外互动墙也能支持户外活动的有效开展；对于家长来说，家长在择园时也会入园观察体验，对他们来说，室外墙饰干净整洁、色彩丰富和谐、教育理念明晰突出的幼儿园往往更具有吸引

[①] [德]马克思、恩格斯.马克思恩格斯选集[M].中共中央马克思恩格斯列宁斯大林著作编译局，译.上海：人民出版社，1995：92.

力，并且有效的家园互动墙饰也能够促进家庭与幼儿园的合作。

2. 室内墙饰

室内墙饰指的是幼儿园主体建筑内的墙面、楼梯、走廊、活动室等墙面设计。室内墙饰根据地点的不同，创设的目的与需要也不同。室内墙饰有的强调幼儿与墙饰之间的互动，有的注重向外界展示、传递相关信息，有的是为了让幼儿园园内环境整体设计和谐一致。室内墙饰有班级主题墙、作品展示廊（见图4-2）、班级活动宣传栏等。

图4-1　幼儿园教育理念墙

图4-2　作品展示廊

幼儿园室内墙饰在进行创设时，要根据室内分区情况进行统一的划分与安排，在注重整体性的基础上，突出各区域墙饰的作用。幼儿园内生活区、游戏区、用餐区、公共区等区域的墙饰应反映本区域的特点，符合该区域活动的需求，满足区域活动开展的需要。例如幼儿作品展示区应规划在光线良好的区域，而且重在突出幼儿的作品内容，墙饰应简洁明了，以便幼儿之间相互欣赏，发展幼儿审美感知能力、观察与交流能力。教室内墙饰的区域牌用于明示区域规则，主题墙用于教育教学活动的开展，家园联系栏用于促进家庭与幼儿园之间的有效沟通等。总之，室内墙饰复杂多样，在进行创设时应合理规划，明确不同区域墙饰的作用，有针对性地进行创设，实现环境育人、环境促教的目的。

 1 家园联系栏环创
　　扫描文旁二维码，观看"家园联系栏环创"的相关视频资料。

（二）按功能划分

按照不同的功能，幼儿园墙饰可分为装饰性墙饰和教育性墙饰。

1. 装饰性墙饰

装饰性墙饰指的是专门用来装饰、点缀幼儿园环境的墙饰。装饰性墙饰要求与幼儿园整体环境风格、色调、主题等一致，是幼儿园整体环境的一部分。幼儿园的装饰性墙饰有很多，例如公共区域的公告栏墙饰、楼梯墙饰（见图4-3）、走廊墙饰和教室外墙墙饰（见图4-4）等。

图4-3　楼梯墙饰

图4-4　教室外墙墙饰

装饰性墙饰在创设时需要注意两个方面的问题。一方面，为了吸引幼儿的注意力，装饰性墙饰在色彩的搭配和使用上会相对丰富，但应注意和幼儿园整体风格一致，不要喧宾夺主；另一方面，在保证装饰性的基础上，装饰性墙饰应同时注意童趣，不要一味追求设计感而忽略了幼儿主体，应以幼儿的兴趣和需要为出发点，设计幼儿能够欣赏、感知的墙饰，促进幼儿审美感知能力的发展。总之，在设计装饰性墙饰时，教师要兼顾审美性和文化性，通过不同的表现形式，给予幼儿美的感受，为幼儿提供发现美、感知美的平台。

2. 教育性墙饰

教育性墙饰指的是在符合幼儿园整体环境创设风格的前提下，兼具装饰性，重在突出教育意义的墙饰。教育性墙饰的主要目的是建构幼儿与环境的联系，支持幼儿进行主动学习，通过创设适宜的生活、游戏与学习环境，让幼儿体验、感知环境中包含的各类教育要素，促进幼儿认知、语言、思维等各方面的发展。教育性墙饰在幼儿园中也非常常见，例如区域规则墙饰、班级主题墙（见图4-5）、观察日记墙（见图4-6）等。

图4-5　某幼儿园大班主题墙——上小学

图4-6　观察日记墙

幼儿的全面发展会经过量变到质变的过程，教师要利用环境渗透教育目标，让幼儿的各方面能力在与环境互动的过程中逐步内化，最终形成影响其全面发展的人格品质。因此，为了充分发挥教育性墙饰的重要作用，教师要结合幼儿的年龄特点和发展需要有目的地进行创设。例如观察日记墙就需要根据大、中、小班各年龄阶段的幼儿观察能力的特点进行创设,大班幼儿能够进行长期系统的观察,观察日记墙要注意选择能够长期观察的对象和能够进行长期记录的表格;中班幼儿能够进行比较观察,观察日记墙需要选择能够进行对比的观察对象和能够进行对比记录的观察表格;小班幼儿能够对个别物体和现象进行观察,观察日记墙则要注意选择个别观察对象和对个别物体进行观察记录的表格。

基于儿童发展需要的区域环境创设有效策略

区域游戏是幼儿非常喜欢的一种活动形式。适宜的区域环境可以支持幼儿的游戏,促进幼儿的发展。怎样合理规划区域、如何创设互动的墙饰、如何投放适宜的材料是教师在进行区域环境创设时要考虑的重点问题。扫描文旁二维码,了解相关内容。

(三)按性质划分

按照不同的性质,幼儿园墙饰可分为常规性墙饰、主题墙饰和互动性墙饰。

1.常规性墙饰

常规性墙饰指的是用于突出幼儿园各区域明显特征或区域活动要求、规则等的墙饰。它是针对幼儿园各区域所做的集装饰性和功能性于一体的墙饰。幼儿园中的常规性墙饰有很多,例如家园共育栏(见图4-7)、班级(教室)标识、活动区域规则牌(见图4-8)、一日活动作息表以及各类宣传板等。

图4-7 家园共育栏

图4-8 活动区域规则牌

在创设常规性墙饰时,要对于幼儿园各区域特点进行针对性分析,以突出该区域特点或功能为目的进行墙饰设计与创设。例如,不同活动区域特点、主题不同,活动区域规则牌的设计也不同,阅读区、情绪角等较为安静的区域宜选择相对柔和的线条与暖色调,而科学区、表演区等较为活泼的区域宜选择相对简洁的线条与明亮的色彩。再如,班级(活动室)标识需要突出提示性的墙饰,可以结合本班班风特点、幼儿的兴趣需要进行创设,便于幼儿识别。而家园共育栏、幼儿园宣传栏等,则需要突出宣传内容,不宜过度装饰,应简洁明了,符合整体环境风格。

2.主题墙饰

主题墙是幼儿发展不可缺少的环境，是幼儿园班级环境创设的重要内容，也是幼儿园教育教学的有效手段。主题墙饰指的是在幼儿园各班级中，围绕教育教学目标，结合本班幼儿年龄特点，设计以各学期相关教育内容为主题的墙饰，并使其伴随在活动开展的过程之中，成为幼儿学习的互动平台，促进幼儿的发展。例如，以季节、节日、生活、绘本、故事等相关教育要素为主题的墙饰。

主题墙饰的设计与教育教学内容有关，体现相关阶段教育教学内容，在学期教学中其整体的设计风格和内容都要有明确的呼应性和协调性。同时，主题墙饰会因学期教学目标的改变而更换。主题墙饰要以实现幼儿的发展为目的，紧紧围绕主题教育目标和内容，发挥幼儿的主体作用，引导他们与主题内容积极互动，并在这种交互过程中得到满足，丰富对有关主题内涵的理解，并激发对主题进行深入探究的兴趣，更好地促进幼儿园教育教学活动的深入开展。下面是广西南宁某幼儿园的主题墙之我爱三街两巷（见图4-9至图4-11）。

（小班）以"三街两巷·初印象"为主题，主要用幼儿的作品以及幼儿平时活动的照片加上简单的文字介绍来装饰主题墙。主题墙分为3个部分：初遇三街两巷、三街两巷有野食、我的三街两巷。该主题墙上可以展示幼儿初次探秘三街两巷看到的物体的形状和颜色，再次探究三街两巷尝到的南宁传统美食和又探三街两巷后对三街两巷的整体印象，重点体现幼儿探索三街两巷的活动过程以及探索后用艺术创作重现三街两巷的形状、颜色、美食等相关作品。

图4-9 （小班）主题墙之"三街两巷·初印象"

（中班）以"玩转·三街两巷"为主题，用无纺布、麻绳、木片、绿叶装饰主题墙。主题墙分为3个部分：初探三街两巷，三街两巷的三月三，夜探三街两巷和漓江书院。该主题墙上可以展示孩子的作品、亲子自制图书，重点体现孩子眼中三街两巷的样子，三街两巷白天和晚上的区别，以及孩子三月三与家人在三街两巷看到的事物。

图4-10 （中班）主题墙之"玩转·三街两巷"

（大班）以"探秘·三街两巷"为主题，用牛皮纸、黑色卡纸、纸杯、幼儿作品等材料装饰主题墙。主题墙分为4个部分：仓西门，"见"筑，新华照相馆，三街两巷景观游。该主题墙上可以展示仓西门的来源与历史、幼儿在三街两巷的所见所闻，以及幼儿在活动中的作品，重点体现三街两巷景观游这一部分，展示幼儿在主题中的探索与成果。

图4-11 （大班）主题墙之"探秘·三街两巷"

主题墙饰的创设能够为幼儿提供一片广阔的天地，更好地引发幼儿的互动，有效促进幼儿的发展。教师要深入了解幼儿内心世界，倾听幼儿的想法，并做出正确的价值判断，确立主题、提供支持、选择适宜的形式逐步延伸，创设融审美价值、教育价值等众多价值于一体的交互载体。

儿童视角中的幼儿园主题墙饰——基于马赛克研究法

主题墙饰是幼儿园环境的重要组成部分，然而对主题墙饰的创设与研究大部分都是从成人视角进行的。扫描文旁二维码，了解这项基于儿童视角进行主题墙饰调查、聚焦幼儿喜爱的主题墙饰特点以及对主题墙饰的喜爱与年龄和性别的关系的研究。

3. 互动性墙饰

互动性墙饰指的是幼儿参与墙饰的设计、材料的选择、墙饰的制作等全过程，它是师幼共同参与创设的墙饰。互动性墙饰不仅强调幼儿动手参与、实现自我教育的目的，还注重建构幼儿与幼儿之间、教师与幼儿之间、幼儿与家长之间的交流平台。从幼儿视角创设的墙饰能够让教师和家长更深入地了解幼儿的内心世界，有利于教育教学活动的开展。互动性墙饰的具体形式有很多，如观察日记墙、区域墙饰、值日表（见图4-12）等。在某幼儿园的科学探究之"土豆"区域墙饰中，幼儿就围绕"假如我是一个土豆"这个主题进行研究，将自己思考、探究土豆的过程用绘画的形式记录下来，并将记录材料与收集到的相关资料粘贴在区域墙上，形成完整的探究过程，促进了幼儿探究能力的发展（见图4-13）。

互动性墙饰注重引导幼儿参与环境的创设与作品的展示，以幼儿的发展为目的，紧紧围绕教育目标和教学内容，发挥幼儿的主体作用，充分调动幼儿参与的积极性，创设幼儿所喜爱的能够与之产生互动的墙面环境，让幼儿能够通过自己的想法和需要操控或改变墙饰各要素，在体验的过程中发展动手能力，从而最大限度地发挥墙饰的教育作用，实现幼儿的自我教育。

图 4-12　值日表

图 4-13　科学探究之"土豆"

多元互动性幼儿园墙面环境创设的特点与思考

幼儿的发展是在与周围环境的相互作用中实现的。在进行教育活动时，教师要重视"让环境说话"，充分利用环境空间让墙壁为课程搭建一个良好的平台，让幼儿在互动中学习与提高。扫描文旁二维码，了解具体内容。

第二课　幼儿园墙饰的设计

2012年，教育部颁布的《幼儿园教师专业标准（试行）》将"环境的创设与利用"定为衡量幼儿园教师专业能力的标准之一。因此，一名合格的幼儿园教师需要合理利用资源，为幼儿提供和制作适合的玩教具和学习材料，引发和支持幼儿的主动活动。幼儿园墙饰则是幼儿在园内能够直接感知、亲身体验的学习或游戏材料，科学合理地设计幼儿园墙饰不仅有助于营造良好的成长环境，促进幼儿身心健康发展，还有利于幼儿园教师自身专业素养的提升。

幼儿园墙饰的制作是幼儿园环境创设的重要组成部分，科学合理的幼儿园墙饰设计，对幼儿的成长与发展能够产生积极的影响。因此，科学合理地设计幼儿园墙饰是幼儿园教师的必备专业技能。那么，幼儿园墙饰的设计步骤有哪些？设计时应注意哪些问题呢？接下来对此进行介绍。

一、幼儿园墙饰的设计步骤

（一）掌握幼儿身心发展的特点

幼儿是环境的主体。瑞吉欧教育工作者将幼儿学校的环境称为"第三位老师"，把幼儿园看作一个促进幼儿的社会互动、探索和学习的"容器"，一个有教育内涵、包含教育信息、充满各种刺激、能促进交互性体验和建构性学习的环境。[①]教师必须创设丰富多样的幼儿园环境，提供满足幼儿多样化发展需要的环境教育资源。幼儿园墙饰创设必须基于幼儿视角，基于幼儿的体验，基于幼儿的社会文化，充分发挥墙饰所具有的教育功能。教师要以幼儿的视角分析和利用环境资源，考虑幼儿的年龄特点、兴趣需要及生活经验，创设可供幼儿直观体验的幼儿园墙饰，以此满足幼儿个性化的学习需要。

因此，幼儿园墙饰创设的第一步是立足幼儿视角，结合幼儿身心发展特点，满足幼儿发展的多种需要，促进幼儿身心和谐健康发展。因此，在进行环境创设时，教师需要从以下两个方面来考虑。

一是幼儿的年龄特征。小、中、大班幼儿的年龄特征各有不同，呈现出较大的差异性。小班幼儿更加注重墙饰的整体感，中班幼儿更加注重墙饰内容之间的变化，而大班幼儿则更倾向于墙饰中的综合要素，所以幼儿园教师应注重创设符合不同年龄特征的墙饰来满足幼儿发展的需要。以墙饰颜色为例，学前阶段幼儿已经能基本分清各种基础色，但对于混合色和不同色度的颜色的辨识还存在一定困难。教师在进行墙饰创设时，需要依据本班幼儿的已有认知特点进行墙饰颜色的选择和设计，帮助幼儿学会辨认。

幼儿园墙饰创设还需要考虑幼儿的身高特点，墙饰的创设高度一般在1米左右，幼儿平视即可进行观察，实现墙饰与幼儿的有效互动。若将墙饰设置得高于幼儿视角，幼儿的观察与互动就无法顺利开展，也就无法实现墙饰的教育价值，使得墙饰形同虚设。总之，墙饰的高度应以幼儿平视角度为参考，实际操作时需要根据班级幼儿的身体发展特点进行规划。

二是幼儿的个性特点。幼儿园墙饰的创设要适合幼儿的个性特点，幼儿身心发展迅速，这种发

---

① 陶金玲.解读《儿童的一百种语言》[J].学前课程研究，2009（1）：42-43.

展既有共性的年龄特征，也有个性的特点。幼儿园教师应尊重幼儿在兴趣爱好、能力水平以及学习等方面的差异，灵活多元地进行墙饰创设，满足和促进幼儿的个性发展。

（二）选择适宜的墙饰内容

幼儿园环境创设是一种动态的教育过程，幼儿通过与环境进行直接互动和间接互动来实现各方面能力的潜移默化的发展。墙饰是幼儿园环境中重要的互动载体，选择适宜的墙饰内容是实现墙饰教育价值的首要条件。教师在进行墙饰内容的选择时，除了考虑幼儿的年龄特征以外，还要注意根据不同墙饰的作用及主题选择适宜的内容。区域墙饰的作用一般为明确区域规则、突出区域特征、记录区域活动。在选择墙饰内容时，教师要依据不同区域的特征、需要进行内容的选择。主题墙的核心元素是主题，而主题墙饰的作用则是突出主题，以可视化图示的形式生动形象地呈现主题要素，教师在选择墙饰内容时，需要依据主题墙的记录功能和互动功能，呈现幼儿学习的内容，帮助幼儿记录自己的学习过程，同时向家长展示幼儿的学习内容，帮助家长明确需要协助幼儿园教师教育教学工作的方面，深入了解幼儿学习发展的过程。

幼儿园墙饰内容的选择需要教师进行认真的分析与思考，适宜的墙饰内容能够有效地满足幼儿身心全面发展的需求。此外，幼儿园墙饰的内容不是一劳永逸、一成不变的，幼儿园墙饰的创设也是动态的教学过程，需要根据幼儿的兴趣和需要、教育目标、活动开展情况进行灵活的调整，这样才能有效地满足幼儿园可持续发展的活动要求。

（三）设计墙饰创设方案

在掌握幼儿身心发展特点、选择适宜的墙饰内容之后，教师需要根据筛选出来的内容、素材进行墙饰创设方案的设计。墙面环境创设属于装饰艺术的一种，包括造型、构图、色彩、材料四个方面。教师在进行墙面环境创设时，应熟悉墙面环境的特征，遵循墙面环境创设各要素搭配的规律和原则，合理有序地对材料进行组合与安排。①墙饰作为墙面环境的外显要素，也需要从造型、构图、色彩、材料这四个方面进行研究和选择，进行合理化的设计。

在造型上，色彩明快、夸张有趣的形象更容易受到幼儿的关注与喜爱，也更利于激发幼儿的好奇心和求知欲，启发幼儿的思考和探索，所以教师在进行墙饰创设时应运用简化概括、夸张变形的表现手法，以卡通形象为主，采用愉悦、明快的色彩，使幼儿能主动地融入学习环境。

在构图上，相比单一的构图形式，丰富多变的构图形式更能够激发起幼儿的学习动机，引发幼儿与墙饰之间的有效互动，还能帮助凸显不同区域墙饰的作用与目的。常见的几何构图形式有三角形构图（见图4-14）、圆形构图（见图4-15）、对角线构图（见图4-16）、分割式构图（见图4-17）。教师需要根据幼儿园环境的整体风格进行规划，设计每一区域的墙饰构图，达到整体和谐美观的效果。

---

① 姜自兰.幼儿园墙面环境创设探究[D].西安：陕西师范大学，2012.

图 4-14 三角形构图

图 4-15 圆形构图

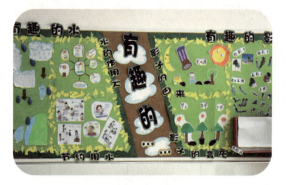
图 4-16 对角线构图

图 4-17 分割式构图

作为幼儿感知环境的第一要素，墙饰的色彩要能够在第一时间吸引幼儿的注意力。在视觉传达设计作品中，色彩是关键要素，科学合理的色彩设计能够赋予作品更强的艺术表现力，带给受众强烈的视觉冲击。[1]因此，色彩的选用在墙饰创设中也起着重要的作用，教师需要意识到不同色彩的墙饰能够传递不同的信息、表达不同的情感、营造不同的情境氛围，应巧妙地利用色彩彰显墙饰主题，创设独特且具有意义的作品。例如，红色传递的通常是热情、激昂等信息，往往容易会让人产生激动、亢奋等情绪；蓝色为冷色调，当人们看到蓝色时，往往会感到悠远、宁静、空灵；当绿色映入人们的眼帘后，人们会不由自主地联想到草地，而由其产生的心理暗示会与清新、自然等相关。[2]不同明度和亮度的颜色也会给人带来不同的感受，例如，粉红给人以柔软、清新之感，可用于创设具有童趣的、轻松的主题墙饰，如图 4-18 所示的"我的妈妈"；深红给人以大气、庄重之感，可用于创设重大节日等主题墙饰，如图 4-19 所示的"我爱我的祖国"，能够使幼儿感到庄重、热烈的氛围。

---

[1] 汤若霖.色彩情感在视觉传达设计中的作用[J].美术教育研究，2022（12）：78-80.
[2] 汤若霖.色彩情感在视觉传达设计中的作用[J].美术教育研究，2022（12）：79-90.

图4-18 "我的妈妈"墙饰

图4-19 "我爱我的祖国"墙饰

此外，在墙饰创设时还要注意色彩的组合搭配，一般情况下，同色系的搭配能产生统一和谐的画面，对比色的运用则可以产生强烈刺激的视觉效果，幼儿园墙饰创设时需要注意色彩中大色调之间的对比，大色调的运用要立足于幼儿的审美特点，部分色彩可以进行一些大胆的夸张，从而达到对比上的强烈效果。

在材料上，墙饰的材料有多种，常见的包括纸类、布类、自然材料类等。不同材料的材质也会给人带来不同的感受，比如自然材质在环境空间设计中极容易与人产生情感上的共鸣，花草材质的运用能给人以清新、新鲜、活力、生机之感，通过合理的色彩、形式组合等方式提升空间的艺术氛围和环境效果，使人感受到空间内的生机与活力；树木材质的运用能给人以稳定、沉稳、厚重、温暖之感；麻绳、毛线等材质的运用有独特的自然、舒展、生长、轻便、柔和之感；陶土材质的运用给人以踏实、亲切、古朴、原始之感；砖石的运用给人以坚硬、稳固、永恒之感；金属材质的运用给人以冰冷、尖锐、坚硬、科技之感；塑料材质的运用给人以轻便、方便之感。[①]因此，教师在设计墙饰时，选择的墙饰制作材料应符合墙饰的情感表达需要。

（四）进行墙饰创设

当教师完成墙饰创设方案的设计后，就可以进行墙饰创设了。首先，墙饰的创设不是按照图纸机械地进行创设，在创设过程中教师可能会遇到和实际不符的情况，例如各区域构图、色彩与周围实际环境不搭，缺乏整体协调感，墙饰内容突然要增加或修改等，这就要求教师根据实际情况对墙饰创设方案进行灵活调整，只有在实践过程中才能感知问题，从而解决问题，创设适宜的幼儿园墙饰。

其次，幼儿园墙饰的创设不是静态的过程，是幼儿与幼儿、幼儿与教师以及幼儿与墙饰的动态互动过程。传统的教育观将幼儿园包括环境创设在内的工作视为幼儿教师个人的任务，教师会耗费大量的时间和精力进行环境创设，但他们精心创设的环境有时并不能引起幼儿的注意，墙饰也没有发挥应有的作用。事实上，不是所有的墙饰都要求教师个人完成，墙饰的创设应该注重幼儿和教师

---

① 郑斌，卢瀚文.当代环境设计中的材质美与情感表现[J].艺海，2019（5）：87-88.

的合作，发挥幼儿在环境创设中的主体作用。例如某幼儿园"品味邕江"大班主题墙创设（见图 4-20 至图 4-22），教师就充分调动幼儿参与主题墙创设的积极性，让主题墙成为幼儿表达、学习、探究的开放平台。

以"品味邕江"为主题，用牛皮纸、瓦楞纸及黑色网衬底装饰主题墙。主题墙分为 6 个部分："邕"有宝藏，"邕"有快乐，"邕"有美景，"邕"抱梦想，夜游邕江及品味邕江百里图。该主题墙可以展示孩子们对邕江的探索和学习的痕迹，主要包括对邕江的调查、孩子们在主题开展中产生的问题、寻找答案的过程，具体展示了幼儿探索邕江的由来、制订邕江一日游的计划、幼儿共同完成的剪贴画——邕江的 18 个江滨公园、幼儿创作的品味邕江百里图和夜游邕江的刮画作品、调查邕江的环境现状、调查生活中的水及一系列节水、护水的活动过程，重点体现了幼儿探索人与邕江之间的联系和幼儿对邕江环境现状的观察和改变，即邕江跟人们的生活息息相关，不仅提供了生活用水，还大大丰富了人们的娱乐生活。[①]

图 4-20 "品味邕江"大班主题墙（1）

图 4-21 "品味邕江"大班主题墙（2）

因此，墙饰的创设不仅要求教师具有创设方案的能力，还要具备组织幼儿参与墙饰制作活动的能力。进行墙饰创设前，教师应充分调动全体幼儿（甚至家长）共同参与活动的兴趣和积极性，包括墙饰制作材料的收集、内容的选择、墙面构图的设计等，让幼儿有主人翁意识，进一步促进幼儿对墙饰的思考、与墙饰的互动。此外，让幼儿参与墙饰创设，不仅可以充分发挥墙饰所具有的价值，还能够培养幼儿的责任感和合作意识。

图 4-22 "品味邕江"大班主题墙（3）

---

① 该案例由广西南宁市第三幼儿园提供。

二 幼儿园墙饰的设计要点

幼儿园的环境文化对幼儿的影响是潜移默化的，对幼儿的成长也起着举足轻重的作用，因此应对幼儿园环境进行科学化、艺术化的创设，使之更加适应幼儿身心成长的需要，从而成为优良的教育环境。目前，幼儿园教师已经基本掌握了幼儿园墙饰的含义、分类以及设计步骤，但要充分体现墙饰的作用与意义，还需要对如何创设优质幼儿园墙饰进行探究。墙饰是一个整体画面，既要考虑局部美的变化，又要有整体协调感。教师在设计墙饰时应力求内容和形式的有机结合，在构图设计上要敢于思考，敢于创新，凸显班级特色、区域墙饰特点，并且抓住幼儿的年龄特点，创设合理、有效、可操作的墙饰。那么，幼儿园墙饰设计要点有哪些呢？

（一）尊重幼儿需要，贴近幼儿生活

环境作为教育的重要载体，其面向的对象不是某个可以用特定标准衡量的幼儿，而是在年龄、性别、个性及发展水平等方面具有差异的幼儿，不同幼儿的发展需求是不一样的。首先，教师在进行幼儿园墙饰创设时，需要充分了解不同幼儿的特点，尊重幼儿的不同发展需要，例如对于小班幼儿，墙饰的创设整体以温馨、欢乐为主，教师会较多选用暖色调，并注重从幼儿自身、家庭以及生活中选材，如"我的新身份"照片墙（见图4-23）贴上幼儿创作的自画像，引导幼儿表达自己的喜好，创设让幼儿感到温暖、熟悉和充满爱的环境，有助于缓解幼儿入园焦虑，促进幼儿语言能力的发展。对于中班幼儿来说，他们对于幼儿园的生活已经非常熟悉，能够用自己的方式对周围的世界进行探索，并拥有强烈的好奇心，因此墙饰的创设整体以活泼、有趣为主，教师会选用明亮、对比性较强的色彩，墙饰素材会选用幼儿好奇的一切事物，如图4-24所示的"垃圾分类我知道"墙饰，内容板块包括"了解哪些是垃圾""垃圾的危害"以及"垃圾分类的方法"，呈现幼儿问题探究的过程，满足幼儿的求知欲，为幼儿在生活中运用相关经验做铺垫。对于大班幼儿而言，幼小衔接是重要的主题，教师会根据该阶段幼儿的情感、认知发展需要进行墙饰内容的选择，如图4-25所示的"我要上小学"主题墙，教师可设置"成长点滴""三年前的我和现在的我""我想知道的小学""书包里面有什么"等板块，不仅能够记录幼儿在幼儿园的生活与成长点滴，发现自己三年来的成长与变化，还能让幼儿萌发对小学校园的向往之情，培养幼儿学会自己整理书包的意识和能力，为幼儿入小学做充分的心理准备、技能准备和物质准备。因此，教师在墙饰创设中要学会转换角色，由单一的决策者到倾听者、合作者，聆听幼儿的声音，尊重幼儿的需要，使墙饰创设更能促进幼儿的个性化发展。

图4-23 "我的新身份"照片墙

图4-24 "垃圾分类我知道"墙饰

其次，幼儿园墙饰的创设必须贴近幼儿生活、立足于幼儿生活经验。幼儿园是人成长过程中最早接受系统教育的场所，幼儿园的环境直接影响幼儿全面能力的发展，创设幼儿园环境一定要体现幼儿特色而非成人喜好，只有这样才能有利于幼儿健康成长。教师在创设墙饰时，要以"兴趣—问题"为导向，选择源于幼儿生活的、幼儿感兴趣的主题内容，例如"揭秘恐龙""我眼中的人民公园""我爱我家"等，使墙饰符合幼儿的审美与认知需求，充分展现以幼儿为本的精神风貌，体现幼儿独特的情感和意愿。

图4-25 "我要上小学"主题墙

（二）引导幼儿参与，激发幼儿主动探索意愿

幼儿园环境的教育性不但蕴含在环境中，而且蕴含在环境创设的过程中。幼儿园墙饰的创设是幼儿与教师、幼儿与墙面环境积极互动的过程，在互动过程中实现墙饰的教育意义，培养幼儿的想象力、创造力和动手操作的能力。因此，幼儿园教师在进行墙饰创设时应鼓励幼儿积极参与创设，给幼儿参与和表现的机会，与幼儿共同商讨墙饰的内容、构图、布局、色彩等，立足幼儿视角进行墙饰创设，搭建幼儿与墙饰进行互动的桥梁，激发幼儿主动探索墙饰所包含内容的意愿，从而实现墙饰的作用与意义。这里以图4-26的"我们的交易场"大班主题墙创设为例进行说明。

我们幼儿园地处南宁市交易场附近的一条小商品批发零售街上，小朋友们每天上学和放学都会经过许多商铺的门口，耳闻目睹各个商家做生意的情景，班上有的小朋友家里就是有店铺做生意的，因此，小朋友们对做生意这个事情也有着浓厚的兴趣，开始讨论起做生意的诀窍。通过"什么是做生意""开一家商铺需要什么""招牌可以是什么样的呢""价格之战"一系列相关主题的探究，幼儿对于交易场有了自己的认知，便以"我们的交易场"为主题进行主题墙创设。

主题墙用黑色铁架网、幼儿的观察记录表、调查表、幼儿作品等来装饰主题墙，由内而外营造一种交易场中常见的货物摆放架的视觉。主题墙分为4个部分：我的小商铺，我的生意经，我的直播间和我的新卖场。主题墙上展示内容有孩子们填写记录表"关于开一家商铺需要什么"的结果、设计的店牌的作品、选择货物的作品，以及为店牌里的商品设计二维码和价格的图片，重点体现了幼儿对开一家商铺要做哪些准备的认识。紧接着用幼儿制作的采访话筒、研讨会上记录的分组表格、为了销售货物而进行的应季货物或者销量高的货物的摆放图片等，展示孩子对做生意的方法的探究。接下来用幼儿设计的手机、手机支架以及幼儿对网络公约的认识进行布置，体现出直播间的卖货方式和一般销售方式的差异。最后，用幼儿合作设计的"新卖场"图纸、新卖场的约定记录、开业典礼的邀请函，以及幼儿为了顺利建设新卖场而准备的前期工作来布置主题墙，重点体现的是幼儿通过分工、合作建立新卖场所体现的能力。①

图 4-26 "我们的交易场"大班主题墙

引导幼儿积极参与墙饰创设的过程，能够让幼儿感受到自己是环境的主人，体会到通过自身的力量可以改变环境的喜悦，实现幼儿与墙饰之间的有效互动。所以，在墙饰创设实践过程中，教师要重视师生共同参与，坚持师生共同讨论主题，共同设置布局，真正发挥幼儿的主体性和参与意识，激发幼儿的探索欲与求知欲，实现墙饰的教育意义。

（三）围绕教育目标，伴随教育过程

为了保证幼儿园环境的教育性，教师在进行环境创设时，应根据幼儿的身心发展特点和幼儿园环境的保育与教育功能进行合理化设计，切实满足幼儿娱乐、学习、生活等各方面的需要，把幼儿园的德、智、体、美、劳各项教育目标落到实处。在幼儿园环境创设中，教师应充分考虑德智体美劳发展各因素，激发幼儿的想象力，拓宽幼儿的思维，营造良好的语言环境，提供幼儿展现自我的舞台；要引导他们运用观察、推测、验证等科学的探究方法，概括自己的经验和处理已获得的信息，尝试解决问题；还要启发幼儿了解自然、环境与人类生活的关系，激发幼儿的认识兴趣和探究欲望，让幼儿动手动脑，感受知识产生的过程，体验探索和发现的乐趣。

---

① 该案例由广西南宁市第三幼儿园提供。

因此，在进行墙饰创设时应明确当前阶段幼儿教育目标，以该教育目标为依据，以"兴趣—问题"为导向，与教学内容相结合来创设环境，并且将目标细化为不同维度，落实到各区域各部分墙饰中。例如，南宁市第三幼儿园开展的有关地域文化融入幼儿园课程的实践探究，在环境创设过程中就充分展示了地域文化的价值，将地域文化所蕴含的教育内容细化为不同维度，每一维度又包含语言、科学、艺术、社会、健康五大领域的不同活动，并将每一活动的教育目标、教育理念渗透在环境中，最大限度地支持和满足幼儿通过直接感知、实际操作和亲身体验获取关于地域文化经验的需要，如"畅游邕江"中班墙饰（见图4-27至图4-29）的创设，促使幼儿了解邕江的源起，感受邕江的历史变迁，体验邕江两岸的惠民工程设施，知道桥的基本结构和重要特征，愿意画出或拼搭出桥的各种造型，对自己的家乡南宁有了更深厚的情感。

图4-27 "畅游邕江"中班主题墙（1）

图4-28 "畅游邕江"中班主题墙（2）

主题墙以"畅游邕江"为主题，用彩色卡纸、报纸、牛皮纸、白纸、刮画纸、纸箱、轻黏土、邕江两岸图片、冬游亭图片、幼儿过程性作品装饰。主题墙分为三部分：邕江的故事，邕江江畔，邕城跨江大桥。该主题墙上可以展示邕江的历史变迁、冬泳亭的由来、邕江两岸的景色，具体展示了幼儿与家长共同完成的"我喜欢的邕江桥"调查表、邕江夜景刮画作品、幼儿设计我心中的桥作品、邕江游泳作品、幼儿探索身体桥图片、邕江桥轻黏土作品、纸桥承重实验过程，重点体现幼儿探索邕江两岸的变化和对邕江桥的结构与类型的深入了解，体现了幼儿与邕江的互动，增强了幼儿对母亲河的归属感与幸福感。①

图4-29 "畅游邕江"中班主题墙（3）

良好的幼儿园环境是根据幼儿园的保教特点，综合运用现代物质手段、科技手段和艺术手段，创造出功能更加合理的、优美舒适、风格突出、符合幼儿成长和心理感受的环境。这种环境能够使幼儿健康快乐地成长，增进知识，增强体质，提高综合素质，养成良好的行为习惯。总之，幼儿园

---

① 该案例由广西南宁市第三幼儿园提供。

墙饰的创设，不能随意、盲目，而应根据教育目标和幼儿现有水平进行整体考虑，使之服务于课程环境的发展。

（四）选用多样材料，丰富制作技法

墙饰作为一种装饰艺术，它的展现形式是丰富多样的，但传统幼儿园墙饰的创设大多是涂料绘画、平面贴画两种技法，虽然具有一定的装饰性，但由于是以二维平面为主，幼儿与墙面环境的互动相对较少，无法有效发挥墙饰的教育作用。幼儿的发展是在与周围环境的相互作用中实现的，良好的教育环境对幼儿的身心发展具有积极的促进作用。因此，在进行幼儿园墙饰创设时要注重与幼儿身心发展特点和发展需要相适应，选用多样的材料，采用多种制作技法，让幼儿在寓教于乐、师生互动、生生互动的环境中富有个性地发展，如图4-30[①]和图4-31[②]所示的某幼儿园多功能墙饰创设，就摆脱了传统墙饰以平面创设的固定思维，让墙饰以立体的形式展示，它以传统的装饰性为主，兼具收纳功能和操作性，可以促进幼儿与墙面环境的有效互动。

图4-30 多功能墙饰（1）

图4-31 多功能墙饰（2）

[①] 多功能墙饰[EB/OL].（2022-09-22）https://www.xiaohongshu.com/explore/632c3442000000000903286f?app_platform=android&app_version=7.81.0&share_from_user_hidden=true&type=normal&xhsshare=CopyLink&appuid=5b1b178f11be101499678529&apptime=1682399200.

[②] 多功能墙饰[EB/OL].（2022-12-06）https://www.xiaohongshu.com/explore/638f28c7000000001f0023ab?app_platform=android&app_version=7.81.0&share_from_user_hidden=true&type=normal&xhsshare=CopyLink&appuid=5b1b178f11be101499678529&apptime=1682398739.

幼儿园里有各种各样的活动操作材料，他们是幼儿开展探究活动所必不可少的素材，但材料的存放却成了一大难题。如何既让材料合理地存放，不影响幼儿使用，又能保持教室整体环境的美观和谐呢？经过一段时间的研讨后，我们将墙面利用起来作为存放材料的空间，同时选用与教室整体风格一致的色调，搭配符合区角特点的装饰，创设具有收纳功能的美观墙饰，这样既丰富了幼儿的游戏材料，又增加了墙饰与幼儿的互动。

总之，教师可以从墙饰整体设计的构图、造型、线条、色彩以及材料等要素出发，创造丰富有趣的视觉符号，吸引幼儿的注意，激发幼儿对墙饰内容的主动探究和思考，从而引发幼儿与墙饰之间的有效互动，帮助幼儿主动获取相关经验，建构知识体系，为幼儿园教育教学活动的开展做铺垫，推动幼儿各方面能力的全面发展。

（五）注重整体风格，突出创新创意

幼儿园环境是一个统一的整体，它包括园内影响幼儿身心发展的一切物质条件和精神条件，由在园工作人员、幼儿以及各种物质材料等信息要素组成，是通过一定的文化习俗，教育观念所组织、综合起来的一种动态教育的空间范围。[1]而幼儿园墙饰是幼儿园环境空间范围的部分要素，是为幼儿园整体环境的创设服务的。因此，幼儿园墙饰的创设需要考虑幼儿园整体空间的特点，与幼儿园整体环境的风格保持协调一致。例如，上海黄浦区民办玛诺利娅主题幼儿园（见图4-32）被称为"上海市中心最美的别墅幼儿园"，该园崇尚环保和自然理念，致力于为孩子和家长营造一个温馨的家。幼儿园每个空间都精心设计，充分满足孩子的发展需求，其中墙饰的设计与幼儿园整体环境的色调、风格保持一致，为幼儿提供了充满纯朴自然之感的活动环境。

图4-32 玛诺利娅主题幼儿园环境

在进行墙饰创设时，教师除了需要保持与幼儿园整体环境的和谐统一，还需要思考如何创设具有创新性的墙饰。每个幼儿园都具有自己的风格，例如不同的教育理念、风俗民情、自然景观、文化底蕴、生活习惯、气候条件等。教师应结合幼儿园实际情况进行分析，从不同维度选择适合进行墙饰创设的内容，既注重整体环境和部分环境的统一，又通过墙饰凸显幼儿园自身特色，增强整体

---

[1] 杨彦.幼儿园环境创设[M].北京：北京师范大学出版社，2014：109.

环境的艺术性、教育性、科学性和情趣性，加强环境为幼教服务的功能，从而为幼儿的身心健康成长提供物质保障。

（六）及时更新调整，保持新颖适时

幼儿园环境创设并非一蹴而就、一成不变的，墙饰的设计亦是如此。幼儿发展是动态的过程，幼儿需要不断与周围环境进行互动以获得相关生活经验，促进自身认知和情感的发展。教师在进行幼儿园墙饰的创设时，要持续关注幼儿发展需要、兴趣需要、能力需要以及教育需要，为幼儿提供相应的墙饰环境，给予幼儿更多与墙饰互动的机会和条件，从而更好地支持幼儿的成长。下面是某幼儿园教师进行墙饰创设的案例。

我园大部分幼儿生活在交易场社区群，日常生活和交易场息息相关，对交易场片区的繁荣耳濡目染，因此，我们决定以"交易场之旅"为主题进行墙面环境创设。

最初墙饰内容基于幼儿在生活中对交易场已有的生活经验，收集幼儿对交易场的印象认识，设立"我眼中的交易场"板块，帮助幼儿进一步了解交易场的作用；主题探究中期，幼儿开始围绕"如果我是老板，我要开什么店""开店需要什么"进行讨论，基于幼儿对买卖交易的兴趣，引导幼儿讨论如何开店，制作简易版开店流程图，包括开店准备、进货、摆货、起店名等简要程序，设立"我是小老板"板块；主题探究后期，幼儿能够围绕交易主题自主开展角色游戏活动，但角色扮演过程中发现交易过程有时并没那么顺利，于是我决定设立"交易规则牌"板块，帮助幼儿进一步了解交易场的交易方式，学会文明交易。①

案例中的教师根据主题活动开展的情况，适时地进行墙饰环境的丰富与更新，将幼儿感兴趣的话题融入墙饰环境中，支持幼儿的实践探究，帮助幼儿了解交易场的内涵，获得初步的销售经验，树立正确的理财观念，更让幼儿在真实交易和买卖过程中体会到赚钱的艰辛，同时培养了幼儿的交流能力和应变能力。教师是幼儿发展的支持者、引导者、合作者，在为幼儿创设适宜的发展环境时，要注意及时更新调整墙饰内容，让环境始终适应幼儿的发展。

第三课　幼儿园墙饰的制作技法

良好的幼儿园环境离不开适宜的墙面环境，而适宜的墙面环境需要精心设计和制作。值得注意的是，墙面环境的创设不是简单的墙饰堆砌，良好的墙面环境的创设与墙饰形式、内容以及制作技法相关。墙饰的内容和形式设计是墙饰创设的基础，而墙饰的制作技法则是墙饰创设的条件，通过

---

① 该案例由广西南宁市第三幼儿园提供。

合适的制作技法突出墙饰的内容与形式，不仅能够美化墙面环境，还能潜移默化地陶冶幼儿的审美情趣，促进幼儿身心的健康发展。因此，教师要根据幼儿身心发展特点和幼儿园保教特点，综合运用幼儿园墙饰的制作技法，融合现代艺术手法和科技手段，创设兼具教育性、互动性以及美化作用的墙面环境。

幼儿园墙饰的制作技法多种多样，例如平面剪贴、玻璃粘贴、半立体纸雕、综合材料运用等。例如，班级活动室内的主题墙饰，一般采用平面剪贴、半立体纸雕和综合材料运用的技法，便于及时更换与调整，在丰富墙饰形式的同时也相对安全，有利于幼儿与墙饰的有效互动。又如班级外的走廊、幼儿园内公共活动区以及门窗等墙面，需要教师因地制宜，根据不同区域墙饰的作用与意义进行设计，创造性地运用综合材料，如废旧报纸、纸盒、麻绳、布料、石头、树叶等来进行装饰。

 一 平面剪贴

（一）平面剪贴的含义

平面剪贴是一种手工工艺，指将彩色纸、报纸、泡沫纸等裁剪成某种具体形象，贴在平面物体上。幼儿园墙饰创设中的平面剪贴指的是教师利用不同种类的材料，将其裁剪成符合幼儿欣赏特点的形象或形状，贴在相应的需要装饰的墙面上。平面剪贴是幼儿园墙面环境创设中常用的一种制作技法，这种制作技法相对简单易行，并且效果显著。

（二）平面剪贴使用的工具和材料

平面剪贴装饰技法大都追求抽象、概括的装饰特点，造型多采用夸张、变形的手法。平面剪贴选择的材料比较广泛，有底板材料和画面粘贴材料两大类。其中，底板材料指充当画面底色的材料，有色墙纸、卡纸、颜料平涂等均可作为底板材料；画面粘贴材料有各种花布、吹塑纸、植绒纸、包装花纹纸、旧画报、金银纸、糖纸、废旧邮票等，应根据画面内容和风格来选择。[1]

平面剪贴使用的工具和材料一般有铅笔、剪刀、刻刀、乳胶、双面胶、胶水、固体胶等。肌理是指物体表面的纹理，它是现代装饰要素之一，在创设墙饰时，可以利用不同的物质材料、工具、技法与手段，给墙饰添加肌理感，制作出平面与立体相结合的作品。[2] 例如泡沫纸剪贴（见图4-33）整体感会更柔和、立体，适合创设卡通人物或卡通场景，而手绘卡纸剪贴（见图4-34）整体感会更清晰、写实，适合需要呈现细节的墙饰内容。

---

[1] 杨枫.幼儿园教育环境创设与玩教具制作设[M].3版.北京：高等教育出版社，2019：113.
[2] 赵晨阳.肌理效果在装饰画中的运用[J].美术教育研究，2016（3）：26.

图 4-33　泡沫纸剪贴

图 4-34　手绘卡纸剪贴

（三）平面剪贴制作图例与技法

平面剪贴制作时先画稿，再根据画面剪出图形，之后将剪出的图形按照一定主题进行粘贴，一般应近景薄、远景厚，最后调整装饰。

我们首先以卡纸剪贴"可爱海豚"（见图 4-35）为例进行说明。

第一步，确定主题，在纸上画出需要裁剪的海豚、海草以及海葵等形象。

第二步，沿着所画的海豚、海草以及海葵等形象的边缘进行裁剪。裁剪时需要注意均匀细致，保证边缘线条柔和、顺滑。

第三步，将剪出的图形按照一定的主题进行粘贴。粘贴时注意根据不同材质选择不同种类的胶水，如卡纸类一般选择胶水、胶棒或双面胶，若是幼儿参与制作，一般不选择胶水，因为幼儿不好控制胶水的使用剂量，容易弄糊整体画面。粘贴时可以使用镊子或雪糕棍等工具辅助，也可以直接用手按压。

图 4-35　卡纸剪贴"可爱海豚"步骤图

我们接下来以拼接剪贴"心愿树"（见图 4-36）为例进行说明。

第一步，确定主题，在底板上画出需要进行装饰的"心愿树"的大致轮廓。

第二步，根据主题形象选择不同的纸质材料进行裁剪，将纸质材料裁剪成需要的形状和大小。

第三步，在将裁剪好的素材背面涂上胶水，按照需要在底板上进行粘贴。拼接粘贴时需要注意整体画面感的协调统一，避免杂乱。

图 4-36 拼接剪贴"心愿树"步骤图

二 玻璃粘贴

（一）玻璃粘贴的含义

玻璃粘贴是指在玻璃材质等平面上进行装饰。玻璃具有透明光亮的特点，在进行装饰时应注意这一特点，选择粘贴材料时应注意双面性，即在玻璃内外侧都能进行欣赏，同时粘贴材料应选用无痕粘贴，例如胶水、胶棒等，以免胶痕影响整体装饰美感。玻璃的透明特性还要求在进行玻璃粘贴时，考虑色调与周围环境的搭配，做到相互映衬、主题鲜明。

（二）玻璃粘贴使用的工具和材料

玻璃粘贴使用的工具和材料较为丰富，如即时贴、双面卡纸、刻刀、铅笔、剪刀、胶水、固体胶等。首先，玻璃粘贴的构图纹样要巧妙安排，切忌支离破碎；其次，玻璃粘贴应注重色彩搭配的协调性，使主要色块与次要色块在画面上协调展现；最后，大块色应与精美的细节相结合，景物纹样装饰造型要优美，空出的白细线要整齐自然。①图 4-37 所示的"漂亮的窗花"墙饰就是典型的玻璃粘贴。窗花是中国传统民间艺术之一，一般贴在窗户上。它历史悠久，风格独特，深受国内外人士喜爱，也是幼儿园环境创设的重要素材。将窗花应用于墙饰创设，可以激发幼儿对剪纸艺术的兴趣，增强幼儿的民族自豪感，进一步提高幼儿对形式美的认识、感知和创造能力。

图 4-37 "漂亮的窗花"墙饰

（三）玻璃粘贴制作图例与技法

玻璃粘贴制作时，要先确定主题，设计草图，确定需要进行窗花粘贴的构图和布局，之后按照

---

① 杨枫.幼儿园教育环境创设与玩教具制作设[M].3 版.北京：高等教育出版社，2019：121.

草图设计，在卡纸上勾勒出窗花轮廓线，沿着边缘进行裁剪。裁剪时需要注意均匀细致，因为窗花具有镂空设计，容易断裂。剪纸时可参考剪纸的基本技法"五要素"，分别是圆、尖、方、缺、线。剪圆如秋月，饱满圆润（如圆形、月牙纹、水滴纹等）；剪尖如麦芒，尖而挺拔（如羽毛、锯齿、动物外形等）；剪方如瓷砖，齐而有力（如方形、边框等）；剪缺如锯齿，排列有序（如锯齿纹等）；剪线如胡须，均匀精细（如云纹、水纹、衣纹、叶脉等）。[①]最后，将裁剪好的窗花按照预设布局粘贴在玻璃上。在这个过程中要注意构图设计的完整性，使画面有主题地呈现，避免杂乱。

这里以玻璃粘贴"十二生肖窗花——鼠"（见图 4-38）为例进行说明。

第一步，确定"十二生肖窗花——鼠"的主题，在对应颜色的底板上画出大小合适的老鼠。

第二步，沿着老鼠的轮廓线细致地进行裁剪，尤其注意老鼠的胡须和尾巴部位，不要出现断裂。

第三步：将剪下来的老鼠一面涂上胶水粘贴在玻璃上。使用胶水时应适量，避免出现明显胶痕（也可以将卡纸换成即时贴），粘贴时应慢而细致，保证老鼠的平整美观。

图 4-38　玻璃粘贴"十二生肖窗花——鼠"步骤图

三　半立体纸雕

（一）半立体纸雕的含义

由于纸质材料的安全特性，幼儿园环境创设经常选用纸质材料，通过不同制作技法改变纸质材料的呈现效果，以此丰富幼儿园环境的表现形式。纸雕是我国古老的民间艺术，其形态千变万化，结合了绘画和雕塑之美。制作纸雕是以纸为素材，使用刀具进行雕刻的，这就要求能够熟练运用切、剪、折、粘等手法。半立体纸雕（见图 4-39）是介于立体构成和平面剪贴之间的一种艺术表现形式，是通过在平面材料上，对部分材料进行立体加工，使之在视觉和触觉上具有立体感的创作技法。墙饰创设中适当地融入半立体纸雕元素，有助于锻炼幼儿对立体造型空间的想象能力。

---

① 刘光玫.手工[M].长春：东北师范大学出版社，2019：83.

（二）半立体纸雕使用的工具与材料

半立体纸雕使用的工具和材料主要有剪刀、尺子、刻刀、圆规、纸张、铅笔、橡皮等。半立体纸雕注重质感搭配，纸张本身的颜色、纹理、质感等要素都会影响墙饰的整体效果，因此适合的纸张是制作半立体纸雕的前提。在选择纸张时，要注意选用具有一定硬度或厚度的纸张，以帮助呈现立体化效果，若纸张过软或过薄，立体效果呈现得会不明显。

图 4-39　半立体纸雕墙饰

（三）半立体纸雕制作图例与技法

制作半立体纸雕时，要先在硬一点的纸张上画出物体的形态，然后按照所画的物体形态进行裁剪，之后进行折叠、粘贴。

这里首先以半立体纸雕"花"（见图 4-40）为例进行说明。

第一步，确定主题，在纸上描绘出植物的轮廓造型，注意植物的花瓣、根茎、花蕊等基本要素，保持线条清晰完整。

第二步，根据描绘的植物轮廓进行裁剪，注意裁剪时线条的流畅性。裁剪完之后，将植物的花瓣、根茎、花蕊等基本要素进行分类，进一步进行立体细节装饰。

第三步，根据设计图稿进行植物元素的组合，并粘贴牢固。

图 4-40　半立体纸雕"花"步骤图

之后我们以半立体纸雕"快乐小绵羊"（见图 4-41）为例进行说明。

第一步，确定主题，在纸上描绘出动物的轮廓造型，注意动物的眼睛、耳朵、鼻子等基本要素，线条要清晰完整，形象要具有童趣性。

第二步，根据描绘的动物轮廓进行裁剪，注意裁剪时线条的流畅性。裁剪完之后，将动物的眼睛、耳朵、鼻子等基本要素进行分类，进一步进行立体细节装饰。

第三步，根据设计图稿进行动物元素的组合，并粘贴牢固。粘贴时要避免简单的拼凑，注意突出动物的造型特征。

图 4-41 半立体纸雕"快乐小绵羊"步骤图

半立体纸雕要注重对整体画面的设计，用恰当的手法表现画面中的不同形象，如动物、人物等形象可以采用半立体方式制作，而背景、风景可以采用平面剪贴的方式制作，总之，教师在进行墙饰组合装饰时，应注意设计的层次性。

5 立体墙饰制作
扫描文旁二维码，观看立体墙饰制作的视频资料。

四 综合材料运用

（一）综合材料的含义

墙饰创设最终要借助一定的媒介实现，这里的媒介就是物质（或者说材料）。墙饰创设可以运用的材料是多种多样的，可利用各种材料的形状、色彩、肌理等自然特征，充分发挥材质的美。综合材料即不再局限于单一纸质材料的运用，还包括棉、麻、纱布等软质材料，及铁丝网、碎木片、三合板、沙子、蛋壳石、铝合金等硬质材料的运用，意味着打破纸质墙饰的界限，体现墙饰材料的多样性。幼儿园环境创设中，综合材料的范围应从材料的本源出发进行大致归类与划分，可分为原生材料和废旧材料。原生材料是指原始材料或自然材料，是材料范围中最基本的物质，也是自然界中材料最原始的形态，例如土、木、沙、石、植物、矿物质材料等；废旧材料是指人类对原始材料进行加工或提炼，制造出单一或复杂的材料，经使用之后不再需要的现代科技材料，比如纸盒纸箱、奶粉罐、洗衣液瓶、纽扣等。

不同材料具有不同的感觉特性。教师在使用综合材料进行墙饰创设时，需要注意材料与墙饰内容、主题表达之间的联系，使用恰当的综合材料增强墙面环境的艺术美感，使其表现更具感染力。

此外，教师在幼儿园环境创设中应注意综合材料的安全性，例如，材料的边缘是否尖锐、锋利，是否存在有害物质等，在保证幼儿安全的前提下进行综合材料墙饰的创设。

（二）综合材料运用使用的工具和材料

由于综合材料具有多样性，许多自然材料造型奇特、极富生活情趣，在运用综合材料进行墙饰制作时可以使用的工具也是多种多样的。根据材料形态，综合材料可以分为点状材料、线状材料、面状材料和块状材料四种。不同形态的材料制作时要使用不同的工具，归结下来主要有剪刀、美工刀、尺子、纸张、自然材料（豆类、树叶、树枝、花瓣、沙石等）、废旧材料（纸箱纸盒、奶粉罐、树枝、冰棍棒、纽扣）、胶水（透明胶）、铅笔、橡皮等。如图4-42所示的叶贴画墙饰，就是利用植物的叶片进行创设的，它根据不同植物叶片的纹路与颜色进行组合，拼接出有意义的图案，然后贴到背景墙上进行装饰。叶贴画除了利用不同样式、不同颜色的叶片外，有时还利用植物的花朵、茎干、枝条等材料进行制作。①在制作叶贴画时，除了需要准备树叶等自然材料之外，还需要胶水进行粘贴，如果想对树叶进行造型设计，还需要增加剪刀等工具。

图4-42　叶贴画墙饰

（三）综合材料制作图例与技法

综合材料在幼儿园墙饰创设中，最常见的制作技法是粘贴和拼接。粘贴是指将墙饰造型所需要的材料拼摆组合或加工，运用胶水等黏性材料将其粘贴在背景板上，从而形成整体画面的一种技法；拼接是指利用材料的形状、色彩、肌理进行拼摆并加以粘贴的组合造型方法。

这里以综合材料"狐狸的午后小憩"（见图4-43）为例进行说明。

第一步：根据墙饰主题设计图稿，确定墙饰形象，勾勒轮廓线条，线条要求流畅、清晰，便于豆类材料粘贴。

---

① 刘光玫.手工[M].长春：东北师范大学出版社，2019：5.

第二步：根据豆类不同的外观和质地，进行总体构思，选择色彩、大小合适的豆子，可将拟选定的豆子放于画面上，进行整体对比，以确认各部分画面的豆类材料类型。

第三步：在形象的不同部位依次涂上胶水，针对涂抹面积较小的部分可借助棉签来涂抹均匀。

第四步：在相应的部分撒上相应的豆类材料，并用手按压，使豆类材料粘贴结实，粘贴时注意不同部分界限的区分，避免不同豆类混淆，影响整体观感。粘贴好后根据画面需要增添相应装饰，以增强画面的层次感，突出主题。

图 4-43　综合材料"狐狸的午后小憩"步骤图

◇ 单元小结

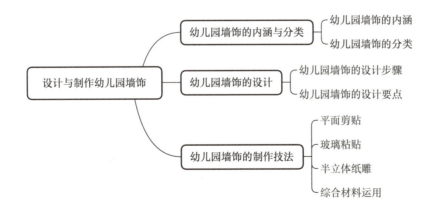

幼儿园的环境包括外部环境与内部环境，无论是内部环境还是外部环境，在创设时都离不开墙饰这一要素。幼儿园墙饰不仅可以装饰、美化幼儿园，还具有一定的教育意义，能够培养幼儿的审

美能力、思维能力和想象力等。幼儿园墙饰的创设已经成为幼儿园实现教育教学的有效手段。幼儿园墙饰是指幼儿园在创设园内外部环境的过程中，所使用的一切具有美观性、教育性的墙上装饰。

按照不同的维度，幼儿园墙饰可以有多种分类。幼儿园墙饰在空间上可分为室外墙饰和室内墙饰两大部分。室外墙饰指的是幼儿园主体建筑、围墙的墙面设计；室内墙饰指的是幼儿园主体建筑内的墙面、楼梯、走廊、教室等墙面设计。幼儿园墙饰在功能上可分为装饰性墙饰和教育性墙饰两大部分。装饰性墙饰指的是专门用来进行装饰、点缀幼儿园环境的墙饰；教育性墙饰指的是在符合幼儿园整体环境创设风格的前提下，重在突出教育意义的墙饰，主要目的是建构幼儿与环境之间的联系，支持幼儿进行主动学习。幼儿园墙饰在性质上可分为常规性墙饰、主题墙饰和互动性墙饰三部分。常规性墙饰指的是突出幼儿园各区域明显特征或区域活动要求、规则等，针对幼儿园各区域所做的集装饰性和功能性于一体的墙饰；主题墙饰指的是在幼儿园各班级中，围绕教育教学目标，结合本班幼儿年龄特点，设计的以各学期相关教育内容为主题的各类墙饰；互动性墙饰指的是以幼儿参与墙饰的设计、材料的选择、墙饰的制作等全过程，师幼共同参与创设的墙饰。

幼儿园墙饰的制作是幼儿园环境创设的重要组成部分，科学合理的幼儿园墙饰设计，能够对幼儿的成长与发展产生积极的影响。幼儿园墙饰的设计步骤如下：掌握幼儿身心发展的特点—选择适宜的墙饰内容—设计墙饰创设方案—进行墙饰创设。教师在进行墙饰创设时应注意以下几点：尊重幼儿需要，贴近幼儿生活；引导幼儿参与，激发幼儿主动探索意愿；围绕教育目标，伴随教育过程；选用多样材料，丰富制作技法；注重整体风格，突出创新创意；及时更新调整，保持新颖适时。

墙饰的内容和形式设计是墙饰创设的基础，而墙饰的制作技法则是墙饰创设的条件，通过合适的制作技法突出墙饰的内容与形式，不仅能够美化墙面环境，还能潜移默化地陶冶幼儿的审美情趣，促进幼儿身心健康发展。幼儿园墙饰的制作技法多种多样，例如平面剪贴、玻璃粘贴、半立体纸雕、综合材料运用等。教师需要根据幼儿身心发展特点和幼儿园保教特点，综合运用幼儿园墙饰的制作技法，融合现代艺术手法和科技手段，创设兼具教育性、互动性以及美化作用的墙面环境。

思考与练习

1.单项选择题

（1）幼儿园墙饰创设主要指（　　）。

A.幼儿园墙体装修　　　　　　　　　　B.班级内墙面设计

C.幼儿园外墙展板设计　　　　　　　　D.幼儿园内所有的墙上装饰设计

（2）在幼儿园各班级中，围绕教育教学目标，结合本班幼儿年龄特点，设计以各学期相关教育内容为主题的墙饰，属于（　　）。

A.常规墙饰　　　　　　　　　　　　　B.装饰墙饰

C.主题墙饰　　　　　　　　　　　　　D.室内墙饰

（3）幼儿园墙饰创设的第一步是立足幼儿视角，结合幼儿身心发展特点，从以下两个方面来考虑（　）。

　　A.年龄特征、班级特点　　　　　　　　B.年龄特征、个性特点

　　C.年龄特征、身体发展特点　　　　　　D.个性特点、班级特点

2.材料分析题

（1）某幼儿园拟举办一次墙饰创设的评比，邀请各班级幼儿与家长参与点评。刚入职不久的李老师兴致勃勃地准备着，她精心制作了很多卡通人物和形象，把班级墙面设计得满满当当、五颜六色。到了评比当天，幼儿却更喜欢隔壁班级的"我眼中的幼儿园"展示墙，李老师感到很失落，也充满疑惑：那面展示墙不就是放了几幅幼儿的作品，甚至都没有太多的装饰，为什么幼儿却更喜欢呢？……

请结合以上材料，为李老师提出相应的解决策略。

（2）请根据所学内容，尝试论述如何创设"会说话的墙面"。

实践与实训

【实训一】参观一所幼儿园，观察分析该幼儿园的墙饰创设，并提出相应的改进建议。

目的：领会幼儿园墙饰创设的设计要点，将科学的墙饰创设理念灵活运用于实践。

要求：以小组为单位，结合幼儿园墙饰创设的要点进行评析，尝试提出相应的改进策略。

形式：实地观察与分析。

【实训二】以个人为单位，为中班幼儿设计班级内区角墙饰（图纸），并详细说明设计缘由、使用材料和创设技法。

目的：理解幼儿园墙饰的作用，掌握墙饰设计要点以及墙饰的制作技法。

要求：统一运用A4纸完成设计图纸，设计要符合幼儿年龄特点，区角墙饰构图合理、色彩搭配协调、材料与技法运用恰当。

形式：随堂练习。

【实训三】以小组为单位，在KT板上完成大班"我要上小学"主题墙的创设。

目的：掌握幼儿园墙饰设计步骤、设计要点以及幼儿园墙饰的制作技法。

要求：主题明确，符合幼儿年龄特点，整体构图合理、色彩搭配协调、材料与技法运用恰当。

形式：小组合作。

第五单元

创设幼儿园主题环境

- 第一课　主题活动与环境创设
- 第二课　幼儿园主题环境的创设
- 第三课　主题活动中的环境跟进

第五单元　创设幼儿园主题环境

◇ **学习目标**

1. 掌握主题活动的内涵和特点，了解幼儿园主题环境创设的价值以及主题活动中主题墙环境、主题活动区角环境的跟进；

2. 熟悉幼儿园主题环境创设的步骤，掌握幼儿园主题环境创设的具体内容。

3. 树立科学的幼儿园主题环境创设理念，并能将科学的主题环境创设理念灵活运用于实践。

◇ **情境导入**

中班幼儿主题活动"水——我们的好朋友"

户外活动结束，多多第一个冲进教室。他一进教室就直奔洗手池，打开水龙头玩起了水，其他小朋友看到多多玩水，也争相模仿，一时间盥洗室热闹异常，满地都是水。教师赶忙来到盥洗室，有序安排小朋友离开。这种情况已经不是第一次发生了。近来总有小朋友时不时地跑去玩水，在水龙头旁边一站就是好几分钟；也有小朋友喝水的时候，把手伸进杯子里搅来搅去；还有小朋友喜欢手上沾点水，在墙上涂涂画画。

针对孩子们的表现，教师设置了主题活动"水——我们的好朋友"，并进行了主题环境创设（见图5-1），让幼儿能够更加深入地了解水的由来，理解水的价值和作用，懂得珍惜水资源，进而爱护我们的家园。

图5-1　某幼儿园中班主题墙：水——我们的好朋友

第五单元 创设幼儿园主题环境

【思考】

1 案例中的主题活动由何而来？主题活动的开展与环境创设有什么关系？

2 如果你是该幼儿园教师，你会如何根据主题创设幼儿园环境？你认为图5-1所示的主题墙是否有可改进的地方？

第一课 主题活动与环境创设

在学前教育领域中与"主题活动"相关的词汇有很多，比如单元教学、单元主题活动、方案教学、综合主题教育、项目活动、探索型主题活动、生成主题活动、主题综合教育活动、主题方案教学、主题探究活动等。[①]这些活动一部分来自国外，另一部分来自我国在幼教实践中的探索。当然，各种不同的词汇也还在不断地组合、产生。但不论名称如何变化，它们都有一个共同点——主题，也就是以主题为组织方式。主题活动以其多方面整合教育资源的优势逐渐成为幼儿园的主要教学活动形式。[②]教师和幼儿根据主题活动的开展进行相应的环境创设，已成为当前幼儿园教育教学的重要组成部分。

19世纪末20世纪初，欧美兴起了"新教育运动"和"进步运动"，设计教学法由此诞生。单元教学是对克伯屈设计教学法的具体实施。随着杜威的实用主义教育思想在中国得到广泛传播，单元教学也在中国迅速发展。陈鹤琴于1923年创办了中国第一所实验幼儿园——南京鼓楼幼稚园，并在该幼儿园实验设计教学法，采用了单元教学。从幼儿园教学的角度来看，单元教学有许多可取之处。我们要加以总结，发扬它的长处，克服它的短处，以利于综合教学的迅速发展，为国家培养现代化人才。[③]

陈鹤琴的单元教学
扫描文旁二维码，了解"陈鹤琴的单元教学"的具体内容。

一 主题活动的内涵

谈到主题活动，我们首先要思考什么是主题。在日常生活中，主题通常指人们谈论的主要话题、中心思想。但是，在幼儿园课程领域，主题通常指课程的某一单元、某个时段所要讨论的中心

---

① 柏匡峰.幼儿园主题活动环境创设研究[D].桂林：广西师范大学，2009.
② 顾媛媛，田燕.幼儿园环境创设与实践指导[M].南京：南京大学出版社，2021：69.
③ 李宁达.陈鹤琴的单元教学新议[J].教育研究与实验，1985（4）：63-68.

话题，通过对这些中心话题的讨论，对中心话题中蕴含的问题、现象、事件等的探究，使幼儿获得新的、整体的、相互联系的经验。①

那么，什么是幼儿园主题活动呢？对此，学者们从不同方面提出了自己的看法，使得主题活动的内涵不断丰富。朱家雄认为，幼儿园主题活动是将不同科目的内容进行系统的整合，围绕某一主题开展的教学活动。②冯晓霞则更强调主题活动的时间，认为主题活动是在一段时间内，围绕一个中心内容（即主题）来组织的教育教学活动。③李贞认为，在一定时间内，教师和幼儿围绕具有内在脉络或价值关联的中心内容来组织教育教学活动就是主题活动。④

综合以上观点，本书认为主题活动是在一定时间内，教师为了促进幼儿发展，根据幼儿园教育目标、幼儿身心发展水平和已有经验，和幼儿一起把可能引起幼儿兴趣的现象、事物等中心内容围绕一定的脉络和价值关联起来开展教育教学的活动。

二　主题活动的特点

主题活动是教师和幼儿围绕某一中心进行探索的过程。在这一过程中，主题活动体现以下特点。

（一）综合性

主题活动不是单一的某个活动，而是以幼儿关注的特定问题或事件为中心将有关联的各个活动联系起来的具有综合性的活动。比如，某幼儿园大班教师以"我们的春节"为主题，设计了"十二生肖""年的传说""小拜年""我会看年历""欢乐中国年""春节序曲""年兽来了"等活动。这些活动涉及语言、社会、健康、艺术、科学等领域内容，在教学活动、游戏活动、生活活动等组织形式中都可以采用，能够将与春节相关的知识有效地综合起来。

（二）系统性

幼儿是发展中的个体，幼儿的身心发展遵循一定的规律，主题活动的开展也要遵循幼儿年龄发展的特点，由浅入深、循序渐进。同时，系统性还体现在活动的设置方面，活动的设置要有系统性，让幼儿能够追本溯源。如某幼儿园主题活动"叶子的秘密"，教师根据幼儿的兴趣设置了"寻叶—知叶—趣叶—护叶"等系列活动，让幼儿能够详细了解叶子的"前世今生"。主题活动是在时

① 虞永平.论幼儿园课程中的主题[J].学前教育研究，2002（6）：13-15.
② 朱家雄.幼儿园课程[M].上海：华东师范大学出版社，2003：59-67.
③ 冯晓霞.幼儿园课程[M].北京：北京师范大学出版社，2000：206.
④ 李贞.幼儿园环境创设[M].镇江：江苏大学出版社，2013：124.

间上具有延续性的，在内容和组织上具有综合性的系统工程。[1]

（三）生成性

幼儿是处于不断发展变化中的独立的个体，因此，主题活动不是一成不变的。从活动目标来看，主题活动的开展不能满足于预设目标的达成，而应以预设目标为基础，在活动中关注幼儿的行为表现，捕捉生成目标，共同构成目标体系。从内容来看，主题活动的开展离不开对幼儿兴趣点的关注，教师要注重基于幼儿兴趣点生成新的活动内容。可以说，同一主题下，班级不同，主题活动内容会有所不同；年级不同，主题活动内容也会有所不同。

三 主题活动与环境创设的关系

《幼儿园教育指导纲要（试行）》指出，环境是重要的教育资源，应通过环境的创设和利用，有效地促进幼儿的发展。[2]主题活动的最终目的是促进幼儿的发展，总体来说，主题活动与环境创设是相辅相成的关系。

一方面，环境生成主题活动。环境是幼儿所处的大的背景，既包括物质环境，也包括精神环境。环境中的各要素不可避免地会对幼儿起作用，激发幼儿的好奇心和兴趣，同时萌生许多有价值的主题。如"交通工具"这一主题就明显来源于幼儿的实际生活，当教师偶然发现幼儿对某些交通工具感兴趣的时候，主题活动就应运而生了。

另一方面，主题活动的开展需要进行一定的环境创设。主题活动作为当前幼儿园重要的教育活动形式，需要特定环境的支持。在主题活动中，一旦主题确定了，为适应主题的发展，教师与幼儿就要对环境进行相应的改变，这个改变的过程就是主题环境创设的过程。幼儿园主题环境创设是指以幼儿园主题活动的开展为线索，根据主题开展的需要，教师与幼儿共同构思、创作、安排，创设与主题相关的教育环境。幼儿园主题环境包括主题墙、主题活动区角、作品栏、墙饰、吊饰等幼儿园室内外环境的规划与布置。[3]

四 主题环境创设的价值

环境对幼儿发展会产生重要的影响。华生曾经说过："给我一打健全的婴儿和我可以用来培养

---

[1] 顾媛媛，田燕.幼儿园环境创设与实践指导[M].南京：南京大学出版社，2021：69.
[2] 教育部基础教育司.《幼儿园教育指导纲要（试行）》解读[M].南京：江苏凤凰教育出版社，2017：42-44.
[3] 龚玉洁.幼儿园环境创设[M].南京：南京大学出版社，2020：42.

他们的特殊世界，我就可以保证随即选出任何一个，不问他的才能、倾向、本领和他的父母职业以及种族如何，我都可以把他们训练成为我选定的任何类型的人物，如医生、律师、艺术家、大商人或甚至是乞丐、小偷。"[1]虽然华生的观点忽略了主观因素的影响，但环境的重要性毋庸置疑。教师开展主题活动，离不开主题环境的创设。具体来说，幼儿园主题环境创设的价值主要体现在以下四个方面。

（一）促进幼儿的学习与发展

皮亚杰认为，儿童的认知发展是有机体与环境之间相互作用的结果。毋庸置疑，在进行主题环境创设的过程中，幼儿会以各种方式与环境互动，从而促进自身的学习与发展。如下面案例中的"端午节"主题活动，教师把主动权交给幼儿，明显地调动了幼儿的积极性、主动性和创造性。幼儿参与"端午节"主题环境创设，一方面能够让自己的想法得以实施，增强自信心，促进自身个性发展；另一方面通过观察其他幼儿的表现，可以丰富原有的知识经验，促进幼儿的有效学习。

在"端午节"主题环境创设中，中二班的孩子们可谓"大展拳脚"。班级里纸箱做的龙舟、橡皮泥做的粽子、彩绳编的手链、手绘的龙舟比赛规则牌等应有尽有，无一不是出自幼儿之手。原来，教师在进行主题环境创设时，把主动权交给了幼儿，让幼儿自主设计。经过热烈的讨论，一部分幼儿提议在纸上画粽子然后粘到墙上，一部分幼儿提议用橡皮泥捏粽子，还有一部分幼儿说可以把端午节的诗歌录下来循环播放，增加氛围感，就连平时不爱说话的美美都表示她可以帮忙绑粽子，因为她在家学过。

（二）加强师幼关系和同伴关系

主题环境创设不是教师的独角戏，而是教师、幼儿相互合作、相互促进的过程。在主题环境创设中，教师从幼儿的兴趣点出发，构思整体环境的设置，同时还可以把任务分解给幼儿，让幼儿与教师、伙伴相互合作，共同完成主题环境创设。在这个过程中，师生、同伴的交流合作不可或缺。可以说，主题环境创设"从幼儿中来、到幼儿中去"，经过幼儿的"检验"，有效加强师幼关系和同伴关系。

（三）提升教师的专业素养

2021年，教育部办公厅印发的《学前教育专业师范生教师职业能力标准（试行）》指出，环境创设能力是学前教育师范生保育和教育实践能力的重要内容。从这个文件可以看出国家对于学前教育行业从业人员环境创设能力的重视。专业知识、专业能力、专业理念与师德是构成幼儿园教师专

---

[1] 童连.0—6岁儿童心理行为发展评估[M].上海：复旦大学出版社，2017：5.

业素质的核心要素。① 幼儿园主题环境创设的过程、结果和反思等，既可以展现教师的专业知识，又可以增强教师的专业能力，还可以改进教师的教育理念，对教师专业素养的提升具有重要意义。

2 《学前教育专业师范生教师职业能力标准（试行）》

扫一扫，阅读《学前教育专业师范生教师职业能力标准（试行）》全文。

（四）促进家庭、社区参与幼儿教育

幼儿园主题环境创设虽然是在园内进行，但离不开家长和社区的密切配合。主题环境创设能够促使家庭、社区参与幼儿教育，如主题环境创设材料的收集、整理，知识的拓展等工作，这些都需要家庭和社区的参与。利用好自身资源、盘活家长教育资源、运用社区文化资源是当前幼儿园进行主题活动的主要做法。家长作为幼儿最亲近的人，非常愿意见证并参与幼儿的成长过程，主题环境创设为此提供了很好的机会。

如在大班主题活动"我们的家乡"中，教师充分利用周边资源，增添了"畅游恐龙园""参观商店超市""认识家乡的桥""参观汽车城""走进月星家居""我们去军营""电子工业园"等活动内容。这些丰富的活动课程拓展了幼儿学习的空间，密切了幼儿与社会生活的联系，使幼儿关注周围的生活，在了解社会生活的过程中自然而然、轻松愉快地融入社会，促进了幼儿社会性的发展。②

又如中班主题活动"树"（见图5-2），其中"找树叶""运送小树苗""年轮的认识""有趣的根"等活动需要园内园外相互配合，充分挖掘幼儿、幼儿家庭、教师群体的教育资源共同参与到主题活动中，帮助教师和幼儿顺利进行主题活动，实现主题活动目标。③

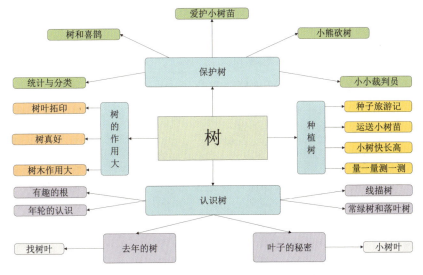

图5-2　幼儿园中班主题活动网络图：树

---

① 蔡迎旗.学前教育原理[M].武汉：华中师范大学出版社，2017：94-97.
② 庄春梅.主题活动课程资源开发的实践路径和策略[J].学前教育研究，2009（2）：61-64.
③ 龚玉洁.幼儿园环境创设[M].南京：南京大学出版社，2020：42.

第二课　幼儿园主题环境的创设

　　《幼儿园教育指导纲要（试行）》指出，幼儿园的教育活动，是教师以多种形式有目的、有计划地引导幼儿生动、活泼、主动活动的教育过程。教育活动内容的选择既要适合幼儿的现有水平，又要有一定的挑战性；既要符合幼儿的现实需要，又要有利于其长远发展；既要贴近幼儿的生活来选择幼儿感兴趣的事物和问题，又要有助于拓展幼儿的经验和视野。教育活动的组织形式应根据需要合理安排，因时、因地、因内容、因材料灵活地运用。① 幼儿园主题活动是当前幼儿园主要的教学活动形式之一。

　　主题活动与环境是紧密结合的，环境为主题活动而创设，主题活动需要有环境的支持才得以丰富、深入地开展。② 幼儿园主题环境创设就像"骨架"一样，将主题活动涉及的方方面面呈现出来，让幼儿既可以回顾已有的实践经验，又可以建构新的知识体系。幼儿园主题环境创设主要归结为三大类：主题墙的环境创设，主题活动区角的环境创设，其他空间的环境创设。

一　主题墙的环境创设

　　主题墙的环境创设是幼儿园班级环境创设的重要组成部分。③ 主题墙是展示幼儿园主题活动开展思路和过程的墙面布置，经常以图片、文字、美工作品等形式呈现，可以记录幼儿的兴趣点和探究过程，帮助幼儿梳理思路，引发幼儿思考和探究，以此积累相关经验。④ 主题墙一般位于室内墙壁、走廊或其他区域，多数位于室内的一面墙。教师和幼儿通过对这一面墙壁和相应空间的布置和展示来记录主题活动情况。当幼儿置身于这一环境时，主题墙就像无声的教师，默默地传递教育信息，给幼儿启示，与幼儿互动。

　　如中班主题墙"神奇的种子"（见图5-3）⑤，当幼儿看到这一面主题墙时，不由自主地会跟着主题墙上的图片、文字符号、绘画作品等进行探究，思考"生活中都有哪些种子""种子的秘密是

---

　　① 教育部基础教育司.《幼儿园教育指导纲要（试行）》解读[M].南京：江苏凤凰教育出版社，2017：42-44.
　　② 李贞.幼儿园环境创设[M].镇江：江苏大学出版社，2013：127.
　　③ 顾苡.基于儿童本位观的幼儿园大班主题墙创设的现状及对策研究——以无锡市G幼儿园为例[D].西宁：青海师范大学，2021：4.
　　④ 龚玉洁.幼儿园环境创设[M].南京：南京大学出版社，2020：45.
　　⑤ 幼儿园主题墙[EB/OL].（2022-08-26）https://www.xiaohongshu.com/discovery/item/630851fc000000001800d57d?app_platform=android&app_version=7.53.0&share_from_user_hidden=true&type=normal&xhsshare=WeixinSession&appuid=604758b100000000010062da&apptime=1667815021.

什么""种子是怎么成长的"以及"种子的传播方式有哪些"等问题，思考的过程就是幼儿巩固已有经验、建构新知识的过程。又如大班主题墙"纸的家族"（见图5-4）①也记录着幼儿对纸的探索过程，能够给幼儿以启发，促进幼儿的发展。

图5-3　幼儿园中班主题墙：神奇的种子

图5-4　幼儿园大班主题墙：纸的家族

（一）主题墙环境创设的整体思路

主题墙环境创设中的主题活动可能来源于某个幼儿的兴趣点，也可能来源于教师有心的设置。主题墙作为班级整体环境的一部分，有时与主题活动的开展并不是完全同步的，但它记录着主题活动的发生与发展。幼儿园主题墙环境创设一般遵循以下几个步骤。

1.确立主题墙环境创设的目标

《3—6岁儿童学习与发展指南》从健康、语言、社会、科学、艺术五个领域描述幼儿的学习与发展。目标部分分别对3—4岁、4—5岁、5—6岁三个年龄段末期幼儿应该知道什么、能做什么，大致可以达到什么发展水平提出了合理期望，指明了幼儿学习与发展的具体方向。幼儿园主题活动是整合了多个领域的教育活动，而每个领域又包含多条教育目标。在确定主题活动目标时，有时候一个主题活动可能并不是在每个领域都有可进行的教育活动，个别领域可能并没有可达到的目标，作为教师，需要厘清主题活动的主要目标，根据主要目标确定环境创设所需的材料和布局。②如下面案例的"动物乐园"主题活动，教师和幼儿通过对主题活动目标的剖析来设计子活动。

> 动物是人类的好朋友。在小班"动物乐园"主题活动中，李老师初步设立了以下主题活动目标：愿意说出自己认识的小动物，用自己的语言描述其特征；尝试用自己的方式（舞蹈、绘画、歌唱、动作等）表现自己对小动物的认识和喜爱；感受动物的成长过程，萌发对小动物的喜爱之情。③

---

① 主题墙——纸的家族[EB/OL].（2022-06-13）https://www.xiaohongshu.com/discovery/item/62a70b4c000000001b03589a?app_platform=android&app_version=7.53.0&share_from_user_hidden=true&type=normal&xhsshare=WeixinSession&appuid=604758b100000000010062da&apptime=1667814548.

② 李贞.幼儿园环境创设[M].镇江：江苏大学出版社，2013：127.

③ 龚玉洁.幼儿园环境创设[M].南京：南京大学出版社，2020：51.

对以上目标进行分析，可以发现它们很明显涉及科学、艺术、语言和社会领域，因此主要从这四个领域去准备环境创设所需材料。以实现"愿意说出自己认识的小动物，用自己的语言描述其特征"这一目标为例，可以通过邀请真实的小动物（兔子、羊、乌龟等）来园做客、辨别动物图片、交换动物玩具、唱儿歌等方式实现，而这些方式都需要教师和幼儿提前准备相关的物质材料。

3 《3—6岁儿童学习与发展指南》
扫一扫，阅读《3—6岁儿童学习与发展指南》全文。

2.设计主题网络

主题网络就是将与主题相关的知识经验或概念经过归纳和整理，建立起某种联系，并以网状的形式将其直观形象地呈现出来。①一般来说，主题网络的中心就是主题活动的主题，相当于"树干"。教师从课程目标、幼儿的兴趣爱好、幼儿的年龄发展特点以及现有的材料出发，设计构思主题网络的组成部分，也就是"枝干"，又被称为"子活动"。在确定主题之后，教师要和幼儿以头脑风暴的形式列出与主题相关的内容，使"枝干"变得丰富。

从"树干"到"枝干"的展开过程就是主题网络的设计过程。主题网络的展开主要有下面两种方式，这两种展开方式也是当前幼儿园主题活动中运用较多的。

第一种是按五大领域的思路展开。大多数主题活动都涉及多个领域，因此可以从各个领域出发，根据主题活动目标，设计相关的活动。如某幼儿园中班"多彩的颜色"主题网络图（见图5-5）②，教师从语言、社会、健康、艺术、科学五大领域展开，构思领域相关活动。这种方式的优点是系统性强，内容全面，能够由浅入深地对幼儿开展相关活动，领域内活动衔接性强。

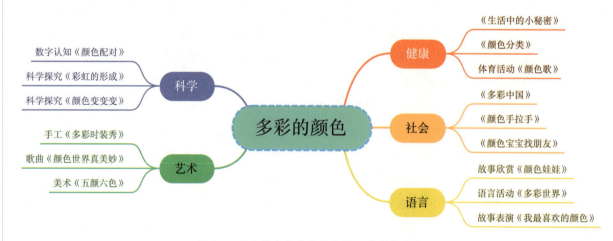

图5-5　幼儿园中班主题网络图：多彩的颜色

---

① 李贞.幼儿园环境创设[M].镇江：江苏大学出版社，2013：132.
② 幼儿园《多彩的颜色》主题网络图[EB/OL].（2022-08-23）https://www.xiaohongshu.com/discovery/item/6304460d000000001702c16d?app_platform=android&app_version=7.53.0&share_from_user_hidden=true&type=normal&xhsshare=WeixinSession&appuid=604758b100000000010062da&apptime=1667815239.

第二种是按照主题的下位概念或层次展开，再沿着下位概念或层次设计、开展相关的活动。如某幼儿园大班"病毒大作战"主题网络图（见图5-6）[①]，主要根据"是什么——了解病毒""为什么——保护自己""怎么做——保护野生动物"以及"好的典型——致敬英雄"这个逻辑顺序进行的。这种展开方式的优点是覆盖面广，打破了学科的界限，逻辑性和创造性强，容易生成新的活动内容，但缺点是重点不突出，对教师的专业素质要求较高，可操作性较低。

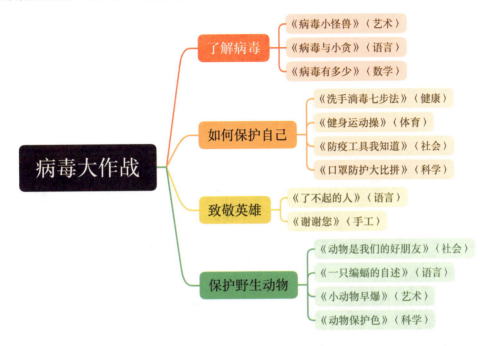

图5-6　幼儿园大班主题网络图：病毒大作战

教师设计主题网络的目的是引导主题活动。幼儿园主题活动的开展需要做一定的准备。主题网络就是预设，是为了生成新内容做准备。教师在设计主题网络时要注意留白，也就是留出一定的空间，以供后期根据幼儿的表现进行调整。

3.合理布局室内外空间

充足的空间是幼儿园开展主题活动的重要前提。主题网络构思完成后，教师要根据所设计的活动合理布局班级环境，主要考虑主题活动下各个子活动适合在哪个地点进行，是适合开展小组活动还是适合开展集体活动，以及各个位置需要准备什么材料等，教师要根据计划留出相应的空间，做好主题活动物质准备工作。

4.确定主题墙的位置和布局

主题墙作为幼儿园环境创设的重要组成部分，一般需要较大的空间。多数幼儿园采用一整面墙

---

① 关于疫情的主题网络图[EB/OL].（2020-04-16）https://www.xiaohongshu.com/discovery/item/5e97a907000000000100ba34?app_platform=android&app_version=7.53.0&share_from_user_hidden=true&type=normal&xhsshare=WeixinSession&appuid=604758b100000000010062da&apptime=1667822425.

壁作为主题墙的创设空间，如某幼儿园小班主题墙"独特的我"（见图5-7）。主题墙一般包括主题说明、主题网络和主题活动过程呈现。其中，主题说明简要介绍开展这项活动的目的；主题网络以网状结构说明如何结合主题进行五大领域的教育活动；主题活动过程呈现以实物、图片、作品等方式呈现主题活动的进展过程。主题墙完成后，不管是幼儿，还是成人，都能从主题墙的内容上清楚地了解该主题的进展过程。①

在进行主题环境创设之前，教师需要明确，环境是为幼儿创设的，幼儿是环境的主人，主题活动的最终目的是促进幼儿的发展。因此，在主题墙创设过程中，一般都是教师和幼儿共同商议主题墙的布局，教师可简单创作出大背景，强化主题，具体内容可由幼儿在活动过程中进行填充。3—6岁的幼儿能够用自己理解的文字符号、图片等表达想法。如小班主题墙"独特的我"（见图5-7）②，整个主题墙处处透露着幼儿的思想，教师更多的是发挥支持者的作用，负责大的背景框架。

图5-7　幼儿园小班主题墙"独特的我"

（二）主题墙环境创设的注意事项

《幼儿园安全友好环境建设指南（试行）》指出，幼儿园环境是幼儿园重要的教育资源，它为幼儿在园期间的生活和学习提供了基本条件。主题墙属于幼儿园环境的重要组成部分，主题墙的环境创设应最大限度地发挥作用，促进幼儿的发展。因此，教师在主题墙环境创设过程中，要注意以下几点：

4 《幼儿园安全友好建设指南（试行）》

扫一扫，阅读《幼儿园安全友好环境建设指南（试行）》全文。

---

① 龚玉洁.幼儿园环境创设[M].南京：南京大学出版社，2020：45.

② "独特的我"主题墙[EB/OL].（2022-06-14）https://www.xiaohongshu.com/discovery/item/62a870110000000001029a4b?app_platform=android&app_version=7.53.0&share_from_user_hidden=true&type=normal&xhsshare=WeixinSession&appuid=604758b100000000010062da&apptime=1667813603.

1. 鼓励幼儿参与环境布置

蒙台梭利曾经说过："儿童积极地从事工作，通过运动使他自己获得经验，得以成长。"①她格外强调幼儿的"运动"，也就是幼儿的"做"。我国教育家陈鹤琴提倡"做中教、做中学、做中求进步"。②由此可见，"做"在幼儿发展过程中的作用不可忽视。教师在进行主题墙环境创设时，一定要考虑幼儿的想法。只有让幼儿参与进去，他们才能更好地与主题墙互动，理解主题墙表达的含义，这个主题墙才是成功的。主题墙上有幼儿的成果一方面可以吸引幼儿的注意，另一方面可以实现幼儿智慧和成人智慧的共享。

班级主题墙也需要与幼儿"对话"。这种"对话"仿佛是一种流淌于人们之间的意义溪流，它使所有对话者都能够参与和分享，并因此能够在群体中萌生新的理解和共识。③幼儿"对话"班级主题墙内容，通过与主题墙相互作用的过程，理解并吸收墙面蕴含的学习内容，以此获得成长。④因此，教师可通过启发、鼓励、合作等方式引导幼儿参与到主题墙环境创设中，相信幼儿的能力，给幼儿提供机会，促进幼儿的发展。

2. 适宜幼儿的发展水平

在布置主题墙时，教师首先要考虑幼儿的年龄阶段特征和发展水平，尤其要注意墙饰的高度。我国幼教工作者张世宗认为，幼儿园的教室可依据墙壁高度分为幼儿操作带、共同操作带、成人利用带等。其中墙壁120 cm以下是幼儿操作带，60~150 cm是幼儿、成人的共同操作带。⑤这意味着主题墙上幼儿操作的部分最好在150 cm以下，这样更有利于幼儿的有效参与。也有学者指出，主题墙应让幼儿触手可及。教师应尽量将墙饰降低到与幼儿视线持平的位置，移开挡住幼儿视线的障碍，保证幼儿既能看到又能摸到，让幼儿能亲自参与主题墙的布置，使主题墙真正发挥它的教育作用。⑥

当前，有的教师对墙面进行布置时，主要从自己的视角出发，将材料呈现在与自己视线齐平的高度，还有的教师因为害怕幼儿破坏自己精心制作的墙饰，特意把材料呈现在幼儿摸不到的地方。面对这些墙饰，幼儿需要仰视，在心理上自然很难产生亲近感。因此，给幼儿看的墙饰一定要放在幼儿平视就能看到的地方，给幼儿操作的墙饰要放在幼儿轻易就能接近的地方。⑦

同时，每一阶段的幼儿发展水平有所不同，主题墙创设的要点也有所不同。如小班幼儿以无意注意为主，喜欢想象，教师要留给幼儿充分的想象空间，因此主题墙颜色不要过于鲜艳，图案也不要过于复杂。教师还要注意发展幼儿小肌肉动作，提升幼儿的动手操作能力，让幼儿在摆弄材料时

---

① [意]玛利亚·蒙台梭利.童年的秘密[M].单中惠，译.北京：中国长安出版社，2010：239.
② 李娜，陈鹤琴."活教育"的先驱[J].教育与职业，2009（31）：104-106.
③ [英]戴维·伯姆.论对话[M].王松涛，译.北京：教育科学出版社，2004：6.
④ 钟雯.班级主题墙创设的现状分析与趋势展望[J].教育导刊（下半月），2021（5）：33-36.
⑤ 李贞.幼儿园环境创设[M].镇江：江苏大学出版社，2013：138.
⑥ 龚玉洁.幼儿园环境创设[M].南京：南京大学出版社，2020：46.
⑦ 鄢超云等.低成本有质量的幼儿园环境创设[M].北京：教育科学出版社，2013：86.

获得相应的知识和经验，因此教师在进行环境创设时应多一些巧思，为幼儿提供更多动手操作的机会。

中班幼儿思维比较活跃，抽象思维开始萌芽，他们喜欢探究事物背后的原因，更愿意面对具有挑战性的活动任务。因此，教师可适当提高环境创设的难度，增加环境创设的复杂性与多样性。此外，中班幼儿合作意识逐渐增强，教师可发挥幼儿团体的作用，扩大主题环境创设的范围。

大班幼儿能够有意识地控制自己情感的外部表现，由社会需要产生的情感也开始发展。除此之外，大班幼儿开始为小学做准备，他们对探索各种新鲜事物更加感兴趣。因此，教师在进行大班主题环境创设时，要注意让幼儿自主探索与发现，激发幼儿对小学生活的向往，如某幼儿园大班主题墙"我上小学了"（见图5-8）①，通过"我的小书包""我的名字""小学的一日生活"等模块，让幼儿对小学生活有初步的了解，为幼儿升入小学做准备。总之，教师要熟悉幼儿身心发展水平，根据其身心发展水平进行主题墙环境创设。

图5-8 幼儿园大班主题墙"我上小学了"

3.合理利用主题墙的空间

一般来说，幼儿园班级面积有限，加之活动区、活动材料、玩具柜、储物柜等占了大部分空间，教师进行主题墙创设的空间受到一定的限制，因此，教师要合理利用主题墙空间，采用多元化途径来穿插展示幼儿的作品。②例如，当主题墙墙面紧张时，教师可以合理利用主题墙空中垂直地带，如在空中悬挂丝带、树枝等物体来固定幼儿作品，或在主题墙旁边放置多层柜子来存放不宜悬挂的成品等。多样化的表现方法不仅可以改变主题墙过于单调和墙面空间不足的情况，还可以从多角度、全面地展示幼儿的作品。③

4.符合幼儿的审美特点

教师在进行主题墙环境创设时应创造富有童趣的形象，营造明朗、活泼的活动氛围。主题墙的

---

① "我上小学了"主题墙设计[EB/OL]．（2021-06-11）https://www.xiaohongshu.com/discovery/item/60c36413 0000000001026b4c？ app_platform=android&app_version=7.53.0&share_from_user_hidden=true&type=normal&xhsshare= WeixinSession&appuid=604758b100000000010062da&apptime=1667818646．

② 顾媛媛，田燕．幼儿园环境创设与实践指导[M]．南京：南京大学出版社，2021：70．

③ 李贞．幼儿园环境创设[M]．镇江：江苏大学出版社，2013：139．

色彩和形式的搭配等会带给幼儿不同的视觉感受，进而形成不同的心理感受，对培养幼儿审美起到独特的作用。① 流畅的线条，优美、淡雅的色彩，生动的造型，别致的构图，都会给人以亲切、舒适、喜悦的感觉，给予幼儿审美感受。② 如某幼儿园大班主题墙"我们的城市"（见图 5-9）③，整个主题墙色彩明亮，线条流畅，构图遵循疏密搭配的原则，看起来既协调又美观。

图 5-9　幼儿园大班主题墙"我们的城市"

现实中许多幼儿园主题墙的布局过"满"，缺乏科学合理的规划，每个板块下都贴满了各种活动的照片和文字说明，整体看上去布局拥挤，且板块之间没有清晰的界限。这种布局满满、杂乱无序的主题墙，没有呈现出形式美，难以带给幼儿审美体验，也不能促进幼儿审美能力的发展。④

当然，幼儿园主题墙环境创设符合幼儿审美并不是要求只追求美。当前，部分幼儿园环境创设陷入了重视审美而忽视主题墙教育意义的误区。例如，在主题墙创设过程中，有的教师只选择自己觉得精致、美观的幼儿作品，而对能力较弱孩子的作品置之不理，有的教师为了主题墙的美观，采用网上购买资料包的形式，全程不让幼儿参与。这些情况造成的后果是主题墙成为成人的主题墙，对幼儿来说，教育意义微乎其微。

5. 注重生活素材的运用

幼儿园的教育活动与幼儿的生活紧密联系，因此它不同程度地表现出生活化的特点。幼儿园主题墙环境创设也要注重生活素材的运用，这主要体现在材料生活化和情境生活化。

（1）材料生活化

随着国家对基础教育的重视，幼儿教育的质量越来越高，各幼儿园对环境创设也越来越重视。主题墙是幼儿园环境创设的重要组成部分，那么，主题墙环境创设的材料从何而来呢？传统观点认

---

① 邵筱凡.幼儿园环境创设[M].南京：南京大学出版社，2019：78.
② 龚玉洁.幼儿园环境创设[M].南京：南京大学出版社，2020：46.
③ 幼儿园大班主题"我们的城市"环创[EB/OL]. (2021-01-06) https://www.xiaohongshu.com/discovery/item/5ff5c7ac000000000101c425? app_platform=android&app_version=7.53.0&share_from_user_hidden=true&type=normal & xhsshare=WeixinSession&appuid=604758b100000000010062da&apptime=1667819044.
④ 张传红，王春燕.幼儿园主题墙创设的价值、问题及对策——从留白艺术的视角[J].教育导刊（下半月），2020（1）：80-82.

为，主题墙环境创设是幼儿园的事情，材料必须由幼儿园提供，这想必也是部分幼儿园的现状。但是，这种情况一方面增加了幼儿园的成本，另一方面忽视了幼儿和家庭的参与。随着国家教育政策的改变，如普惠性幼儿园的大力推广，缩减开支成为当前大部分幼儿园的必然选择，而材料生活化能够在很大程度上实现开支的缩减。特别是农村幼儿园获得乡土材料相对容易，巧妙利用乡土材料进行墙饰布置，往往能做出让城市幼儿园非常羡慕的效果。①

（2）情境生活化

生活化的场景能够拉近幼儿与主题墙的距离，更容易让幼儿有身临其境之感。如中班主题墙"马路交通"，教师根据主题设计了"我最喜欢的交通工具""堵车怎么办""魔力红绿灯"等活动，将幼儿生活中实际接触的情境进行呈现，让幼儿与主题墙产生共鸣。

"南瓜来了"

生活素材的使用，一方面可以拉近幼儿与主题的距离，调动幼儿的已有经验，另一方面环保又实惠，是当前幼儿园主题环境创设的主要发展趋势。那么与生活素材相关的主题活动是怎么设计的呢？扫描文旁二维码，了解大班"南瓜来了"主题活动设计的具体内容。

二 主题活动区角的环境创设

幼儿园活动区角是以幼儿游戏活动为主的活动场所，也被称为活动区域。区角活动是在一定的时间、空间内设置的各种区域活动，是幼儿园为幼儿提供丰富的材料、充足的活动空间和活动时间，为孩子提供表现的机会和条件，使幼儿能够根据自己的意愿、兴趣、能力来选择内容，在宽松自由的环境下进行活动的一种教育方式。②主题活动区角指以主题活动为背景，以教室区域为活动空间，教师有目的地创设与主题活动目标相联系的活动区角，为幼儿提供按照自己的意愿和能力水平以操作或者摆弄为主要方式进行个别化的、自主性的学习活动的场所。③

开展丰富多彩的区角活动，不仅能激发幼儿的想象力、创造力，还能给幼儿提供自我学习、自我探索、自我发现、自我完善的机会。④活动区角是促进幼儿全面发展，贯彻"以游戏为基本活动"精神的重要物质条件，也是主题环境创设的重要组成部分。教师需要在进行主题活动时认真思考如何使活动区角与主题活动紧密结合，充分发挥教育作用。⑤

---

① 鄢超云等.低成本有质量的幼儿园环境创设[M].北京：教育科学出版社，2013：86.
② 张功岭，陈大浩.手工综合教程[M].天津：南开大学出版社，2015：215.
③ 刘小娟.幼儿园主题式活动区创设的实践研究[D].重庆：西南大学，2016.
④ 张功岭，陈大浩.手工综合教程[M].天津：南开大学出版社，2015：215.
⑤ 龚玉洁.幼儿园环境创设[M].南京：南京大学出版社，2020：48.

（一）创设科学丰富的情境性区域环境

建构主义教育观强调情境性学习，强调学习的社会性和情境性，主张学习是一个主动建构的过程。《幼儿园教育指导纲要（试行）》也倡导以积极的情绪推动儿童的认知学习。这些观点对主题背景下区域活动的环境创设研究具有重大的意义。在幼儿阶段，情境性的环境能更好地调动幼儿个性化学习的兴趣，促进幼儿个性化学习能力的发展。因此，教师根据幼儿实际需求与身心发展特点，为幼儿创设贴近生活、对幼儿有意义的背景环境就显得尤为重要了。

小班的幼儿具有喜欢模仿周围成人活动的特点，因此区域活动中要较多引进生活角色。如小班主题活动"高高兴兴上幼儿园"，教师在各个区域都设置了幼儿熟悉的生活场景和角色场景，娃娃家中有小床、幼儿带来的娃娃、自己睡的小枕头等，生活区设置妈妈的头像，动动手区域设置成一个动物世界，让幼儿给小动物喂食等。这些生活化的情境创设符合幼儿的生活经验，能让他们更好地融入情境活动中。

中班幼儿思维处于前运算阶段的前期，他们主要依靠表象进行思维，幼儿的动手能力也显著增强，游戏水平得到进一步提高。因此，教师应当为中班幼儿创设体验式的区域环境。如中班主题活动"我们身边的科学"，教师在操作区提供各种各样的刷子，摆放各种各样的小鞋子，让幼儿练习刷皮鞋；设置了粉刷间，供幼儿刷颜料、认色彩；还开设了玩具维修区，提供各种各样的待修理的玩具，供幼儿进行体验式探索。

大班幼儿处于前运算阶段的后期，他们好学、好问、不服输，喜欢冒险和挑战，创造意识较强。因此，教师可为大班幼儿创设挑战性的情境性区域环境。在区域活动中，教师要鼓励幼儿不断发现问题、解决问题，再发现问题，再解决问题。在问题解决过程中，教师也可以适当提出一些有难度的问题引导幼儿思考和探究。如大班主题活动"春天来了"，教师让孩子们在区域里饲养了几只蜗牛，从观察蜗牛的外形到观察蜗牛的吃、拉等生活习性，幼儿每天都会产生不同的问题。当发现幼儿记录形式比较单一时，教师适时提问"怎么把记录变得有趣？"在教师和小朋友的共同努力下，图画记录、图表记录、文字符号记录等方式被应用于蜗牛的观察活动中。在此过程中，孩子们的自主探索、求知和毅力等都得到了进一步的发展。①

（二）设计灵活合理的区域格局

幼儿园区角活动的项目很多，有图书区、角色区、科学区、益智区、美工区、语言区、表演区、数学区、自然区、生活区等。②活动区的数量要根据活动室的大小来确定，一般以4～5个为宜。③

对于区域设置，教师不仅要掌握每个区域的活动特点，还要根据每个年龄段的幼儿游戏特点和

---

① 姚毅毅.主题背景下区域活动环境的创设[J].江苏教育研究，2016（34）：46-50.
② 张功岭，陈大浩.手工综合教程[M].天津：南开大学出版社，2015：215.
③ 李贞.幼儿园环境创设[M].镇江：江苏大学出版社，2013：90.

主题活动内容的需要设计灵活合理的区域格局。小班幼儿刚入园，游戏形式主要是独自游戏和平行游戏，因此每个区域空间要大，各个区域之间相对封闭和独立，游戏材料要求颜色亮丽、数量充足。如主题活动"我爱我家"，对娃娃家进行布置时就需要多摆放几组小床和娃娃，让幼儿有归属感，满足幼儿的情感需要。

随着年龄增长，中班幼儿乐意与同伴交往，并且思维发展迅速，想象力较为丰富。这个时期的幼儿可以给任何一样东西加上他们所想象的象征意义。如"夏天来了"主题活动中，教师围绕主题设置了"冷饮店""水果店""鞋帽店""花伞店""烧烤店"等活动区域。幼儿在做冷饮的时候如果缺少材料，会去水果店或冷饮店选用替代物；幼儿在玩烧烤游戏时如果缺少材料，也会去烧烤店选择材料。因此，中班在主题活动区域布局上，可以设计半封闭式区域，各区域既要相对独立又要有一定的关联，能让幼儿随时取用活动材料，满足幼儿顺利游戏的需要。

进入大班，幼儿的游戏内容不断丰富，范围不断扩大，整个活动区域几乎是"游戏大超市"。如大班幼儿会去小卖部买零食（顾客），然后冲进火里救人（消防员），救完人带伤员去医院打针（医生），再下班回家（妈妈）等。主题活动区域也是如此，幼儿在活动时会根据自己的已有经验，有效地将各个主题区域连接起来，再现生活场景。因此，大班主题活动区域布局一般采用开放式，以便幼儿完整地进行游戏。①

当然，幼儿是具有独立思想的个体。在主题活动过程中，可能会出现各种突发情况，如个别区域人数过多或个别区域无人问津。针对这些情况，设计变化灵活的区域格局就显得格外重要。教师在进行区域设置时，一定要考虑区域的可变动性，区域设置的目的也不一定是单一的，一个区域可能实现多个目的。

中班主题活动"我们的职业"开始了，孩子们玩起了"小卖部"游戏，一包包"零食"陆陆续续地送到顾客的手上。有的顾客拿着"零食"假装往嘴里塞，边吃边说话；有的顾客觉得好玩，直接把零食带走了。很快，小卖部兜售一空，可是后面还有很多小朋友想玩怎么办呢？小朋友们集思广益，说"零食都是大人自己做出来的，我们也可以做"。于是老师又搬了一张桌子到角色区当作操作台，"食品加工厂"的游戏应运而生。这样一来缓解了小朋友扎堆吃"零食"的情况，二来进行了区域融合，一区多用的形式能够有效促进游戏的顺利进行。②

同时，教师在进行区域设置时，要适当留出空白区域。留白是中国画的重要表现手法，在区域设计中也适用。格式塔心理学也认为，当人们看到残缺不全、没有规则、不和谐的图形或者事物时，就会情不自禁地填补缺陷，使其达到完美。③

---

① 姚毅毅.主题背景下区域活动环境的创设[J].江苏教育研究，2016（34）：46-50.
② 姚毅毅.主题背景下区域活动环境的创设[J].江苏教育研究，2016（34）：46-50.
③ 张传红，王春燕.幼儿园主题墙创设的价值、问题及对策——从留白艺术的视角[J].教育导刊（下半月），2020（1）：80-82.

主题活动是一个整合性的活动，具有开放性、综合性、整体性的特点。主题活动可能涉及很多方面，但每个主题活动的侧重点不一样，所以区域的建构会不断变化。留出空白区域是对下一个主题区域建构的适当准备。①

（三）全面考虑区域活动中材料的投放

布鲁纳说过，教育对象是在利用教师提供的材料进行学习。材料关乎幼儿的学习，教师投放材料的质量直接关系到幼儿的活动质量。因此，教师在开展区域活动进行材料投放时，要注意以下几点。

1.具有层次性和丰富性

首先，教师投放材料时应依照由浅入深、从易到难的要求，分化出若干个与幼儿的能力发展相匹配的操作层次，使材料层次化，从而供不同幼儿根据自己的能力与兴趣选择和操作。如小班的数学操作材料可多采用实物，中大班则多投放数字卡片，使不同年龄段的幼儿能够按照自己的能力选择不同难易层次的材料进行操作探索。②如下面案例中"过大年"的主题活动就体现了材料投放的层次性。案例中的教师一开始投放的是现成品，后来慢慢投放半成品，由易到难，一步步促进幼儿的发展。

大班主题活动"过大年"，教师在美工区放置了小灯笼、小春联、小鞭炮等材料，一开始，幼儿都纷纷涌入区域，可是过了没多久，来的人就越来越少了。教师问起幼儿原因，幼儿表示"没什么好玩的了"。针对这种情况，教师又投放了新的材料：画笔、红纸、彩绳、剪刀、水粉颜料等。很快，小朋友们又来到了美工区，他们在红纸上画对联，用彩绳编鞭炮等，一个个玩得不亦乐乎。

其次，区域投放的材料要具有丰富性。材料是主题区域活动的"灵魂"，只有具备安全多样的主题活动材料，才能让幼儿产生眼前一亮的感觉，幼儿才会对主题区域活动感兴趣，从而迈进主题区域活动的大门。③同时，丰富的材料能为幼儿提供更多选择的机会。当幼儿置身丰富的材料中时，他们可以根据自己的水平选择适合自己的游戏材料，进而促进自身发展。

2.具有可探究性

材料应能够激发幼儿探索的兴趣，促进幼儿的主动学习。可探究性是影响幼儿使用材料的重要因素。幼儿园游戏材料根据不同的结构性，可以分为高结构游戏材料、低结构游戏材料和非结构游戏材料。不同的结构材料最终会建构起不同的游戏主题，幼儿接触不同类型的结构材料会对其发展产生不同的影响。高结构游戏材料指棋盘、玩具汽车、娃娃等具有固定玩法的游戏材料，其拥有比

---

① 姚毅毅.主题背景下区域活动环境的创设[J].江苏教育研究，2016（34）：46-50.
② 杨莉君，邓双.示范性幼儿园区域活动材料投放的有效性[J].学前教育研究，2012（5）：44-47.
③ 高雅倩.幼儿园主题性区域活动开展现状及提升策略研究[D].石家庄：河北师范大学，2021.

较单一的功能结构；低结构游戏材料指树叶、纸杯、积木、橡皮泥等具有多种玩法的游戏材料，其拥有不确定的功能结构。①非结构游戏材料指沙、水、雪等无固定形态的游戏材料。

研究发现，材料的结构化程度直接影响探究活动的有效性。在幼儿园里，最具探究性的材料是那些具有较大的灵活性、多功能性、经久耐用性、成本低等特点的半成品材料。这类材料能够有效地发展幼儿的想象力，活跃幼儿的思维。②因此，教师要全面考虑区域活动中材料投放的可探究性，通过游戏材料的使用促进幼儿的发展。

3.具有高利用率

环保是时代的主旋律。《幼儿园教育指导纲要（试行）》科学领域"内容与要求"部分指出，"在幼儿生活经验的基础上，帮助幼儿了解自然、环境与人类生活的关系。从身边的小事入手，培养初步的环保意识和行为"。幼儿园游戏材料也要遵循环保理念，尽量做到一物多用，最好做到材料能够反复利用，如废旧报纸，在美工区可以用它做手工，手工活动结束后，可以将它制作成"篮球"，让幼儿在体育区进行投篮，既做到了一物多用，实现了教育目标，又增添了材料的趣味性，提高了幼儿的环保意识。

（四）注重良好的心理环境创设

环境是重要的教育资源，在幼儿的日常学习和生活中，环境发挥着举足轻重、潜移默化的作用。幼儿园的环境不仅包括物质环境，还包括心理环境。主题活动区角的创设离不开心理环境的创设。良好的心理环境有助于幼儿认知、情感、个性和社会性等多方面的发展。

首先，宽松、和谐的主题区域活动环境是创设良好心理环境的基础。俗话说，"近朱者赤，近墨者黑"，宽松、和谐的主题区域活动环境无形中会影响幼儿对事物的态度、看法。在这种环境中成长的孩子，他们的心境、心情、审美等方面都会得到较好的发展。

其次，亲密、平等的师幼关系是创设良好心理环境的保证。在幼儿时期，教师是除家长以外，与幼儿接触最多的人。幼儿信赖教师，教师的一言一行也时刻影响着幼儿。师幼关系是幼儿在幼儿园能否获得归属感的关键。教师要与幼儿形成亲密、平等的师幼关系，在日常生活中尊重幼儿、理解幼儿、信任幼儿、与幼儿合作。只有在和谐的师幼关系下生活的幼儿，在主题区域活动中才能更加自由、自在，教育目标才最有可能实现。

最后，友好、协调的同伴关系是创设良好心理环境的重要契机。③幼儿在与同伴交往时，会相互观察、协商、讨论、模仿等，在此过程中，幼儿的个性、社会性和情绪情感都不断发展。因此，教师要传授给幼儿与同伴交往的技巧，营造宽松的交往氛围，以此促进幼儿的发展。

（五）与日常教学活动有机结合

幼儿具有个体差异性。幼儿园常规教学活动是提高幼儿整体素质的主要途径，但当前我国幼儿

---

① 岳玉洁，张华玲.材料结构性及投放方式对幼儿专注力的影响研究[J].陕西学前师范学院学报，2021（1）：64-70.
② 杨莉君，邓双.示范性幼儿园区域活动材料投放的有效性[J].学前教育研究，2012（5）：44-47.
③ 姚毅毅.主题背景下区域活动环境的创设[J].江苏教育研究，2016（34）：46-50.

园班级人数众多，教师很难注意到个体差异。主题活动区角的创设既可以帮助发展速度慢的幼儿巩固、掌握所学知识，又可以促使发展速度快的幼儿获得个性发展。因此，教师在进行主题活动设计时，可将幼儿在教学活动中感兴趣的部分或者有困难的部分进行融合，这样既满足幼儿的活动欲望，又让其掌握相关知识技能。当教学活动和主题活动有效结合时，教师可根据正在进行的主题进行区角布局，布置相关材料。主题活动区角已成为当前幼儿园教学活动中活动延伸环节得以实现的重要场所。

总之，在主题背景下，为幼儿创设科学合理的区域活动环境，可以促进幼儿多方面发展。①

三 其他空间的环境创设

幼儿园主题环境创设不仅包括主题墙的环境创设、主题活动区角的环境创设，还包括家园共育环境创设、玩教具及相关材料提供，以及墙饰和吊饰创设等。由于墙饰和吊饰已在第四章进行详细讲解，这里主要介绍家园共育环境创设、玩教具及相关材料提供等方面。

（一）家园共育环境创设

家庭是幼儿园重要的合作伙伴。有句话说得好："家园犹如一车两轮，只有同向运转，才能共同促进孩子的发展。"②主题环境的创设也是一样，要引发家长的关注，吸引家庭的参与。在幼儿园里，幼儿园和家庭联系较多的区域是家园联系栏。教师可合理利用家园联系栏，根据主题活动的需要在家园联系栏发布通知，邀请家长一起收集材料，参与班级主题环境的布置。

如某幼儿小班主题活动"我是谁"，教师要求家长为每位幼儿准备2张照片：一张更小时候的，一张现在的。收集照片后，教师开展社会活动"我从哪里来"，活动结束后，通过合理布局，将照片悬挂在主题墙上，并增加文字介绍，增加幼儿对自身的认识。整个活动既调动了家长的积极性，让家长了解了主题活动的内容和进程，又促进了幼儿的发展。当然，随着科技的进步，企业微信、公众号、QQ、班级论坛等方式也是家园联系的重要场所，教师要合理利用科技的力量。

（二）玩教具及相关材料提供

俗话说"巧妇难为无米之炊"。玩教具及相关材料是幼儿园主题活动开展过程中必不可少的物质条件。③没有玩教具及相关材料的提供，主题活动的开展也就无从说起。说到教育，"寓教于乐"是人们一直以来对教育，尤其是幼儿教育提倡的教育理想④，而"乐"很多时候就要通过玩教具及

---

① 姚毅毅.主题背景下区域活动环境的创设[J].江苏教育研究，2016（34）：46-50.
② 李宏伟，万秀.家园合作开展环境创设活动[J].山东教育，2018（11）：61-62.
③ 龚玉洁.幼儿园环境创设[M].南京：南京大学出版社，2020：49.
④ 刘焱.幼儿园自制玩教具活动的意义、指导思想和评价标准[J].学前教育研究，2007（9）：24-30+8.

相关材料的提供来实现。

《3—6岁儿童学习与发展指南》指出，幼儿园应多为幼儿选择一些能操作、多变化、多功能的玩具材料或废旧材料，在保证安全的前提下，鼓励幼儿拆装或动手自制玩具。幼儿通过与玩教具及相关材料的互动，能提高自身动手动脑和解决问题的能力，促进自身全面发展。因此，教师要根据主题活动的开展，提供相关玩教具和材料，让幼儿在实践操作中获得发展。如某幼儿园大班主题活动"丰收的季节"，教师在自然角（见图5-10）放置了土豆、大蒜、葱、南瓜、树叶、洋葱等材料，幼儿既可以观察农作物的特征，又可以亲自种植，记录农作物的成长，加深对农作物的认识。

图5-10　某幼儿园大班自然角

总之，主题墙的环境创设、主题活动区角的环境创设、其他空间的环境创设共同构成了幼儿园主题环境创设的主要内容。掌握幼儿园主题环境创设要点有助于教师和幼儿更好地开展主题活动，促进幼儿的发展。

"汽车叭叭叭"

主题活动属于一种综合性的教育活动。主题活动设计不仅包括主题由来、主题网络图、环境创设、区域活动，还包括主题目标、集体教学活动和家园共育等模块。扫一扫文旁二维码，了解小班"汽车叭叭叭"主题活动设计的完整内容。

第三课　主题活动中的环境跟进

环境是主题活动开展的重要载体。环境应随着主题活动的开展而创设，随着主题活动的深入而丰富，随着主题活动的变化而变化。[①]随着主题活动的开展和深入，主题墙环境在逐步调整的过程

---

① 梅纳新.新编幼儿园教育活动设计与指导[M].上海：复旦大学出版社，2016：295.

中越来越丰富，主题活动区角根据活动的需要也要做出相应的改变。为更好地发挥环境的引导、过渡和成果展示等功能，教师在开展主题活动时，要不断思考如何对主题活动中的环境进行跟进。

一 主题墙环境的跟进

主题环境创设是一个动态的过程，环境既引发了主题活动，也延伸了主题活动。①主题环境创设的主要目的是通过环境的变化，引发幼儿的探索兴趣，支持幼儿的发展。在进行主题墙环境的跟进时，要注意以下两点。

（一）环境的跟进要依据主题的开展和幼儿的探究状况进行创设

主题墙作为班级环境创设的重要内容，能够有效记录幼儿的学习情况，促进教师的专业发展，加强家园沟通。②但主题墙环境创设不是一成不变的，而是随着主题的开展和幼儿的探究情况不断调整。可以说，同一个主题活动下的不同班级，主题墙的内容会有所不同，因为幼儿具有明显的差异性。教师要追随幼儿的兴趣点，根据幼儿的兴趣点发掘有价值的素材，调整主题墙内容，引导幼儿保持对环境的新奇感，不断探索，从而实现教育目标。如下面案例的某幼儿园中班主题活动"交通工具"中，教师就注意根据幼儿的兴趣调整环境，有效地吸引了幼儿注意力。

在中班"交通工具"主题活动中，活动进行一段时间后，幼儿们对于简单的交换汽车游戏感到厌倦，于是，教师在走廊上开辟了一条"马路"，设置了十字路口，将汽车游戏搬到"马路"上，幼儿们的兴趣顿时又浓厚起来，在"马路"上兴奋地玩起了"开汽车"的游戏。游戏过程中，幼儿们发生了"撞车"事件，产生了"汽车开累了停在哪里""撞车后人受伤了怎么办"等疑问，于是，小警察的角色、红绿灯的标记、停车场、汽车医院等新的要素在幼儿们开展游戏的过程中不断诞生了。③

（二）为幼儿提供更多参与活动和表现的机会与条件

蒙台梭利学校的幼儿曾经说过这样一句话"帮助我，让我自己来做"④。这句看似自相矛盾的话，恰恰表达了幼儿内心最深处的需要。很多时候，成人对幼儿的帮助就是让幼儿自己动手。幼

---

① 李贞.幼儿园环境创设[M].镇江：江苏大学出版社，2013：145.
② 张传红，王春燕.幼儿园主题墙创设的价值、问题及对策——从留白艺术的视角[J].教育导刊（下半月），2020（1）：80-82.
③ 李贞.幼儿园环境创设[M].镇江：江苏大学出版社，2013：145.
④ [意]玛利亚·蒙台梭利.童年的秘密[M].单中惠，译.北京：中国长安出版社，2010：246.

是环境的主人,他们不仅是环境的使用者,更可以成为环境的设计者。因此,教师不应成为幼儿独立活动的障碍。在主题墙跟进过程中,教师要充分发挥幼儿的主体作用,调动幼儿的积极性。

首先,教师要引导幼儿根据主题活动的开展收集相关的材料。材料是进行主题环境创设的要素之一。幼儿在收集材料的过程中,能够在一定程度上加深对主题活动的理解。由于每个家庭的差异,幼儿收集的材料可能有所不同,这样既发挥了幼儿的主动性,调动了幼儿的已有经验,又充分综合了每个家庭的优势,集思广益,有效地补充教育资源,使幼儿获得全面发展。

其次,教师要鼓励幼儿参与环境布置。《儿童的一百种语言:转型时期的瑞吉欧·艾米利亚经验》中提到:儿童有着丰富的潜能、强大的力量,可以胜任一切,儿童可以联合同伴以及成人(的力量)。[①]在主题墙创设过程中,教师可以充分发挥幼儿的力量,与幼儿合作,商议主题墙布局以及图案,尽量让幼儿亲自动手布置。在幼儿最初操作的时候,主题墙可能不够美观,但幼儿的成长就是不断尝试的过程,主题墙的创设也是个动态的过程,可以实时更新。教师在整个创设过程要给予幼儿绝对的支持和鼓励,帮助幼儿积累经验,不断成长。如下面案例中的主题活动"好玩的线",教师就充分肯定了幼儿的能力,与幼儿一起开发主题活动。

在"好玩的线"大班主题活动中,教师与幼儿以"各种各样的线""线的用途""线的联想"等为线索对主题墙进行布置,教师和幼儿一起商量用线条装饰活动室,共同布置以线为背景的主题墙。由于幼儿最初对线没有清晰的认识,教师带领幼儿在幼儿园里一点一点地找线,感受线的神奇。

在开展"各种各样的线"活动过程中,教师一方面发动家长帮忙收集各种类型的线,另一方面带领幼儿到"手工坊"欣赏各类"结艺"作品并开展编织活动,丰富"各种各样的线"区域的环境。

在"线的用途"活动中,教师和幼儿通过图片、作品等方式,围绕生活中的线、自然中的线来总结线的用途,如装饰、警示、传声等,让幼儿深刻感受线在我们身边的重要作用。

在"线的联想"活动中,由于幼儿经验的缺乏,所能想到的线差异性不强,幼儿的兴趣也不大,于是教师就把"线的联想"活动取消了。

此外,幼儿园以游戏为主要活动。为丰富活动形式,教师设置了"我和线做游戏"活动,在主题墙上记录幼儿游戏的探索。教师和幼儿以线为中心,将线与传统游戏、现代游戏相结合,探索出多个游戏活动,极大地调动了幼儿的积极性。

二 主题活动区角环境的跟进

主题活动区角是幼儿接触较多、对幼儿影响较大的区域。主题活动区角环境的跟进主要包括操

---

① [美]卡洛琳·爱德华兹,莱拉·甘第尼,乔治·福尔曼.儿童的一百种语言:转型时期的瑞吉欧·艾米利亚经验[M].3版.尹坚勤,王坚红,沈尹婧,译.南京:南京师范大学出版社,2014:150.

作材料的增减和区角的调整。

(一) 操作材料的增减

由于主题活动具有系统性，主题活动下各活动的开展遵循由浅入深、循序渐进的原则，所以操作材料也要不断变化，随着主题活动的开展不断进行增减。操作材料的增减不仅要有教师的掌控，更要有幼儿的参与。一方面，教师要在观察幼儿兴趣的基础上调整操作材料，一旦发现幼儿对某些操作材料不感兴趣要及时调整；另一方面，主题活动过程中，幼儿也要经常收集材料以便活动顺利开展。如下面案例中大班"桥"的主题活动，教师根据主题活动的开展及时增加操作材料，重新吸引幼儿的注意力。

在大班"桥"的主题活动中，教师在集体活动中带领幼儿初步认识了各种各样的桥，与此同时，在区域投放了一些与桥有关的材料。集体活动结束后，幼儿在区域也进行了一些关于桥的活动，有些幼儿在美工区画桥，有些幼儿在图书区给同伴讲解桥的造型。

当教师发现建构区幼儿只会用简单垒高方法建桥，不一会儿就失去了兴趣，主题跑偏时，教师适时组织幼儿围绕如何搭建、建构技能有哪些、可以用哪些材料等问题进行讨论，通过查阅书籍、开展集体教学活动，幼儿基本都掌握了不同类型的桥的建构方法。

同时，教师又在阅读区针对性地放置了相关书籍，帮助幼儿厘清各种类型桥梁的区别，在美工区张贴了高架桥、立交桥、天桥、彩虹桥等图片开拓幼儿思路，还用橡皮泥捏出几个有代表性的桥梁和组合桥梁，引导幼儿创新桥梁的制作技法。①

(二) 区角的调整

在主题活动开展过程中，区角不是一成不变的，要随着主题活动的进程随时调整。区角的创设要紧随幼儿发展的步伐，主题活动开展到哪个阶段，区角就创设到哪个阶段，在这样动态的调整中，区角和主题活动密切配合，共同有效地促进幼儿的发展。②主题背景下，区角的调整主要有以下四种方式。

1. 自然过渡式

事物之间的联系具有普遍性，不同的主题活动并不是完全无关的。有时，相邻主题存在一定的联系，后者可能是前者的延续或者深入。相邻主题活动区材料往往具有延续性。幼儿所需的经验水平、技能水平也具有传承性。教师要善于寻找和利用这些联系，实现主题的自然过渡，提高资源利

---

① 李贞.幼儿园环境创设[M].镇江：江苏大学出版社，2013：148.
② 刘小娟.幼儿园主题式活动区创设的实践研究[D].重庆：西南大学，2016.

用率。①如下面案例中的主题活动"衣",教师利用了"衣服"这一共同点,实现了主题的自然过渡。

在开展"衣"的主题活动时,教师在活动区投放了布条、未上色的白色T恤、生活中常见的衣服、小纽扣、布制品、彩纸、报纸、衣物图片等。幼儿在区域里给白色T恤上色,用彩纸、报纸制作衣服、玩衣物拼接游戏等。随着主题活动"我们的职业"的开展,教师将之前设计好的各种类型的衣服放到角色区,让幼儿进行角色扮演。

2.逐步深入式

一般而言,幼儿园的区角主要有美工区、建构区、益智区、角色区、科学区、表演区、自然角、体育区等。由于区域特点的不同,区域材料的使用也有差异。有的区域投放的材料丰富多样,每种材料都有多种操作方法,蕴含着丰富的教育价值,并且它们与幼儿的互动呈现出多层次、递进性的特点,对幼儿具有挑战性的同时极具吸引力。在主题更换时,不能对这种区角搞"一刀切"。教师可以通过丰富操作材料、及时引导幼儿兴趣延伸、提升主题活动目标等方式推动某些区角活动进一步开展,这样的区角既依附于主题活动,又具有一定的独立性,能够持久延续。②

3.分解重置式

当一个主题结束,新的主题出现的时候,某些活动区中的操作材料、幼儿作品、半成品等看起来已经失去价值了,需要移除。但是,移除并不代表彻底扔掉或弃之不用,可以将有价值的材料分散放置到其他活动区继续发挥作用,让活动区材料真正物尽其用。如主题活动"地铁来了"活动结束后,教师可将区域内的地铁模型投放到新区域"城市交通"中,有助于幼儿进行角色扮演,也可将自制的地铁手工投放到美工区,加强幼儿对城市交通的认识。

4.渗透融合式

区域是促进幼儿学习和成长的场所。主题活动中的区域与传统活动区一样承担着促进幼儿自我学习、自我探索、自我发现、自我完善的任务,因此,主题活动区所创设的内容并不需要与主题活动完全一致,还应该有一部分符合幼儿年龄特点、涉及面更广的内容。在主题活动过程中,教师可将主题中的一些与区域教育功能一致的材料投入其中,让主题渗透其中。通过这种方式,不仅可以让幼儿在区域活动中提升自身经验,还可以实现区域目标和主题目标的整合。总之,渗透融合式的区角创设方法简单方便、灵活性强。

① 刘小娟.幼儿园主题式活动区创设的实践研究[D].重庆:西南大学,2016.
② 刘小娟.幼儿园主题式活动区创设的实践研究[D].重庆:西南大学,2016.

◇ 单元小结

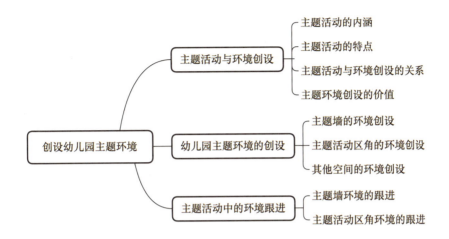

主题活动是在一定时间内，教师为了促进幼儿发展，根据幼儿园教育目标、幼儿身心发展水平和已有经验，和幼儿一起，把可能引起幼儿兴趣的现象、事物等中心内容围绕一定的脉络和价值关联起来开展教育教学的活动。主题活动具有综合性、系统性和生成性的特点。

幼儿园主题环境创设是指以幼儿园主题活动的开展为线索，根据主题开展的需要，教师与幼儿共同构思、创作、安排，创设与主题相关的教育环境，包括主题墙、主题活动区角、作品栏、墙饰、吊饰等幼儿园室内、室外环境的规划与布置。幼儿园主题环境创设属于幼儿园环境的一部分，发挥着自身独特的作用，能够促进幼儿的学习与发展、加强师幼关系和同伴关系、提升教师的专业素养以及促进家庭、社区参与幼儿教育。

主题墙是展示幼儿园主题活动开展思路和过程的墙面布置。当幼儿置身这一环境之中时，主题墙就像无声的教师，默默地传递教育信息，给幼儿启示，与幼儿互动。幼儿园主题墙环境的创设一般遵循以下几个步骤：确立主题墙环境创设的目标—设计主题网络—合理布局室内外空间—确定主题墙的位置和布局。在主题墙环境创设过程中，要注意以下几点：鼓励幼儿参与环境布置，适宜幼儿的发展水平，合理利用主题墙的空间，符合幼儿的审美特点以及注重生活素材的运用。

主题活动区角指以主题活动为背景，以教室区域为活动空间，教师有目的地创设与主题活动目标相联系的活动区角，为幼儿提供按照自己的意愿和能力水平以操作或者摆弄为主要方式进行个别化的、自主性的学习活动的场所。丰富多彩的区角活动，不仅能激发幼儿的想象力、创造力，还能给幼儿提供自我学习、自我探索、自我发现、自我完善的机会。

主题活动区角的创设要做到以下几点：创设科学丰富的情境性区域环境，设计灵活合理的区域格局，全面考虑区域活动中材料的投放，注重良好的心理环境创设以及与日常教学活动有机结合。

家庭是幼儿园重要的合作伙伴。主题环境的创设也是一样，要引发家长的关注，吸引家庭的参与。教师要合理利用家园联系栏、微信、QQ等媒介做好家园共育环境创设。此外，玩教具及相关材料是幼儿园主题活动开展过程中必不可少的物质条件。为保证主题活动的顺利进行，幼儿园可采用多种方式为幼儿提供相关玩教具和材料，让幼儿在实践操作中获得发展。

环境是主题活动开展的重要载体。环境应随着主题活动的开展而创设,随着主题活动的深入而丰富,随着主题活动的变化而变化。幼儿园主题墙环境的跟进,一方面要依据主题的开展和幼儿的探究状况进行创设;另一方面,教师要为幼儿提供更多参与活动和表现的机会与条件。主题活动区角环境的跟进主要包括操作材料的增减和区角的调整。在主题背景下,区角的调整主要有以下四种方式:自然过渡式,逐步深入式,分解重置式,渗透融合式。教师要根据本班主题活动开展的实际情况选择合适的调整方式,最大限度地发挥环境的作用,促进幼儿的发展。

思考与练习

1. 单项选择题

(1) 关于区域活动材料投放不正确的表述是( )。

A.材料要有层次性　　　　　　　　B.材料要有可探究性

C.材料要不断补充和更新　　　　　D.材料要呈现低利用率

(2) 在布置"元旦快乐"主题墙时,教师让孩子们小组讨论决定如何布置。这遵循了幼儿园环境创设的( )原则。

A.目标导向　　　　　　　　　　　B.发展适宜性

C.经济性　　　　　　　　　　　　D.幼儿参与

(3) 为了提高幼儿使用剪刀的能力,教师在美工区投放了剪刀、不同质地的纸张,以及画有直线、曲线、不规则图形的图案供幼儿进行剪纸活动。这体现了材料投入的( )。

A.丰富性　　　　　　　　　　　　B.层次性

C.情感性　　　　　　　　　　　　D.探索性

(4) 主题背景下,区角的调整不包括以下哪种方式( )。

A.分解重置式　　　　　　　　　　B.渗透融合式

C.全面调整式　　　　　　　　　　D.逐步深入式

(5) 依据我国幼教工作者张世宗的观点,幼儿园的教室可依据墙壁高度分为幼儿操作带、共同操作带、成人利用带等。其中幼儿、成人的共同操作带是( )。

A.40 cm 以下　　　　　　　　　　B.40～60 cm

C.60～150 cm　　　　　　　　　　D.140～160 cm

2. 活动设计题

(1) 请围绕"春天"这个主题,为大班幼儿设计主题活动,要求包括三个子活动。

要求:①写出主题活动总目标;②采用诗歌"春风"(见下面所附诗歌)设计一个具体的语言活动方案,方案要包括活动的名称、目标、准备和重要环节;③写出另外两个子活动的概要,包括名称、目标。

春风

春风一吹，芽儿萌发。

吹绿了柳树，吹红了山茶，

吹来了燕子，吹醒了青蛙。

吹得小雨轻轻地下，我们一起去种花。

（2）为了帮助小班新入园的幼儿尽快适应集体生活，余老师准备开展"高高兴兴上幼儿园"系列主题活动。请围绕该主题为余老师设计三个子活动。

要求：①写出主题活动总目标；②写出其中一个子活动的活动方案，包括活动的名称、目标、准备和主要环节；③写出另外两个子活动的名称、目标。

实践与实训

【实训一】国庆节快到了，张老师为激发幼儿的爱国之情，计划以"童心向党，爱在中国"为主题进行环境创设。

目的：①理解主题墙创设的思路，能将理论联系实际进行主题墙创设；②通过对党史故事的学习，萌发爱党爱国之情。

要求：①完成"童心向党，爱在中国"的主题墙；②主题墙创设结束后，愿意主动与他人分享创设意图、材料、技巧等。

形式：独立完成。

【实训二】中班的李老师要开展"我的家乡"主题活动，请你尝试为该主题梳理环境创设的整体思路。

目的：通过主题环境创设，加深对环境创设要点的理解，能够用理论知识解决实际问题。

要求：①设计主题网络图；②每组派代表分享本组的主题环境创设规划；③尝试模拟创设"我的家乡"主题环境。

形式：小组合作。

【实训三】参观幼儿园的一个班级，运用幼儿园主题环境创设的相关知识评析该班级主题环境创设状况。

目的：掌握幼儿园主题环境创设的相关知识，并能将科学的主题环境创设理念灵活运用于实践。

要求：以小组为单位，根据幼儿园主题墙的环境创设、主题活动区角的环境创设、其他空间的环境创设以及主题活动区角环境的跟进相关知识对班级主题环境创设进行评析，并提出自己的意见或看法。

形式：实地观察与分析。

第六单元

创设幼儿园心理环境

- 第一课　幼儿心理健康与心理环境
- 第二课　幼儿园心理环境的创设

第六单元 创设幼儿园心理环境

◇ **学习目标**

1. 了解幼儿园心理环境和幼儿心理健康的内涵与特点,理解幼儿的基本心理需要;

2. 掌握幼儿园心理环境创设的方法,包括幼儿园人际环境的营造和幼儿园文化环境的营造,并能将这些方法运用于教育实践,从而促进幼儿的心理健康发展;

3. 树立科学的幼儿园心理环境创设理念,认识到幼儿园心理环境对于幼儿心理健康的重要性。

◇ **情境导入**

幼儿园心理环境和物质环境一样,对于幼儿的学习与发展有着深远的影响。心理环境影响着幼儿的心理健康,关乎幼儿基本心理需要的满足以及身心发展的协调性。那么,什么是幼儿园心理环境?什么是幼儿心理健康?幼儿的基本心理需要有哪些?我们应该如何创设幼儿园心理环境以促进幼儿的学习与发展?学习完本单元,你就可以找到上述问题的答案了。

第一课 幼儿心理健康与心理环境

幼儿园心理环境作为幼儿园的隐性环境,对于幼儿的身心发展尤其是心理的健康发展有着至关重要的作用,潜移默化地影响着幼儿的身心全面和谐发展。国家非常重视幼儿的心理健康问题,颁布了一系列政策法规来营造健康的心理环境并保障幼儿的心理健康发展。

我国《未成年人保护法》指出:"学校、幼儿园的教职员工应当尊重未成年人人格尊严,不得对未成年人实施体罚、变相体罚或者其他侮辱人格尊严的行为。"体罚不仅不利于幼儿心理的健康发展,还会破坏体罚实施者和被体罚者之间的关系,被体罚者这种早期痛苦经历的消极影响可能会一直延续到其成年甚至影响其一生。2021年,国务院印发的《中国儿童发展纲要(2021—2030

年）》提出了"提升儿童心理健康水平"的主要目标，要求加强儿童心理健康服务。近年来，人们对于儿童心理健康问题越来越重视，主张联合家庭、学校、社区等多方力量建立教育、咨询、治疗、干预与援助的公共服务网络，及时发现并关注儿童的心理健康问题。

1 《中国儿童发展纲要（2021—2030年）》
扫一扫，阅读《中国儿童发展纲要（2021—2030年）》全文。

《幼儿园管理条例》指出"幼儿园应当贯彻保育与教育相结合的原则，创设与幼儿的教育和发展相适应的和谐环境，引导幼儿个性的健康发展"。《幼儿园工作规程》也提出："幼儿园必须切实做好幼儿生理和心理卫生保健工作"；"幼儿园应当充分尊重幼儿的个体差异，根据幼儿不同的心理发展水平，研究有效的活动形式和方法，注重培养幼儿良好的个性心理品质"。可见，幼儿园在强调幼儿身体健康的同时，也较为重视幼儿的个性发展和心理健康。良好的个性心理品质有助于幼儿各方面的潜能得到充分发挥，也有助于幼儿身心的全面和谐发展。

《幼儿园教育指导纲要（试行）》指出，"幼儿园应为幼儿提供健康、丰富的生活和活动环境，满足他们多方面发展的需要，使他们在快乐的童年生活中获得有益于身心发展的经验"。该纲要在健康领域提出了四大目标，要求"幼儿园必须把保护幼儿的生命和促进幼儿的健康放在工作的首位。树立正确的健康观念，在重视幼儿身体健康的同时，要高度重视幼儿的心理健康"。纲要再次重申了幼儿身心和谐发展的重要性，主张幼儿的健康不是片面的身体（生理）健康，还包括心理健康，这就要求幼儿园创设有利于幼儿身心健康发展的环境以满足幼儿身体和心理的发展需要。

2019年，《健康中国行动（2019—2030年）》"心理健康促进行动"及"妇幼健康促进行动"相关内容提出，"尊重每个孩子自身的发展节奏和特点，理解并尊重孩子的情绪和需求，为儿童提供安全、有益、有趣的成长环境。避免儿童因压力过大、缺乏运动、缺乏社交等因素影响大脑发育，妨碍心理成长"。国家级心理健康专业机构开展心理健康的专项行动更加凸显出人们对于儿童心理健康的重视，倡导关注儿童的心理诉求，尊重儿童的个性化差异，为儿童营造促进其心理成长的良好环境。

《健康中国行动（2019—2030年）》心理健康促进行动及其他专项行动相关内容

2 扫一扫，阅读《健康中国行动（2019—2030年）》心理健康促进行动及其他专项行动相关内容全文。

据此，我们可以发现，上述政策均强调幼儿园需要主动为幼儿营造良好的成长环境，将幼儿的心理健康融入幼儿的整体教育中，兼顾幼儿生理和心理的发展，从而促进幼儿身心的全面和谐发展。

蒙台梭利认为，我们的教育体系最根本的特征就是对环境的强调。①创设良好的心理环境有利于幼儿心理健康的发展，幼儿教师必须提高自身心理环境创设与利用的能力，满足幼儿的心理需求，助力幼儿的心理发展。那么，幼儿园心理环境是什么？幼儿心理健康是什么？如何有针对性地创设良好的幼儿园心理环境呢？

一、心理环境与心理健康

（一）幼儿园心理环境

在理解幼儿园心理环境的内涵之前，我们需要先理解幼儿园环境的内涵，第一单元已经对幼儿园环境的内涵进行了概述，我们可以得知狭义的幼儿园环境是在幼儿园内影响幼儿身心发展的一切要素的总和，不涉及与幼儿相关联的其他外部环境（如家庭、社区）。

根据不同的标准或维度，我们可以将幼儿园环境分为不同的类型。从构成物（内容）的性质来看，幼儿园环境可以分成物质环境和心理（精神）环境，也有学者将心理环境称为人文环境。②心理环境这一概念最早由德国心理学家勒温明确提出，指对人的心理事件产生实际影响的环境。③

对于幼儿园心理环境，不同的学者有着不同的理解。有的学者认为幼儿园心理环境是幼儿园教职工与幼儿体验到的幼儿园或班级人际关系的性质④；有的学者认为幼儿园心理环境是幼儿园的人际环境和各种信息要素通过一定的文化习俗、教育观念所组织、综合的一种教育的空间、范围和场所，包括幼儿园人际环境和幼儿园文化环境⑤；有的学者指出幼儿园心理环境是幼儿园内对幼儿学习与发展产生影响的一切心理因素的总和，包括幼儿教师的教育观念与行为、幼儿园的人际关系和文化氛围等⑥；还有的学者认为幼儿园心理环境主要指幼儿园内部形成的气氛或氛围，涵盖幼儿园的人际环境、日常规则与行为标准等⑦。

综合以上观点，本书认为幼儿园心理环境是幼儿园的人际环境和文化环境等营造的人们身处其中能够体会到的一种气氛或氛围，它是一种非物化的隐性环境。其中，幼儿园的人际环境主要包括园长与教师、教师与教师、教师与幼儿、幼儿与幼儿、教师与家长等之间的关系；幼儿园的文化环境主要指幼儿园的传统与常规、办园指导思想和园风园貌、教职工的教育观念和服务作风、幼儿园的各种文化艺术或娱乐活动等。

---

① [意]玛丽亚·蒙台梭利.童年的秘密[M].2版.马荣根，译.北京：人民教育出版社，2005：116.
② 刘吉祥，彭程，何仙玉.幼儿园环境创设[M].4版.长沙：湖南大学出版社，2017：2.
③ 朱智贤.心理学大词典[M].北京：北京师范大学出版社，1989：763.
④ 刘焱，何梦焱.幼儿园教育环境创设[M].北京：高等教育出版社，2014：8.
⑤ 汝茵佳.幼儿园环境与创设[M].北京：高等教育出版社，2006：4-5.
⑥ 陈桂萍，郑天竺.幼儿园环境创设[M].上海：华东师范大学出版社，2017：4.
⑦ 杨枫.幼儿园教育环境创设与玩教具制作[M].2版.北京：高等教育出版社，2013：3.

（二）幼儿园心理环境的特征

幼儿园心理环境对于幼儿人际关系发展有着重要的影响，在一定程度上影响着幼儿进行人际交往时的动机、态度与行为，决定着幼儿是否愿意主动与他人交往与互动、如何交往与互动等。我们一起来看看下面这个案例。

我班曾发生过这样一件事。有一个女孩看起来不容易相处，小朋友也不喜欢主动亲近她，不和她一起玩。我注意到这种现象后，号召小朋友和她一起玩，但效果不明显。有一天，我在组织游戏活动时，偶然站在这个女孩旁边，拉着女孩的手和小朋友一起做游戏。第二天，女孩的妈妈送孩子入园时向我表示感谢。我摸不着头脑，不知为什么女孩妈妈要感谢自己。一问才知道，原来昨天晚上，女孩回家后非常高兴地对妈妈说："妈妈，老师可喜欢我了，今天拉了我的手！"我听了以后非常惭愧，因为自己拉小姑娘的手完全是无心的、偶然的。女孩对自己拉一次手的反应如此强烈，说明自己过去没有给她应有的关注与爱，同时自己的行为也影响了其他幼儿对这个女孩的态度。看来首先得从自己做起。于是，从此以后我总是有意识地亲近这个孩子，我的态度影响到其他孩子，小朋友也模仿我的行为，主动去和这个女孩交往和游戏。①

案例中幼儿教师一次无意识的拉手竟会让女孩如此高兴，由此可见幼儿教师与幼儿之间的关系对幼儿的情绪情感有着深远的影响，关乎幼儿的心理健康发展。师幼关系是幼儿园心理环境中人际环境的重要组成部分，正是教师的主动亲近使得其他同伴"主动去和这个女孩交往和游戏"，为女孩营造了一个温馨、舒适、愉悦的心理环境。既然幼儿园心理环境的力量如此之大，那么究竟具有什么特性的心理环境是合理的呢？一般而言，幼儿园心理环境具有以下几种特征。

第一，适宜性。心理环境的创设需要遵循幼儿的心理发展规律，与幼儿的年龄特征、兴趣需要一致，只有这样才能营造差异化的、有针对性的心理环境，满足幼儿不同的心理诉求。幼儿园心理环境的创造要符合幼儿的年龄特征，每个年龄段的幼儿心理发展的程度存在差异，对于不同的幼儿，教师需要创设适应其年龄特征的心理环境。比如，对于小班、中班和大班的幼儿，如果教师想要和幼儿一起建立班级日常规则，那么就需要考虑不同年龄幼儿的特征，共同制定符合其年龄特征的幼儿可接受的日常规则。同时，由于幼儿的发展存在敏感期，在创设心理环境时也要把握幼儿心理发展的关键期。其中最典型的例子则是蒙台梭利提出的幼儿对于秩序的敏感，蒙台梭利认为两岁的幼儿处于对秩序非常敏感的时期②，因此环境创设的材料要满足幼儿对于秩序感的需求，不要过于繁多和杂乱，让幼儿能够体会到环境的协调、规整与秩序，促进幼儿秩序感的发展。

第二，内隐性。幼儿园心理环境虽不像物质环境一样外显、有形、"看得见"且易察觉，但其作为幼儿园环境的重要因素之一，同样有着举足轻重的作用，是一种内隐、无形的环境，对幼儿的

---

① 张同道.小人国的秘密[M].北京：京华出版社，2010：8.
② [意]玛丽亚·蒙台梭利.童年的秘密[M].2版.马荣根，译.北京：人民教育出版社，2005：61.

学习和发展有着潜移默化的影响。隐性的心理环境主要体现在两个方面。一方面是人际关系网所形成的心理氛围。在幼儿园内各主体间的人际交往直接影响着幼儿园的人际氛围，园长与教师、教师与教师、教师与幼儿、幼儿与幼儿、教师与家长甚至幼儿园其他工作人员（如医务人员、工勤人员等）之间需要建立和谐的人际关系，形成各自的人际关系网络以营造愉快、温馨的人际沟通氛围。另一方面是文化传统和教育观念等所形成的文化氛围。幼儿园的文化氛围不是靠某种单一的要素营造的，它是幼儿园文化环境中各要素相互联系综合而形成的。比如，幼儿园的办园指导思想与教师的教育理念与行为、默认的日常规则与标准等都是一脉相承、相互关联的，只有这样才能形成相对稳定的文化氛围，对幼儿学习与发展产生更加深刻长远的影响。

第三，经济性。幼儿园心理环境是非物化的环境，它和物质环境有所不同，没有明显的经济费用。当前幼儿园环境创设提倡经济高效，杜绝铺张浪费，其实心理环境的创设比物质环境更加具有经济性，也更可持续。在物质成本上，幼儿园创设心理环境不需要购置大量的环境材料、仪器设备，也不需要建构各种空间场所，这在一定程度上降低了幼儿园的环境创设成本，减轻了幼儿园的经济负担。尤其在那些经济欠发达地区或农村地区的幼儿园，心理环境和物质环境营造所需的经济成本差异更加明显。但幼儿园也必须重视低物质成本的心理环境，保持物质环境和心理环境的协调，共同促进幼儿的身心发展。在时间成本上，幼儿园心理环境的影响更加深远持久。这里的时间成本不是指幼儿园创设心理环境所花费的时间，而是指心理环境对幼儿学习和发展影响的时间持久性。由于心理环境中的人际环境和文化环境所形成的心理氛围影响着幼儿的心理发展，这种心理内化而成的教育理念和社会行为规则更易被幼儿理解。

第四，教育性。幼儿园的心理环境和物质环境一样"会说话"，传递着教育者的教育观念，使其充分发挥自身的教育意义。只有将幼儿置身于这样一个富有教育和启迪意义的心理环境中，幼儿才能从被动的旁观者转变成主动的参与者，收获更丰富的经验。心理环境的教育性首先体现在凸显幼儿园的教育目标，心理环境的创设必须符合教育目标的要求，蕴含相应的教育意图并为教育目标服务。与教育目标相一致的心理环境不仅有利于教育目标的实现，也有利于幼儿身心的全面发展。另外，心理环境作为潜在的课程资源同样具有深远的教育意义。心理环境本身就是课程且可以生发新的课程，心理环境的每一个小细节（如师幼互动的态度与行为、班级默认的日常规则）都是具有启发意义的课程，幼儿可以在心理环境中默默习得丰富的经验并延伸出新的经验。同时，心理环境中幼儿的高度参与会使其获得更加丰富且深刻的教育经验，使得心理环境的教育影响更加深远持久。

第五，互动性。不论是幼儿园的物质环境还是心理环境，只有幼儿与环境主动进行互动，环境才能发挥价值。师幼互动和同伴互动是幼儿园心理环境中最常见的人际互动（见图6-1和图6-2），我们需要引导幼儿主动地与他人进行互动交流，以促进幼儿情绪情感、社会性行为等的发展。同时，在互动中要做到以幼儿为主体，鼓励幼儿积极、主动地参与到人际互动中来，使幼儿在与各种对象的互动中逐渐掌握人际交往的技能，进而建立和谐亲密的人际关系，这种关系有利于幼儿养成积极稳定的情绪态度以及良好的社会行为。尤其是在幼儿教师与幼儿的互动中，教师不仅要鼓励幼儿大胆表达自己的意见、想法或需要，还要注意自己与幼儿沟通的态度，使幼儿感觉自己置身于一个温馨、和谐、亲切的人际环境氛围中，从而获得心灵上的安全感和信赖感，变得敢于互动、乐于互动、享受互动。下面我们一起来看看这个案例。

大三班每天在吃午饭前都会进行餐前阅读，教师会请几位小朋友来分享自己提前准备好的餐前小故事，形式非常多样化，既可以通过PPT图片进行讲述（PPT由家长帮助制作），也可以拿绘本进行讲述，还可以分享自编故事。今天是萱萱上来分享，她走到前面开始讲述自己分享的故事，刚开始声音很小且讲述总是断断续续的，有点小紧张。教师见状就鼓励她："萱萱，老师和其他小朋友都对你的故事特别感兴趣呢，就是声音有点小，你能大点声音讲给我们听吗？不要紧张，我们都很喜欢听你讲。"后来萱萱终于放开了，非常流畅地讲述完了她的故事。她还被其他小朋友评为本周的最佳故事分享人。

从这个案例中我们可以看到，正是因为幼儿教师和其他同伴的鼓励和支持，萱萱才敢于大胆表现自己，教师与幼儿、幼儿与幼儿之间的良好人际互动会给幼儿营造和谐亲密的心理氛围，使他们在互动中收获新经验并获得新发展。

图 6-1 师幼互动

图 6-2 同伴互动

第六，独特性。由于每个幼儿园自身的基础和条件不同，它们的心理环境也会存在一定的差异，具有独特性。从整体来看，幼儿园的心理环境营造要考虑本园实际情况，根据自身特点，因地制宜地营造健康的、特色的心理环境氛围，进而形成独特的环境气质和品位。比如江苏盐城大丰港实验幼儿园就有独特的文化环境，我们以该幼儿园为例来看看幼儿园心理环境中文化环境的特色性。

该幼儿园凭借地处黄海湿地的优势，采取"走出去"与"引进来"的策略，先让幼儿去湿地实地参观与体验，再将当地的湿地文化底蕴引入幼儿园，建构了独具特色的幼儿园湿地文化环境，包括湿地画艺坊、湿地建构园、渔村生活馆等。幼儿园将湿地中的芦苇、滩涂、贝壳、泥螺等材料均融入幼儿园环境，使其文化环境充满地域特色和气息。①

从个体来看，心理环境的营造要考虑幼儿的个性特征。每个幼儿都是独立的个体，有着不同的兴趣需要，性格特征也存在一定的差异。这就要求教师尊重幼儿的主体地位，在创设心理环境时以幼儿为中心，以促进幼儿身心协调发展为出发点，满足幼儿的发展需求。在师幼互动中，教师也需要主动了解幼儿的性格特点，面对不同气质类型和性格特点的幼儿要采取合适的方式去沟通，为幼儿营造轻松、舒适的心理环境氛围。比如，有的幼儿性格比较内向，不太敢于主动表达自己的观点且喜欢独处，教师在与其互动时要多鼓励和支持，使其获得心理上的安全感，同时也要尊重他并给予他独处的时间和空间。

（三）幼儿心理健康

幼儿的态度与行为往往体现着他们的心理状态，成人需要对此进行及时关注并仔细观察，了解幼儿动态的心理变化，便于及时进行指导与干预，促进幼儿心理的健康发展。我们来看看下面这个案例。

在下午美术活动的自由创作环节，为了收集幼儿的美术作品进行环境创设，教师选择了几个平时在美术方面比较擅长的幼儿坐在同一张桌子上进行艺术创作，以免其他的幼儿进行干扰。琳琳和潼潼刚好坐在一起，琳琳很喜欢画画，画得也非常好，教师经常拿她的作品进行展示并表扬她，在琳琳创作到一半的时候，潼潼对她说："我想看看你画的。"琳琳没有答应。这时潼潼突然拿走了放在桌子中间的水彩笔（几个幼儿共用），赌气说道："那你不可以用这些笔。"

从这个案例的情境中，我们可以得知潼潼因为琳琳画得好且经常得到教师的称赞就想看看她的美术作品的具体内容，因为潼潼也想得到教师的表扬，很羡慕甚至有点嫉妒琳琳。其实幼儿的嫉妒心理是一种非常正常的心理表现，但是成人如果不加以引导任由其发展，可能会引发一些问题行为，进而影响同伴关系的和谐稳定，最终幼儿可能出现心理健康问题。那究竟什么是心理健康呢？

谈到健康，有些人第一反应可能是身体健康，即生理状况良好，相对忽视了心理健康的重要性，没有把心理健康和身体健康置于同样重要的位置。当前幼儿园教育倡导培养身心全面和谐发展的人，加上幼儿心理问题频发，成人对于幼儿心理健康状况也逐渐重视起来，不再局限于身体健康。

理解心理健康的内涵之前，我们需要先了解健康的内涵。自古以来，我们中华民族都非常重视健康，倡导形神兼养和身心合一。比如，孔子非常重视精神层面的健康，倡导精神的刚毅和意志的

---

① 吴莹莹，邓燕燕.大美湿地 和谐共生——幼儿园湿地文化环境创设记[J].早期教育（教育教学），2020（Z1）：67-71.

坚卓，在《周易》中提出"天行健，君子以自强不息"；先秦诸子甚至将身体的强健康宁作为人生的五大幸福之一，认为这能够提升人们的幸福感，在《尚书》中论道："五福。一曰寿，百二十年。二曰富，财丰备。三曰康宁，无疾病。四曰攸好德，所好者德福之道。五曰考终命。"《黄帝内经》对于健康含义的论述更加清晰明确："处天地之和，从八风之理"，"无恚嗔之心，行不欲离于世"，"心安而不惧，形劳而不倦"，即健康是在天时、人事和精神上保持适当的协调和稳定。随着社会的快速发展，人们对于健康的定义也越来越完善。1985年，世界卫生组织将健康定义为生理、心理、社会适应和道德方面均保持良好的状态①，而不仅仅突出身体的健康，将健康置于更广阔的环境背景进行考量，赋予其更深刻的内涵。由此可见，心理健康是健康的重要组成部分，对于个体的健康成长有着不可替代的作用。那么，什么是心理健康呢？

心理健康指心理的各个方面及其活动过程处于一种良好或圆满的状态，即不存在心理疾病且是一种积极向上发展的精神状态。②幼儿心理健康指幼儿的心理状况达到相应年龄阶段的正常水平，涉及认知、情感意志、环境适应能力等。③

幼儿心理健康是一个包含多种特征的综合概念，衡量或判断一个幼儿的心理是否健康，不能从某一方面的特征进行推断，单一的特征不能成为判断幼儿心理健康与否的标准。那么，幼儿心理健康的特征究竟是什么呢？许多学者对于心理健康的特征有自己的理解，至今还没有形成相对统一的意见，但归结起来大致都包含个体认知与能力（即动作、智力、情绪、性格等）、与社会及他人关系建设（即人际关系）两方面。④据此，我们接下来将从以上两个维度所包含的内容来理解幼儿心理健康的特征。

1.动作发展正常

幼儿身体动作的发展为其心理发展奠定了一定的生理基础，身体动作虽然属于生理健康的一部分，但它其实和大脑的发展状况息息相关，人们有的时候可以通过幼儿粗大动作和精细动作的发展情况推断其脑功能的发展是否良好。因为身体动作是与个体的感知觉密切相关的，身体动作的精细、平衡、协调与连贯有赖于大脑感觉器官进行持续的感觉信息处理与整合。⑤有研究表明，幼儿精细动作的发育迟缓通常与某种程度的认知损伤有关。⑥可见幼儿身体动作的正常发展是心理健康的基础条件之一。

---

① 张劲松.学前儿童心理健康指导[M].上海：复旦大学出版社，2013：2.
② 刘云艳.给幼儿园教师的101条建议（幼儿心理健康教育）[M].南京：南京师范大学出版社，2014：2-3.
③ 饶淑园.幼儿心理健康教育与指导[M].北京：高等教育出版社，2016：2.
④ 周念丽.学前儿童心理健康与教育[M].北京：中国人民大学出版社，2019：10.
⑤ 李斐，颜崇淮，沈晓明.早期精细动作技能发育促进脑认知发展的研究进展[J].中华医学杂志，2005（30）：2157-2159.
⑥ Volman M J, Geuze R H.Stability of Rhythmic Finger Movements in Children with a Developmental Coordination Disorder[J].Motot Contoral, 1998(2)：34-60.

2.智力发展正常

智力是个体认识客观事物并运用知识解决实际问题的能力。世界著名教育心理学家霍华德·加德纳将智力的内涵进行了延伸和拓展，提出人们的智能是多元化的，主要包括语言智能、逻辑—数学智能、空间智能、肢体—动觉智能、音乐智能、人际智能、内省智能、自然观察智能。智力的正常发展是幼儿心理健康的重要特征之一，智力发展正常的幼儿所展现出的自身能力和行为表现应该符合他们的年龄特征。研究发现，智力障碍儿童更容易出现行为幼稚与年龄不相符、精神不集中、动作不灵活等行为问题，进而影响他们的心理健康与发展。①

多元智能理论

加德纳的多元智能理论提倡人的智能是多元化的，突破了单一智能理论的束缚。扫描文旁二维码，了解"多元智能理论"的具体内容。

3.情绪健康

常言道："人非草木，孰能无情？"情绪是人们在外界的客观环境或事物是否符合个体需求时所产生的一种态度与体验。情绪健康是幼儿保持心理健康的基础，成人需要引导幼儿发挥积极情绪的作用并克服消极情绪的影响，或者将消极情绪进行转化。情绪健康的幼儿情绪都较为稳定、可控和愉悦，有一定的情绪调节和控制的能力，比如不随意哭闹、不无故发脾气等。积极健康的情绪有助于幼儿在学习与发展中获得更多的经验，增强幼儿对于社会生活的适应性；反之，不良情绪的蔓延与长期累积会影响幼儿的心理状态与行为表现，继而让其产生心理健康问题。

4.性格良好

俗话说："人心不同，各如其面。"每个幼儿都是个性鲜明的独立个体，幼儿的个性具有差异性，性格、能力、气质都是幼儿个性心理特征的一部分。但性格是幼儿个性中最突出和最具代表性的心理特征，也是幼儿在现实的态度和惯常的行为方式中比较稳定的心理特征。幼儿的性格与心理健康联系紧密，心理健康的幼儿大多活泼热情、好奇好问、喜欢交际、独立且大胆等；而心理不健康的幼儿则常常处于与周围环境或事物失调的状态，表现出孤僻冷漠、不善沟通、不善社交、依赖且胆怯等行为。

5.人际关系和谐

学前期是幼儿人际交往能力发展的关键时期，幼儿离开熟悉的家庭进入陌生的幼儿园，周围学习与生活的环境发生了巨大的变化，尤其所面临的人际环境更为复杂，幼儿需要处理好自身与教师、同伴之间的关系，提升人际适应能力进而增强心理适应能力。人际交往是幼儿社会性发展的重要途径，幼儿的人际交往状况与心理的健康发展息息相关。心理健康的幼儿大多懂得尊重与接纳、

---

① 刘春玲，马红英.智力障碍儿童的发展与教育[M].北京：北京大学出版社，2011：132-135.

团结与分享、善于沟通与交流等，其人际关系较为和谐融洽。人际关系失调会导致幼儿出现各种心理问题，比如没有同理心、性格孤僻、沉默寡言等。

二 幼儿的基本心理需要

当基本的生理需要得到满足之后，幼儿就开始寻求心理需要的满足，幼儿的基本心理需要较为多样化，其中，安全需要是基本需要之一，也是出现较早的需要。在幼儿刚入园时，教师要及时满足幼儿的安全需要。我们一起来看看下述案例。

9月开学后的某一天，推迟了几天入园的小宇和奶奶一起来幼儿园的小三班报到。奶奶在班级前面和教师交谈的时候，小宇就一直紧紧贴在奶奶身边。当教师给他安排座位并让他坐在自己的位置上时，他就哭闹着要跟奶奶回家。不管奶奶怎么劝说，他还是想回家。最后，经过教师的耐心安抚并把他的注意力转移到其他事物上，他的情绪好了很多，但是当其他的小朋友都在吃饭、喝水或进行其他活动时，他仍然不愿意参与其中，总是黏着教师，牵着教师的手。

从这个案例我们可以看到当幼儿从熟悉的家庭进入陌生的幼儿园时，环境的变化让他们感到不安、紧张、害怕甚至焦虑，对于新环境还没有建立起安全感和信任感。由此可见，心理上的安全感对于幼儿适应并融入新环境有着重要的意义，这也表明幼儿渴望安全的环境和氛围，对于安全感有着强烈的需求。安全需要只是幼儿的基本心理需要之一，如果幼儿对于安全的需要得不到满足，其他心理需要的满足可能也会受到影响，进而影响幼儿正常的学习与发展。那么幼儿的基本心理需要到底有哪些呢？它们又有着怎样的发展特点呢？

关于基本心理需要，许多学者都对其进行了深入的研究，最具代表性的是马斯洛的需要层次论与德西和瑞安的基本心理需要理论。幼儿园在创设心理环境时要满足并支持幼儿基本的心理需要，促进幼儿的健康成长。

马斯洛认为，人的需要主要有生存需要、安全需要、情感需要、自尊需要、自我实现需要，其中生存需要与身体需要相关，其他的需要则是心理需要。安全需要指幼儿需要充满安全感且稳定的环境，让其得以依赖和感觉受到保护，具体包括对体制、秩序、法律、界限的需要以及对保护者能力的要求等。[①]由于幼儿年幼尚未形成自我保护的能力，他们需要生活在一个有安全感和信任氛围的环境里，从而获得心理上的安全感和信任感，而埃里克森也提出获得信任感是幼儿心理社会发展基础阶段的任务。情感需要指幼儿渴望与他人建立关系并产生联结，希望在集体中有自己的位置，从而感受到爱和归属感，包括给予他人爱和接受他人的爱两方面。幼儿在幼儿园的群体环境中面临

---

① [美]亚伯拉罕·马斯洛.动机与人格[M].3版.许金声，等译.北京：中国人民大学出版社，2007：21.

多种人际关系，要增强幼儿的归属感就必须为幼儿营造一个良好的人际环境氛围，引导幼儿主动融入集体。自尊需要指人们对于自尊和来自他人尊重的需要或欲望，即自我尊重（包括自己的实力、优势、自由等）和受他人尊重（包括名誉、威信、注意、赞赏等）。自尊需要的满足会使幼儿感受到自己的力量与价值，变得更加自信、乐观与积极。自我实现需要指使个人的潜能得以发挥和实现的需要，根据自己的特质差异从而成长为具有独特性的个体。我们必须尊重每个幼儿的自我实现需要，充分发挥幼儿的潜能并支持他们成为更好的自己。

信任对怀疑的心理发展阶段
埃里克森的心理社会发展理论将人的心理发展划分为八大阶段，每一阶段都有一个对应的发展危机（涉及一个积极选择和潜在消极选择的冲突）。信任对怀疑是幼儿出生以来面临的第一个发展危机，我们需要让幼儿建立初步的信任感。扫描文旁二维码，了解"信任对怀疑的心理发展阶段"的具体内容。

德西和瑞安在其自我决定理论中提出了基本心理需要理论，主张人们有胜任需要、关系需要、自主需要三种最基本的心理需要，只有这些心理需要得以满足才能给予个体心理层面的营养，促进个体心理的健康发展。其中胜任需要也叫能力需要，指幼儿有着对于环境的掌控感和主动探索的倾向[①]，幼儿相信自己有能力完成某种活动或挑战，并认为自己是可以胜任的、有能力的。成人需要尊重幼儿的胜任需要，给予幼儿一定的自由空间去主动探索与发现，让幼儿在与环境各种要素的交互过程中发展自己的能力，体验到成功感和胜任感。关系需要也称为关联需要，指幼儿在与他人互动时感受到与他人的良好关系并形成情感上的联结，类似于归属需要。当关系需要得以满足时，幼儿会从中体验到依赖感、安全感和归属感。自主需要指幼儿在活动或行为上有着自我独立决定的需要，能够根据自己的意志去选择经验、开展行动，体会到对于自己行为上的控制感和心理上的自由感。如果幼儿的自主需要得以满足，他们在学习与发展中会变得更加主动和积极，参与的程度也会更高。

生理需要和心理需要相互联系、相互影响，幼儿生理需要的满足为心理需要的发展奠定了一定的生理基础，心理需要的发展又会促进其生理需要质量的提升。譬如，当幼儿在幼儿园感觉到温馨、安全、舒适、被关注与尊重时，他们在一日生活中也会表现出较高的生理需求标准，例如午睡更安稳、吃饭更享受等。我们在关注幼儿生理需要的同时，不能忽视其心理需要，争取实现幼儿生理需要与心理需要发展的平衡与协调。

幼儿心理需要的发展有着自身的独特性，主要体现为以下两点：一方面，幼儿的心理需要是多层次和多维度的需要，在幼儿的心理需要中，有些需要是层层递进的，低层次的需要得到满足才能使高层次的需要得以发展，同时幼儿的心理需要非常丰富；另一方面，幼儿的心理需要存在发展的关键期，幼儿在不同的年龄阶段有着不同的优势需要，这里的优势需要即占主导地位且对幼儿发展

---

① 吴才智，荣硕，朱芳婷，等.基本心理需要及其满足[J].心理科学进展，2018（6）：1063-1073.

影响较大的需要，比如6岁幼儿的自尊需要最为强烈和明显。①

第二课　幼儿园心理环境的创设

　　幼儿园心理环境由人际环境和文化环境组成，它在一定程度上彰显了幼儿园的育人理念和保教水平。健康、和谐且富有教育意义的心理环境对于幼儿园自身以及其中的每个主体（尤其是幼儿）都有至关重要的意义。从整体来看，良好的心理环境有利于幼儿园教育质量的提升以及园所的可持续发展；从个体来看，良好的心理环境有利于教师职业幸福感的提升以及专业的发展，也有利于幼儿身心的协调发展。因此，创设幼儿园心理环境不仅要注重幼儿园人际环境的营造，还要重视幼儿园文化环境的营造，从而为幼儿营造良好的心理氛围，促进幼儿心理的健康发展。

一　幼儿园人际环境的营造

　　作为一个多主体的机构，幼儿园存在多种人际关系，具体包括园长与教师、教师与教师、教师与幼儿、幼儿与幼儿、教师与家长等之间的关系。在这里我们将园长、教师或其他教职工之间的关系统称为教职工关系，将幼儿园的人际关系大致分为教职工关系、师幼关系、同伴关系、家园关系四种。幼儿园的人际环境是幼儿园心理环境中对幼儿发展有着重要影响的部分，《3—6岁儿童学习与发展指南》也指出，人际交往和社会适应是幼儿社会学习的主要内容，也是其社会性发展的基本途径。因此，我们必须提高幼儿园人际环境的质量，共同为幼儿营造温暖的集体氛围，让幼儿在这种集体氛围中获得安全感和信任感。

（一）建立和谐共生的教职工关系

　　幼儿园中的所有教职工都是幼儿学习与发展的共同促进者，他们有着一致的目标并肩负着共同的责任。只有建立和谐共生的教职工关系，才能凝聚所有人的力量形成教育合力，以促进幼儿更好地学习与发展。幼儿园中的教职工关系主要包括园长与教师之间的干群关系以及教师与教师之间的同事关系。

　　一方面，建立相互尊重和理解的干群关系。良好的干群关系有利于形成和谐且富有人文关怀的组织氛围，能够调动所有教职工的工作积极性，提升他们的参与感以及职业的认同感和幸福感。园长需要尊重教职工的诉求与建议，不仅要重视并满足每个教职工的合理诉求，还要尊重并虚心接受

---
　　① 陈帼眉.幼儿心理学[M].2版.北京：北京师范大学出版社，2017：155.

他们的有效建议，共同致力于促进幼儿的健康成长。同时，教职工也需要理解园长的工作，园长作为幼儿园的组织者和管理者承担着多项职责，教职工应该学会体谅园长的工作，支持园长的工作安排和要求。

另一方面，建立合作包容的同事关系。同事之间和谐紧密的关系不仅影响教师的专业发展与成长，还会影响幼儿同伴关系的发展。因为幼儿的学习具有向师性和模仿性的特点，有时幼儿教师的言行举止会像一面镜子一样映射到幼儿身上，教师之间进行交往的态度和行为均会对幼儿同伴交往产生间接的影响。教师之间需要互相协助，形成工作和学习的共同体，在日常教育教学工作中相互配合，促进幼儿的学习与发展，在园本教研中相互学习与交流，促进自身的专业发展与成长。另外，教师还应该保持包容开放的态度，包容他人的个性，接纳他人的意见，从而营造健康和谐的团体氛围。

除此之外，我们也不能忽视幼儿园中的其他教职工，需要与其他教职工也建立良好的关系，关注他们的工作状态并尊重他们的辛勤付出。比如，园长也需要重视保健医生、厨师、安保人员等的工作，并与他们形成和谐的关系（见图6-3至图6-5）。

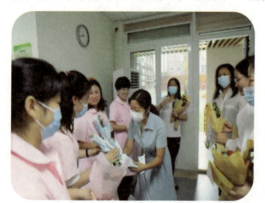

图6-3　园长与保健医生

图6-4　园长与厨师

图6-5　园长与安保人员

（二）建立民主平等的师幼关系

《幼儿园工作规程》指出，幼儿园应当营造尊重、接纳和关爱的氛围，建立良好的同伴和师生关系。幼儿教师作为幼儿学习与生活中的重要他人，对幼儿的学习与发展有着重要的影响，良好的师幼关系不仅有利于教师教育教学的正常开展，也有利于幼儿社会性的发展从而促进其同伴交往能力的发展。因此，幼儿教师要重视师幼之间的良性互动，在与幼儿的互动与交流中建构民主平等的师幼关系。

首先，尊重幼儿的主体地位，关注幼儿个性化的兴趣需要。幼儿教师需要秉持"以幼儿为本"的理念，真诚地了解幼儿、亲近幼儿，关注幼儿不同的兴趣爱好、心理诉求与意见表达，让他们在与外界的互动中愿意主动探索并敢于表达自己的想法，使幼儿在互动的过程中收获更丰富的经验，促进幼儿身心的全面健康发展。

其次，根据幼儿的发展特点，采取多元化的交往策略。每一个幼儿都是有着自身发展特点的独立个体，我们需要遵循幼儿的发展特点，采取针对性的措施促进师幼之间的人际交往。在交往类型上，要坚持师幼日常交往与师幼教学交往并存。教师不仅要在教育教学过程中注重与幼儿进行积极的交往与互动，在一日生活中的任意小环节也不能忽视和幼儿的互动。生活化的互动更易了解幼儿的性格特征，便于教师因材施教，同时也使教师和幼儿双方在开放、自然和敞亮的状态下展示最真实的自我，增进师幼之间的相互了解。[①]在交往对象上，要兼顾群体交往与个体交往，即教师既要重视与幼儿群体的交往，面向多个幼儿并照顾幼儿的集体诉求，也要重视与幼儿个体的交往，关注某个幼儿身心发展的状态（见图6-6和图6-7）。在交往方式上，要善于利用多样化的交往方式。教师可以根据幼儿的心理发展特点综合使用多种交往方式，包括言语交往和非言语交往（比如身体动作、面部表情或以环境材料为媒介等）。

图6-6　教师与幼儿群体

图6-7　教师与幼儿个体

最后，树立民主公正的观念，保持平等的教育态度。教师应该秉承民主平等的理念，重视教师与幼儿之间的平等以及幼儿与幼儿之间的平等。这就要求教师以平等的身份与幼儿交往，将自己融入幼儿集体，并作为他们的"同伴"参与到他们的活动中，不要以教师的权威去压制幼儿，使幼儿与教师可以亲密互动与交流。同时，教师还要注意幼儿同伴之间的平等，即公平公正地处理幼儿与

---

① 郑三元，殷英.教育社会学视野中的师幼日常交往与师幼教学交往[J].湖南师范大学教育科学学报，2015（6）：87-90，111.

幼儿之间的关系问题，不偏袒任何一方，促进幼儿同伴关系的和谐发展。教师对于幼儿的评价往往影响着同伴对于他们的接纳程度[①]，教师在评价幼儿时必须保持客观中立的态度，公平地评价每一个幼儿，让幼儿感受到民主公正的氛围。

（三）建立互助友爱的同伴关系

相对于师幼互动和亲子互动，由于同伴交往的对象均为幼儿且处于相对轻松、平等的交往氛围中，幼儿对于其他同伴的影响更能接受。互助友爱的同伴关系对于幼儿的身心和谐发展有着重要的作用，能够促进他们人际交往能力和社会适应能力的快速发展，使幼儿可以学会与他人相处并习得社会的基本行为规范。同时，同伴关系的和谐还能促进幼儿认知和情绪情感等的健康发展，同伴的协同参与更能激发幼儿学习和探索的兴趣，从而收获更多的学习经验。积极和正向的同伴互动也能使幼儿获得积极的情感体验，获得心理上的归属感和信任感。因此，我们应该重视幼儿之间的同伴交往，发挥同伴对于幼儿学习与发展的积极作用。

首先，提供幼儿同伴交往的条件，给予幼儿交往的机会。在幼儿园的学习与生活中幼儿之间进行交往的机会较多，教师要善于抓住机会并创设良好的环境条件供幼儿开展同伴交往与互动。比如，提供宽阔的空间和丰富的材料、倡导小组协作完成团体任务等。优质的物质环境可以让幼儿自由选择、大胆交往；小组合作可增加幼儿交往的频率，促进其友谊的萌发。

其次，教授幼儿同伴交往的方法，提高幼儿交往的能力。幼儿的人际交往能力的发展是循序渐进的，成人需要对幼儿进行一定的指导与帮助来提高他们的交往能力。教师应该根据幼儿人际交往能力的发展情况，有针对性地教授幼儿一些同伴交往的技巧，比如学会分享自己的东西、乐于帮助其他幼儿、在小组任务或游戏中互相配合、尊重他人、学会倾听他人的想法等。同时，教师可以采用案例分析、集体讨论、小组合作、游戏互动等直接或间接的形式让幼儿习得一些交往的方法以提高他们的交往能力（见图6-8和图6-9）。

图6-8 小组合作　　　　　　　　　图6-9 游戏互动

再次，正确处理同伴之间的冲突，改善同伴之间的关系。同伴之间的矛盾与冲突是破坏同伴关

[①] 但菲，刘慧贤.教育公平视角下被忽视幼儿的心理诉求及支持策略[J].长春教育学院学报，2021（2）：5-10.

系最直接的因素，教师需要正视幼儿同伴之间的问题，客观公正地处理他们的问题以促进幼儿与幼儿之间关系的和谐发展。在幼儿出现问题与冲突时，教师可以先让幼儿自己主动解决，如果幼儿无法解决，教师再进行适当的干预，但需要保持理性公平的态度来了解幼儿冲突的原因和事件发生的详细过程，照顾幼儿双方的需求和情绪，合理解决他们之间的问题。

最后，巧用教师人际交往的影响，发挥教师的示范作用。幼儿的学习具有模仿性和向师性，爱模仿是幼儿的天性，幼儿教师的一言一行都会对幼儿的言行举止产生深远的影响，教师人际交往的一些态度与行为会在幼儿同伴交往上"重现"，关乎幼儿同伴关系的良好发展。因此，不论是与其他教职工还是幼儿家长进行人际交往，教师都应该注重自身交往的态度与行为并与他人建立良好的关系，从而潜移默化地影响幼儿的同伴交往。

高宽课程冲突解决策略
同伴冲突会直接影响同伴关系，而高宽课程的幼儿冲突解决策略对于及时解决幼儿之间的冲突与矛盾、调节同伴关系具有重要的意义。扫描文旁二维码，了解"高宽课程冲突解决策略"的具体内容。

（四）建立沟通互补的家园关系

幼儿园与家庭的关系主要体现为幼儿教师与家长的关系，健康的家园关系对于幼儿的学习与发展至关重要。家长作为幼儿的第一任教师和幼儿园重要的教育力量之一，在幼儿的成长中发挥着不可替代的作用。良好的家园关系不仅可以形成强大的教育合力，助力幼儿身心的全面和谐发展、提升幼儿园的保教质量，还可以帮助家长形成正确的教育观以提升其教育素养，使他们能够树立科学育儿的理念并积极创设健康的家庭教育环境。因此，我们需要建立沟通互补的家园关系，即支持型家园关系。[①]教师和家长可以就幼儿学习与发展问题积极沟通，互相补充，最大化地发挥各自的力量。

幼儿园应强化家园沟通，争取家长的配合与支持。家园之间的沟通是一种双向互融的沟通，幼儿园需要及时将幼儿在园的情况反馈给家长，让家长了解自己孩子在园的学习与生活的状态，家长也需要将孩子在家的情况告诉教师，使得双方都了解幼儿在不同环境下的态度与行为。只有这样才能使教师和家长更易发现幼儿的变化以促进幼儿身心的健康发展，同时也能让教师倾听家长的育儿疑惑，帮助家长有效解决问题，进而争取家长的全力支持。

另外，幼儿园需要利用多种方式提升家长参与的积极性。幼儿园和家庭是互补的教育力量，幼儿园可以引入家长资源并引导家长积极参与以提升幼儿园的教育教学质量。家长参与的方式主要有家长个别参与和家长集体参与两种。其中，家长个别参与主要有家长助教、个别咨询和家园联系手册等形式，家长集体参与则包括班级家长会、幼儿园家长开放日、亲子活动等。教师可以根据本班

---

① 原晋霞.幼师，你可以建构支持型家园关系[N].中国教育报，2015-03-29.

幼儿家长的实际情况灵活运用多种方式来促进家长的积极参与，形成家园之间的良性互动。

幼儿园还需要正确处理家园合作过程中的矛盾。有时候家园关系的紧张常常是因为家园合作过程中的问题没有得到妥善解决，即没有找到双方均可以接受的方式。教师应将家长作为平等的合作伙伴，不能以居高临下的姿态去命令家长，需要与家长真诚合作、互相配合，致力于幼儿的健康成长。同时，教师还应尊重家长的个别差异。每个家长的背景和条件不同，在教育幼儿时秉承的可能是不同的理念，教师需要以理解包容的心态去接纳家长的差异，尽量求同存异并尊重家长个性化的需求和意见。

二 幼儿园文化环境的营造

幼儿园文化是幼儿园以自身教育场所为阵地，以师幼为主体，以幼儿园精神为主要特征的文化。它是幼儿园全体教职工在长期教育教学的实践过程中所形成的独具个性的园风园貌、制度准则和精神氛围，主要包括物质文化、制度文化和精神文化三种。① 幼儿园的文化是隐性的教育资源，能够在一定程度上丰富或强化幼儿的学习经验，也能够使全体教职工在文化的熏陶和引领下保持一种积极的精神风貌，促进幼儿园教育质量的不断提升。

（一）发展教育性的物质文化

幼儿园的物质文化对于人的影响是以物质资源为载体直接影响幼儿园教职工和幼儿的思想观念与行为方式。作为幼儿园文化的重要组成部分，物质文化通过幼儿园的物化形象来传播其教育理念与价值标准。只有当幼儿积极主动地与环境中的物质资源互动时，物质文化才能发挥其应有的作用，在这个过程中幼儿的物质文化也在不断发展与更新。为了发挥幼儿园物质文化的作用，我们需要发展富含教育意义的物质文化，让环境中的物质资源"会说话"，以彰显幼儿园的园本文化和教育理念。

幼儿园中教师和幼儿等多主体参与的物质文化建设主要是创设空间环境和区域环境所形成的文化。营造具有教育性的室内空间、室外空间以及区域环境都需要做到以下几点。

第一，强化物质文化的宣传和沟通功能。幼儿园的物质文化可以展示幼儿园的教育教学或者幼儿的发展情况，既能宣传自己园所整体的动态情况，也便于家园沟通，让家长及时获取幼儿园的相关信息。比如，幼儿园门厅可以设置展示橱窗、家园联系栏等，促进家园之间的交流与互动。

第二，强化物质文化的启迪和指导功能。启迪和指导功能是幼儿园教育性物质文化的重要功能，有利于刺激幼儿以唤醒他们的已有经验，也有利于他们在物质文化环境中潜移默化地习得多元化的新经验。比如，班级环境的创设有时可以结合当前的教学活动或结合幼儿生活实际，还可以用

---

① 马春玉.在幼儿园文化建设中实施社会价值观教育的意义与策略[J].学前教育研究，2014（12）：67-69.

一些图文并茂的小提示或者小标志给予幼儿引导。

第三，强化物质文化的评价和鼓励功能。幼儿园教育性的物质文化有时可以对幼儿进行评价以激发幼儿的积极性，鼓励并强化幼儿的良好行为。比如，班级活动室可以设置"今日值日生"展板、"劳动小楷模""学习之星"的评选展板等，以此来鼓励幼儿的主动性并传递正面积极的教育理念。

（二）建立人文化的制度文化

幼儿园的制度文化是介于有形的物质文化和无形的精神文化之间的物质化的心理和意识化的物质。[①]它既包括幼儿园的各种规章制度（涵盖教职工、幼儿和家长多个主体的文本化的规章和行动准则），也包括个体已经内化的、默认的非文本化的"规章制度"。为了营造健康和谐的心理环境氛围，我们需要建立富有人文关怀的制度文化，真正做到"以人为本"，重视幼儿园多方主体的需求，为所有成员提供促进其身心发展的积极环境，同时也促进幼儿园的可持续发展。

一方面，保教以幼儿为本，尊重幼儿的主体地位。幼儿教师需要重视幼儿的兴趣需要，教育教学、环境创设等都需要照顾到幼儿的兴趣导向，满足他们身心发展的合理需求，以促进幼儿的全面和谐发展。同时，教师应尊重幼儿的个体差异，根据幼儿身心发展的个体差异因材施教，关注幼儿的差异化需求，尤其需要关注弱势幼儿的发展状况。

另一方面，治园以教师为本，重视教师的主导作用。幼儿教师作为幼儿学习与发展的教育者和指导者，对于幼儿园教育教学的正常开展有着至关重要的作用。教师的工作态度与行为直接影响幼儿的身心发展以及幼儿园的办学质量。我们必须重视教师的作用，激发教师工作的积极性，提升教师的职业幸福感。因此，幼儿园需要实行民主管理的制度，积极倾听教师的心理诉求并适当听取他们的合理建议，比如，举办教职工代表大会或定期进行教师团建以了解教师工作与生活的问题与困惑。

除此之外，幼儿园也不能忽视针对家长的规章制度，在家园合作中做到双向沟通与互动。幼儿园可以通过家委会、家长学校、家长座谈会等方式加强家园之间的交流与合作，进行双向的输入与输出，从而实现资源共享、信息互通和协同发展。这样既可以让家长了解幼儿在园的学习与发展情况、更新家长的育儿观念与方法以提升家长的教育素养，还可以从家长的视角了解幼儿在园外的发展情况，接纳家长对于幼儿园教育教学的有效建议，让家长感受到幼儿园民主的人文氛围。

（三）培植个性化的精神文化

幼儿园的精神文化是幼儿园内部的所有成员经过长期的共同发展与实践逐渐形成的共同的思想观念、理想信念、价值取向、教育作风等，它是一种群体意识和价值标准的集中体现，是幼儿园文化的核心。健康积极的精神文化对于幼儿园的全体成员的发展都有着深远的影响，不仅可以潜移默化地影响个体的态度与行为，还可以通过价值观念的内化和文化传统的共享形成团队意识从而促进

[①] 陈云龙.试谈幼儿园的制度文化建设[J].早期教育，2007（7）：8-9.

群体的发展与进步。据此，我们应该重视幼儿园精神文化的建设，积极培植个性化的精神文化以体现幼儿园的独特精神风貌和氛围。

在个人精神建构上，重视教师发展文化。教师个体的精神文化在一定程度上彰显着教师的教育理念与态度，对幼儿的学习与发展有直接的影响。因此，幼儿园需要注重教师的专业发展与成长，尤其是教师的专业理念与师德，根据本园教师的实际发展情况形成个性化的教师发展文化。幼儿园需要引导教师不断更新自己的教育理念并提高自身的教育素养与能力，形成良好的教育教学态度与行为，通过多种方式促进他们的专业发展。另外，教师的道德修养也是教师发展精神文化的重要组成部分，影响着幼儿及家长对于幼儿园信任和认可的程度。幼儿园需要将师德师风放在教师专业素养的首位，倡导教师遵循职业道德规范，不断提升自己的道德水平，为幼儿营造温馨、安全、健康的精神文化氛围。

在集体精神建构上，发展园本特色文化。幼儿园的园本特色文化大多是所有成员所公认的价值观念与文化传统，是集体智慧的结晶，主要包括园本教研、园本课程以及园所传统或地方特色。幼儿园应该积极进行园本教研，在教育研究中将教育理论与实践相结合进行实践与反思的循环，还需要将教研成果运用于实际教学过程中，提高教师集体教研的积极性和主动性。同时，幼儿园需要结合本园特点开发园本课程并融入传统文化或地方特色，即立足于本园实际情况将园所传统和地方特色引入幼儿园的课程资源中，形成具有园所特色的课程文化。

◇ **单元小结**

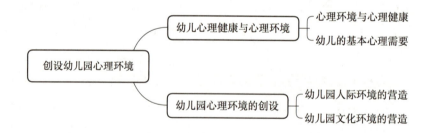

幼儿园心理环境是幼儿园的人际环境和文化环境等营造的人们身处其中能够体会到的一种气氛或氛围。它是一种非物化的隐性环境，具有适宜性、内隐性、经济性、教育性、互动性和独特性的特征。幼儿心理健康指幼儿的心理状况达到相应年龄阶段的正常水平，涉及其认知、情感意志、环境适应能力等，其特征包括动作发展正常、智力发展正常、情绪健康、性格良好、人际关系和谐。

幼儿的基本心理需要反映了幼儿基本的心理诉求，最具代表性的是马斯洛需要层次论与德西和瑞安的基本心理需要理论。根据马斯洛需要层次论，幼儿的基本心理需要包括安全需要、情感需要、自尊需要、自我实现需要；根据德西和瑞安的基本心理需要理论，幼儿的基本心理需要主要包括胜任需要、关系需要、自主需要。

幼儿园心理环境由人际环境和文化环境组成，创设幼儿园心理环境不仅要注重幼儿园人际环境的营造，还要注重幼儿园文化环境的营造，从而为幼儿营造良好的心理氛围，促进幼儿心理的健康发展。幼儿园的人际关系主要包括教职工关系、师幼关系、同伴关系、家园关系四种。我们应该建立和谐共生的教职工关系、民主平等的师幼关系、互助友爱的同伴关系、沟通互补的家园关系来为幼儿创设良好的人际氛围。

幼儿园文化是幼儿园以自身教育场所为阵地、以师幼为主体、以幼儿园精神为主要特征的文化。它是幼儿园全体教职工在长期教育教学的实践过程中所形成的独具个性的园风园貌、制度准则和精神氛围，主要包括物质文化、制度文化和精神文化三种。为了创设良好的幼儿园文化环境，我们应该发展教育性的物质文化，建立人文化的制度文化，培植个性化的精神文化。

思考与练习

1. 单项选择题

（1）幼儿园心理环境主要指（　　）。

A. 物质环境　　　　　　　　　　B. 人际环境和文化环境

C. 制度环境　　　　　　　　　　D. 生理环境

（2）幼儿园的心理环境和物质环境一样"会说话"，传递着教育者的教育观念，使其充分发挥自身的教育意义，这体现出幼儿园心理环境的特点之一是（　　）。

A. 互动性　　　　　　　　　　　B. 内隐性

C. 教育性　　　　　　　　　　　D. 适宜性

2. 多项选择题

（1）幼儿园作为多主体的机构存在多种人际关系，主要包括（　　）。

A. 园长与教师之间的关系　　　　B. 教师与教师之间的关系

C. 教师与幼儿之间的关系　　　　D. 幼儿与幼儿之间的关系

E. 教师与家长之间的关系

（2）幼儿心理健康的特征主要包括（　　）。

A. 动作发展正常　　　　　　　　B. 智力发展正常

C. 情绪健康　　　　　　　　　　D. 性格良好

E. 人际关系和谐

3. 材料分析题

（1）阅读本单元第一课中"一次偶然的拉手"案例，结合案例分析师幼关系对于幼儿心理健康发展的影响。

（2）请根据本单元第一课的内容，分析马斯洛需要层次论中的心理需要理论与德西和瑞安的基本心理需要理论的联系与区别。

实践与实训

【实训一】结合有关幼儿园见习经历，对所见习幼儿园心理环境的创设情况进行分析，结合具体的环境创设细节和情境讨论该幼儿园心理环境的创设是否满足了幼儿的基本心理需要。

目的：理解幼儿的基本心理需要，并能在教育教学实践过程中营造健康的心理环境满足幼儿的基本心理需要。

要求：根据自身的幼儿园见习经历，从人际环境与文化环境两个方面分析幼儿园心理环境创设对幼儿基本心理需要的满足，并结合实际情境举例进行说明。

形式：小组合作与讨论。

【实训二】实地参观一所幼儿园并选择其中一个班级现场观摩师幼之间的人际交往与互动，结合本单元第二课的相关内容分析该园教师与幼儿之间人际环境的问题及改进策略。

目的：掌握幼儿园人际环境的含义和具体类型，能在真实的教育情境中发现师幼之间的人际交往问题，并能主动探究解决此类问题的方法。

要求：可以个人观察，也可以以小组为单位集体观察，在某个幼儿园任选一个班级的师幼作为观察对象，结合本单元第二课的相关内容进行详细分析，在分析的基础上总结师幼互动的问题并提出自己的有效建议。

形式：现场观察与分析。

第七单元

设计与制作幼儿园玩教具

- 第一课　幼儿园玩教具设计
- 第二课　幼儿园玩教具的设计与制作

第七单元 设计与制作幼儿园玩教具

◇ **学习目标**

1. 了解幼儿园玩具、教具的内涵和种类，及其对幼儿园保教活动的教育价值，理解幼儿园自制玩教具的设计原则；

2. 掌握幼儿园自制玩教具的构思方法，能够恰当地运用玩教具激发幼儿的学习兴趣，从而促进幼儿的身心发展；

3. 领会幼儿园五大领域的学习特点，树立从幼儿角度出发设计玩教具的理念，能够熟练地通过各种材料尤其是废旧材料制作玩教具，能够根据五大领域教学的特色，按照教学活动要求有针对性地设计和制作玩教具。

◇ **情境导入**

玩具是幼儿与生俱来的"好伙伴"。对于大部分幼儿来说，这种"好伙伴"的数量只会增加，不会减少。幼儿对玩具的情有独钟体现在生活的各个方面，比如幼儿在玩玩具时会很难注意到来自外界的信息，有些幼儿会和喜欢的玩具说话，或者抱着自己喜欢的玩偶睡觉等。玩具为什么会有这么大的魅力呢？游戏是幼儿园的基本活动，作为将来的幼儿园教师，我们应提前思考如何将教育元素融入游戏之中，融入玩具之中，如何设计和制作出符合幼儿身心发展特点的玩教具，使玩教具成为学前儿童快乐成长之路上最可爱奇妙的伙伴。

第一课 幼儿园玩教具设计

如今，幼儿绝大部分时间都是在幼儿园里度过，在这里，幼儿接受集体教育，获得成长。对于教师而言，在一日活动的组织中恰当地使用玩教具，能够吸引幼儿的注意，激发幼儿的探索欲望，使得幼儿能够自觉地参与到教学活动中，从而达到良好的活动效果。对于幼儿而言，在幼儿园的日常学习和活动都离不开一定的客体，而玩教具正是日常学习和活动的重要物质载体之一，对幼儿认知能力的发展有着重要的作用。在实际生活中，我们常常会接触到"玩具"这个词，作为未来的幼儿园教师，我们将会频繁地接触到"玩教具"这个词。那么，玩具和玩教具有什么区别呢？在本课中，我们会在辨析玩具和玩教具的概念过程中，了解玩教具的种类，进一步了解自制玩教具的设计原则，掌握自制玩教具的构思方法。

一　玩教具的内涵与种类

传统上，许多人认为"玩具"只是一些没有多大价值的"玩意儿"，它唯一的作用也许是可以"哄孩子"。随着现代社会人们对童年的重视和对幼年期的期望值的提高，玩具也在儿童的生活中扮演着越来越重要的角色。①当人们发现幼儿手中的玩具具有教育性时，便开始设计和制作具有教育性的玩具，力图将教育性、趣味性融于玩具之中，以此来达到教育的目的。玩教具是在玩具的教育功能逐步发展的基础上产生的，是玩具的教育价值的具体表现。

儿童玩具与教育
陈鹤琴先生是我国儿童玩具研究的开创者之一，他指出了儿童玩具的教育作用，认为玩具和各种游戏器具是儿童生活、学习的必需品，它们对于儿童的重要性甚至和小学中学的教科书一样，是教育儿童所不可缺少的。扫描文旁二维码，阅读陈鹤琴关于"儿童玩具与教育"的具体内容。

（一）玩具、教具的内涵

1.玩具的内涵

玩具的字面含义为可供玩耍的器具，尤其是供幼儿玩耍的物件。在现实生活中，我们通常把和游戏相关的物件称为玩具，将玩具作为幼儿游戏的重要物质载体。著名儿童教育专家陈鹤琴对玩具做了比较全面的论述，认为凡是幼儿可以玩的、看的、听的和触摸的东西，都可以叫玩具。由上述内容可知，玩具是幼儿成长和发展过程中不可缺少的工具。

关于玩具的内涵，我们可以从广义和狭义两个角度去把握。狭义的玩具指某件物品在设计和制作之前就确定了它作为玩具的功能，即制作的物品就是要作为玩具运用到游戏活动中去的，不管是工厂制造的，还是手工制作的，只要这件物品的最终目标是为游戏活动提供器具，那么它就是玩具。比如芭比娃娃、电动玩具车、不倒翁、小汽车、喷水枪等，这些玩具往往具体形象、生动可爱，易于幼儿操作；另外，还有幼儿园教师自制的玩具，比如幼儿园教师运用雪糕棒做出的房子、运用圆纸盘做出的钟表等，它们的教育针对性强，不仅经济环保，还能锻炼制作者的设计和动手能力，是对幼儿园教育资源的不可或缺的补充。

---

① 刘焱.儿童游戏通论[M].北京：北京师范大学出版社，2015：79.

广义的玩具指能引发个体进入游戏状态的一切物品，如果某件物品（不论是预先制作还是来自大自然）能够引发个体的游戏，那么这个物品就可以称为玩具。换句话说，只要游戏者把该物品用来玩，那么这个物品就是玩具，比如孩子爱玩自然界中的沙子、雨水、泥巴，也爱玩生活中的纸盒、瓶子、窗帘、鞋子，它们都可以称为玩具。广义上的玩具强调的是该物品能够使幼儿主动地开展游戏活动，并使其处于放松、自由、快乐的精神状态。①本书所指的玩具为广义的玩具，为可供幼儿游戏的材料，即幼儿眼中一切可玩的物品。

2.教具的内涵

教具一般是教学时用来讲解、说明某事某物的模型、实物、图表和幻灯等的总称，它主要用作教学的辅助物。早在17世纪，英国思想家洛克就发明了识字积木，率先尝试把玩具和教具合为一体。之后，各种各样以帮助幼儿学习和理解某种知识、概念和原理为目的的教育型玩具层出不穷。教育型玩具增加了教具的趣味性，在某种程度上淡化和模糊了玩具与教具的区别。②

学前教育主要是启蒙教育，其教学主要采用游戏形式，因此，玩具应该是学前教育中最理想也最普遍的一种教具。同样，学前教育所使用的教具也应该是幼儿的一种玩具。然而，必须指出的是，学前教育中用以进行启蒙教育的玩具与一般对幼儿起自发作用的玩具并不完全相同。这种玩具是教育者根据一定的教育目的，有计划地选择或自行制作的，是特地为教育特定年龄阶段的幼儿设计和设置的。③事实上，人们通常把这种具有特殊意义的玩具称作教育性玩具。这种玩具具有教育功能，根据幼儿的身心发展水平设计，受教育者的自觉控制。在教学活动过程中，这种玩具既可以充分发挥玩具的趣味性，又能够克服普通玩具所存在的自发性和盲目性的缺点。

（二）玩教具的种类

幼儿园的玩教具可分为商品类玩教具和自制玩教具，前者一般通过交易的方式获得，后者可以是成人制作的玩教具，也可以是幼儿在教师的指导下制作的玩教具。玩教具有多种分类方法，根据玩教具对幼儿学习与发展的作用，可将玩教具分为以下几种。

1.认知类玩教具

认知类玩教具又称为益智玩教具，它能让幼儿在玩的过程中学习并建立各种基本概念。如数字青蛙天平秤（见图7-1），幼儿通过观察青蛙天平平衡，学习基础的数量关系，通过小青蛙和数字的砝码，获得启蒙数学概念。再如幼儿通过磁性小鱼找方向（见图7-2）观察小鱼的颜色和箭头朝向，进而熟悉颜色和方向的概念，并能加强对色彩、方向的感知度，提升思维逻辑能力。

2.语言类玩教具

语言类玩教具以发展幼儿的语言能力为主要目标。此类玩教具可以培养幼儿的倾听、语言表

---

① 刘翔海，王区区.幼儿园玩教具制作[M].北京：高等教育出版社，2016：3.
② 赵娟，靳林，李敏.幼儿园环境创设与玩教具制作[M].北京：北京师范大学出版社，2017：192.
③ 杨枫.幼儿园教育环境创设与玩教具制作[M].北京：高等教育出版社，2006：147.

达、组织语言等能力。如小猪故事机器人（见图7-3）通过自带的儿歌、童谣、故事等，培养孩子的倾听能力；小兔巴尼（见图7-4）为3D立体手指书，兔子布偶可用手指从书的背面进行操作，使得书封面的兔子动起来，通过兔子和幼儿互动的方式，培养幼儿的语言表达和人际交往能力；将卡片插入有声儿歌卡片机（见图7-5）中，机器能够发出声音（如讲故事、唱儿歌等），培养幼儿倾听语言的能力；故事骰子（见图7-6）由四个对应了时间、地点、人物、事件元素的正方体组成，幼儿投掷骰子，按照所显示的元素进行故事创编，培养幼儿的语言组织能力。

图7-1　数字青蛙天平秤

图7-2　磁性小鱼找方向

图7-3　小猪故事机器人

图7-4　立体手指书

图7-5　有声儿歌卡片机

图7-6　故事骰子

3.科学类玩教具

科学类玩教具是在科学原理的基础上，与现代材料结合制成的玩教具。对幼儿而言，此类玩教具虽涉及声、光、电、热等诸多方面，但目的不在于让幼儿学习复杂的科学知识，而在于培养幼儿对科学的兴趣。科学类玩教具为幼儿探索活动提供了物质保障，科学合理地配置和使用科学类玩教具能有效地促进幼儿科学探索活动的开展，为幼儿获得科学经验提供帮助。[①]科学类玩教具如自制陀螺（见图7-7）、自制大风车（见图7-8）等。

图7-7　自制陀螺

图7-8　自制大风车

4.体育类玩教具

体育类玩教具又叫作运动类玩教具。这类玩教具以培养幼儿身体运动能力为主，也是幼儿进行体育游戏时常用的教学资源，它不仅可以锻炼幼儿大肌肉的动作，还可以锻炼幼儿身体各部分的协调能力，促进身体健康发育。如自制竹筒高跷（见图7-9）可以用于幼儿体育游戏，幼儿双脚踩在竹筒上，两手提着绳子行走，可以培养眼、手、脚的协调能力；幼儿在独木桥（见图7-10）上行走，可以发展整体的平衡感，培养勇敢精神；同舟共济木板鞋（见图7-11）通过多人协力走的方式，促进幼儿的大肌肉发展，培养幼儿的合作精神；多功能钻洞跨栏（见图7-12）可以让幼儿以钻洞的形式提升爬和匍匐前行的能力，也可以让幼儿以跨栏的形式培养跳跃能力。这些丰富多彩的体育类玩教具让幼儿在快乐游戏的同时，增强身体素质。

图7-9　自制竹筒高跷

图7-10　独木桥

图7-11　同舟共济木板鞋

图7-12　多功能钻洞跨栏

---

① 陈庆.幼儿园科学玩教具的配置和使用研究[J].中国现代教育装备，2019（16）：59-64.

5.建构类玩教具

建构类玩教具通常称为结构类玩具,是指幼儿在构思、搭建、安装各种物体时所使用的玩教具,通常由正方体、圆柱体、棱柱体等几何形体组成,它有各种排列组合方式,材质上有木质的、塑料的等。[①]建构类玩教具既包括大自然中的木块、雪花、沙子、泥土等,也包括市场上我们可购买到的积木、七巧板、软吸管等。建构类玩教具可以让幼儿自由地发挥想象力进行搭建和创造,同时也有利于帮助幼儿建构最基本的科学概念,例如幼儿在玩雪花片(见图7-13)时,学会用拼接、穿插等方法进行设计,以此来发展小肌肉动作和手眼协调能力;幼儿在用软吸管积木(见图7-14)时,其中涉及的数量关系、长度关系、各吸管之间的相互作用也能够让幼儿学习到数学知识。

图7-13 雪花片

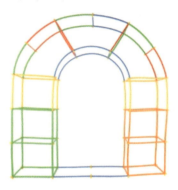

图7-14 软吸管积木

6.社会类玩教具

社会类玩教具将符合幼儿身心特点的社会性知识融于玩具之中,旨在使幼儿在玩的过程中接受社会知识,学会社会技能,学习生活技巧。例如贴五官换表情玩教具(见图7-15)可以通过更换五官的表情让幼儿了解喜怒哀乐的情感;我会系鞋带玩教具(见图7-16)可以让幼儿在游戏的过程中掌握系鞋带的正确方法,提高动手能力和生活自理能力;过家家厨房玩教具(见图7-17)、玩具电话(见图7-18)都是幼儿日常生活中常见的物品。这些均能让幼儿在玩的同时学习社会性知识和技能,从而促进幼儿社会性发展。

图7-15 贴五官换表情

图7-16 我会系鞋带

---

① 南楠.玩教具制作[M].西安:西北大学出版社,2016:13.

图 7-17　过家家厨房

图 7-18　玩具电话

7.艺术类玩教具

幼儿园艺术类玩教具旨在培养幼儿对音乐、美术等艺术活动的兴趣，使幼儿在艺术活动中产生积极、愉快的情绪体验。因此，设计制作音乐类玩教具的时候，一定要注重科学性。因为每种乐器都有独特的发声特点和制作工艺，我们自制的玩具只是简单的外形模仿，并且以较为简易的打击乐器玩具为主。美术类玩教具主要是为幼儿提供一些绘画、手工制作的工具，激发他们的创作欲望，使幼儿在艺术活动中产生积极、愉快的情绪体验，初步培养幼儿艺术表现和创造的能力。①

艺术类自制学前玩教具：创意音乐坊

依照《3—6岁儿童学习与发展指南》艺术领域目标"喜欢自然界与生活中美的事物"，北京市昌平区回龙观镇中心幼儿园的教师设计了艺术类自制学前玩教具——创意音乐坊。扫文旁二维码，阅读了解具体内容。

（1）音乐类玩教具

音乐类玩教具虽然有直接让幼儿进行感受的，但直接操作的音乐玩教具更能让幼儿感受到音乐的魅力，当幼儿通过自己操作使乐器发出曼妙的声音时，会感觉到快乐和奇妙。音乐类玩教具能够陶冶幼儿的心灵，而且有助于培养幼儿的创造力，因此幼儿所处的环境应该有促进其感受和理解音乐的玩教具。我国民间也有许多富有地方特色的玩教具，如拨浪鼓（见图7-19）、快板（见图7-20）等，它们不仅能够让幼儿在玩教具中感受到中国传统乐器的魅力，还能激发幼儿对祖国的热爱。

图 7-19　拨浪鼓

图 7-20　快板

---

① 杨枫.幼儿园教育环境创设与玩教具制作[M].北京：高等教育出版社，2006：203.

（2）美术类玩教具

在美术活动中，幼儿可以自由地观察、想象，并选择材料进行创作。他们神奇的构思、奇妙的想象、大胆的创造最终化作一幅幅充满艺术气息并且灵动的作品。虽然技法稚拙、画风天真，常常出现一些在成人眼中不合逻辑、不合比例、色彩主观、构图随意的作品，但这才是幼儿美术的真正魅力所在。美术教育给予幼儿的无拘束的自由氛围对他们的审美想象能力有着不可替代的作用。[①]幼儿美工区常见的玩教具有黏土（见图7-21）、橡皮泥、水彩笔、蜡笔等。漂浮笔（见图7-22）作为一种可以漂浮的白板笔，除了在白板、纸质材质绘画外，还可以在水中漂浮，能够让幼儿在感受趣味性的同时，创造出颜色鲜艳、可爱生动的形象。

图7-21　黏土

图7-22　漂浮笔

二、自制玩教具的设计原则

目前，我国玩教具已进入商品化时代，孩子们拥有的玩具大部分都是购买的。但勤俭节约是中华民族的传统美德，因此在学前教育领域，特别是在幼儿园教育资源的开发上，我国教师们依然秉承因地制宜、就地取材的自制玩教具理念，这既有利于提高幼儿园教师的动手操作能力，也有利于满足幼儿个性化游戏的需要。为了给自制玩教具提供科学思路，玩教具的设计应遵循以下原则。

（一）趣味性和教育性相统一

玩教具不仅是幼儿最亲密的伙伴，也是重要的学习资源，是幼儿隐性的"教科书"。

因此，自制玩教具时应该兼顾趣味性和教育性，使得幼儿在玩的过程中不知不觉地获得成长。由于玩教具具有可玩性，所以往往能够吸引幼儿的注意力，激发幼儿学习的热情。但幼儿的注意力极易分散，当幼儿的兴趣发生转移时，教师就无法通过玩教具的辅助达到预设的教育目标。因此在玩教具的设计中，教师应该注重玩教具的趣味性，站在幼儿的角度进行有针对性的创意设计，创设出创造性的玩法。玩教具的外观是吸引幼儿的第一要素，首先，外观可以用色彩鲜艳、特征明显的造型吸引幼儿的眼球；其次，玩教具的功能尽可能全面广泛，具有多样性，能够满足幼儿的好奇

---

① 王任梅.学前儿童美术教育[M].北京：北京师范大学出版社，2015：61.

心；最后，玩教具表现手法最好具有幽默感、突然性及不确定性，这样可使幼儿有想象和创造的余地，产生意想不到的效果。

玩教具的教育性对于幼儿而言就是促使其主动学习，即幼儿能够通过玩教具主动发现问题、找出答案。需要解释的是，并非只有教幼儿如何算数、背诗歌等的玩教具才具有教育价值，有教育性的玩教具不是将现成的结果告诉幼儿，而是引起幼儿的创造性活动，使其增加经验。这种玩教具涉及健康、语言、科学、社会、艺术等领域，重视幼儿多元智力的开发。通过玩教具使幼儿受益，帮助幼儿活动身体、启发想象，训练幼儿的各种能力和技能，是教师设计玩教具的理念之一。教师在设计玩教具时要准确定位，充分发挥想象力，将益智理念合理地融入设计中，满足幼儿现在或者将来的需求，将积极健康的知识传递给幼儿，开发幼儿的思维逻辑，提升幼儿的智力。

（二）适龄性和针对性相统一

不同年龄阶段的幼儿各方面的发展水平存在较为明显的差异，故相应的发展目标有所不同。玩教具的适龄性强调教师要为特定年龄阶段的幼儿选择与该年龄教育目标相契合的玩教具。因此教师应从不同年龄阶段幼儿的发展水平出发，按照由浅入深、由易到难的顺序呈螺旋状上升地投放玩教具，使投放到各年龄班的自制玩教具具有层次性和阶段性。例如，小班的玩教具可突出色彩、质地、形状等，重点培养幼儿的感知觉能力；中班可突出玩教具的操作性，重点培养幼儿的动作技能；大班可突出玩教具的合作性，重点培养幼儿的交往能力和合作精神。此外，同一年龄阶段的玩教具制作应难易适中，符合幼儿的发展水平。这里需要解释的是，并不是一种玩教具只能在一个年龄阶段使用，低结构性的玩教具实际上可以跨较大的年龄范围。

幼儿玩具的色彩设计在不同阶段的侧重点也应有所不同。在学前期，颜色强烈地吸引着幼儿的注意力。幼儿对颜色的正确指认以及颜色概念的形成，不仅是其感知觉发展的重要构成，也推动其早期形象思维的发展。随着幼儿不断成长，颜色偏好对其认知活动的影响开始显现。①相关调查表明，4—6岁幼儿颜色偏好的顺序由高到低依次为红、蓝、黄、紫、橙、绿。②因此，我们在进行幼儿玩具的色彩设计时不但要遵循一些基本的配色原则，还要针对幼儿的色彩心理做出合理的设计，以更好地调动幼儿游戏的主动性，实现教育目标。

（三）操作性和实用性相统一

幼儿的思维形象具体，幼儿的学习有赖于具体的物体和动作。直接经验是幼儿认识世界的主要方式，在日常生活中，我们不难发现能够引起幼儿好奇心的玩教具，总是会让幼儿忍不住想去摸一摸、碰一碰。使幼儿亲身参与游戏过程的最佳方式之一，就是使其能通过实践操作直观地看到操作结果，让幼儿通过多动多变的操作，领悟到事物的本质，促进其发展。例如在设计幼儿"过家家"游戏时，如果投入固定形状的柜子、沙发、电视等形似家具的玩教具，只能给幼儿欣赏却不利于其

① 范梦.美术概论[M].北京：中国青年出版社，2002：115-116.
② 赵慧，庞维国.学前儿童颜色偏好及其与创造力的关系[J].基础教育，2017（1）：79-85.

操作，就没有体现出教育价值，也没有实际意义；如果这些"过家家"的玩教具是多变的，利用轻便的大、小盒子等材料制作，就可供幼儿拆装组合、灵活搬运，甚至能一物多用，运用到其他的游戏活动中。

教师可以引导幼儿参与玩教具的制作过程，加入幼儿的设计理念，例如玩教具的颜色选择、外形的设计等，或者让幼儿参与制作玩教具的某个简易的环节，这样不仅能充分发挥幼儿的创造力，还能让他们获得参与制作的成就感。只有为幼儿提供更多的操作、互动的机会，才能更有效地发挥活动的教育作用。

（四）经济性和环保性相统一

幼儿数量多，对玩教具的需求多且更新快。对于玩教具的制作，我们要遵循节约的原则，因地制宜、就地取材，这样既能体现节能环保理念，又能发挥地方特色。例如，山区可选择石头、木头、树叶等材料制作玩教具，沿海地区可以利用沙子、贝壳、螺类等材料制作玩教具，农村可选择泥土、蔬菜、种子等制作玩教具，若园区所在地靠近超市或工厂，可收集一些塑料碎块、碎布条、废塑料瓶等制作教玩具。

此外，还可以利用生活中的废旧物品进行设计和创造，这不仅丰富了教育资源，还弘扬了勤俭节约的精神。在幼儿园中利用废旧材料制作的玩教具随处可见，一个纸杯、一个纸巾盒通过教师的动脑思考，也能成为幼儿爱不释手的玩教具。因此，生活中的快递盒，废旧的水瓶、报纸、雨伞、纸盘等都可以经过富有创造性的加工和设计，变废为宝、焕然一新，成为充满趣味且富含教育价值的玩教具。同时，教师制作玩教具也会花费一定的时间，因此在设计时应该考虑到玩具使用的多样化，尽量实现一物多用、一物多玩。

（五）符合安全卫生的要求

玩教具虽是幼儿游戏、学习的好伴侣，给幼儿带来无尽的欢乐，但是稍不注意，玩教具也有可能伤害甚至危害到幼儿的生命。幼儿的自我保护能力弱，因此玩教具的安全性至关重要，现实生活中也有玩教具的不当设计对幼儿造成伤害的案例。教师在设计玩教具时，要把玩教具的安全性放在首位，一定要充分考虑并测试其安全性之后再给幼儿使用。设计与制作玩教具必须注意以下几点。

第一，材料选择上，应采用安全、无毒、不易破碎的材料，如强力胶、树脂都是剧毒致癌物质，要极力避免使用。对于废旧物品，应避免选取易霉烂发臭的材料，同时还要做好清洗和消毒工作。

第二，制作过程中，首先，避免使用钉子、铁丝等容易刺伤或划伤幼儿的硬材料；其次，制作的玩教具要无尖锐棱角，边缘最好是圆角；最后，避免使用过小的材料制作玩教具，以免幼儿误食。

第三，玩教具的结构上，应做到牢固可靠，不易松散变形，即便经常洗晒也不易褪色。

第四，幼儿公用的玩教具容易成为传染疾病的媒介，故应定期消毒。此外，还应定期进行安全检查，检查玩教具是否破裂，以免为幼儿带来安全隐患。

三 自制玩教具的构思方法

玩教具的设计构思有两种情形：第一种是先设计后选材，即根据使用需要，先进行初步的设计构思，然后根据构思寻找合适的材料，再在选材和制作中不断调整、改进设计构思，最终完成制作；第二种是先有材料再有设计，即根据收集的材料，进行设计构思，看能用这些材料做出什么玩具来。在实际制作中，也有两种情形相结合的。[①]从自制玩具设计制作的原材料本身出发，幼儿园玩教具的自制一般有以下几种构思方法。

（一）原形法

这里的原形即材料原本的外形，原形法就是根据原材料的外形特点构思玩教具的制作。如易拉罐、圆筒状的薯片盒、纸盒、雪糕棒等，均可在不改变原材料的基础上进行加工，做成简易的玩教具。在废旧的矿泉水瓶内装上各种颜料，让颜料在水瓶内流动，等颜色填满整个瓶子时，再把颜料倒出来，再根据幼儿的大运动发展水平加入一定重量的沙子，就制作成了保龄球瓶（见图7-23）；在光盘上进行简单的装饰，通过贴卡片的形式加上动物的手脚以及五官，光盘就变成萌萌的变色小狗了（见图7-24）。

图7-23 自制保龄球瓶

图7-24 变色小狗

（二）变形法

所谓变形，即改变材料的原形，指在原材料的基础上，以分解、变形、切剖、改装等方式进行玩教具的制作，也可以利用原材料的其中一个部分进行玩教具的制作。如可以用剪刀剪去大瓶按压式洗洁精（见图7-25）的下半部分，将留下的上半部分钻四个小洞，将筷子穿入洞中，安上四个矿泉水瓶瓶盖当车轮，并用橡皮筋固定，再加一些可爱的装饰，就制作成了可爱的小黄车玩具（见图7-26）。

---

① 杨枫.幼儿园教育环境创设与玩教具制作[M].北京：高等教育出版社，2006：148.

图 7-25　大瓶按压式洗洁精

图 7-26　小黄车玩具

纸杯小花朵

3　纸杯是玩教具自制的常用材料之一，我们通过将纸杯分解、变形，可以制作出纸杯小花朵。扫描文旁二维码，了解纸杯小花朵的具体制作过程。

（三）分解法

分解法是将某原材料通过切剖，重新组合（以装订、衔接、穿插等方式）成一个新的形象，例如中国非遗文化——竹编球（见图7-27），由竹篾条通过手工编织、捆扎、穿插的方式制作，可供幼儿进行体育教学活动；稻草羊（见图7-28）是用我国非遗文化艺术——秦安麦秆编技艺制作的，也可做成幼儿玩教具。用我国非遗文化做出的玩教具可激发幼儿对传统玩具的兴趣与好奇心，使幼儿更加了解我国的优秀文化，产生文化自信，更加热爱祖国。

图 7-27　竹编球

图 7-28　稻草羊

在幼儿园玩教具中，将碎木块拼装成小动物（见图7-29）、通过纸盒分解成的玩具飞机（见图7-30）等，都是分解法在玩教具制作中的体现。

图 7-29　木制小龙

图 7-30　纸盒飞机

我国非遗文化艺术——秦安麦秆编技艺

秦安麦秆编是流传于甘肃省秦安县的一种传统手工技艺，其历史悠久、造型独特、工艺精美，颇受市场青睐。扫描文旁二维码，了解我国非遗文化艺术——秦安麦秆编技艺。

（四）组合法

生活中，我们可以轻松地收集到一些零碎、重复的废旧物品，如快递盒、动物羽毛、废报纸等。我们可以将这些废旧物品以聚零为整的方法组合起来，设计成玩教具。例如利用水瓶、光盘、夹子等制作成的旋转木马（见图7-31）；利用废旧雪糕棒、纸盒、木块等制作的天平（见图7-32）。

图 7-31　旋转木马

图 7-32　天平

一切东西都有自己存在的意义和价值，这种变废为宝的选材方法，既可以让幼儿感受到废物再利用的意义，也可以提高幼儿的环保意识，发展幼儿的创造性。

（五）拼合法

拼合法主要根据立体展开图的原理设计玩教具的平面展开图，然后按照图纸进行裁剪、缝合、焊接等，制作出立体造型的玩教具。通过手绘玩教具的设计草图，我们在制作过程中能对玩教具的比例、结构、角度等有合理的把握。在制作立体玩教具时，这一步骤很重要，草图的设计决定着制作玩教具的效率和实际效果。我们生活中常见的布艺手工制作，都可通过提前设计草图的形式，进行进一步的操作。

事实上，以上五种方法仅仅是常用的玩教具构思方法，在设计和制作中要根据实际情况选择，并不是一种玩教具的制作只能使用一种方法，一般情况下，制作一种玩教具需要综合运用多种构思方法。因此，我们在自制玩教具的过程中，不要拘泥于方法的使用，要不断发挥自己的创意，甚至可以自创适合自己的方法，设计制作幼儿喜爱的玩教具。

第二课　幼儿园玩教具的设计与制作

玩具是幼儿探索世界的重要媒介，幼儿园的各项教育活动几乎都不离开玩教具。本课幼儿园的玩教具设计与制作从幼儿园教育活动的健康、语言、社会、科学、艺术五大领域出发，具体介绍各领域玩教具制作的典型案例。

一、健康活动玩教具的设计与制作

健康教育是幼儿进行其他方面教育的基础，幼儿拥有健康的体魄，才能顺利地进行其他方面的活动。根据前文介绍的制作玩教具的教育性原则来看，幼儿园健康活动玩教具也要以幼儿园各大领域的总目标为基础进行设计和制作。《幼儿园工作规程》指出"幼儿户外活动时间在正常情况下每天不得少于2小时"。因此，在幼儿园健康领域的教学中，关于体育活动的玩教具制作较多，以游戏为切入口，通过使用玩教具的方式，激发幼儿对体育活动的兴趣，有利于促进幼儿身体素质和基本活动能力的提高。因此教师应在自己的能力范围内，设计多样化的体育活动玩教具，满足不同幼儿的需求，为幼儿提供丰富多彩的体育活动。教育部颁布的《幼儿园教育指导纲要（试行）》对幼儿园健康教育的目标做了如下规定："身体健康，在集体生活中情绪安定、愉快"，"生活、卫生习惯良好，有基本的生活自理能力"，"知道必要的安全保健常识，学习保护自己"，"喜欢参加体育活动，动作协调、灵活"。

由以上目标可知，幼儿园健康教育以体育活动、良好习惯教育、生活自理教育、安全意识教育为主。因此，本课以这四种教育活动的玩教具制作为典型案例，具体说明其常见的玩教具制作方法。

（一）体育活动类玩教具

1.走跑类——趣味转筒车

（1）材料准备
废旧饮水塑料桶、水管、水管弯头、塑料水管三通等。

(2) 制作要点

第一，横置废旧饮水塑料桶，在塑料桶的头部和底部分别打两个与水管直径大小相当的小孔，穿过水管作为车轴。

第二，将水管用水管连接头一一连接起来，作为车身。其中车身底部使用的连接头为塑料水管三通，分别连接三个方向。

第三，车身上部使用到的连接头主要连接车扶手和车身两侧。

(3) 操作说明

幼儿可站在转筒车上面漫步前行，也可以合作推转筒车等。

2.跳跃类——袋鼠跳

(1) 材料准备

一个大袋子、布、针线、剪刀等。

(2) 制作要点

第一，将清洗干净的袋子反过来，内里朝外，将布剪成喜欢的卡通形象，用针线缝在袋子上。

第二，在袋子的左右两侧分别缝一个拎手。

(3) 操作说明

让幼儿双脚踩到袋子里，双手提着袋子的两边，慢慢地跳跃。跳的时候，双脚要并拢，注意不要跳离袋子。刚开始时，可以让幼儿随意跳跃，之后慢慢增加难度。

3.投掷类——投投乐

(1) 材料准备

废旧纸箱、刻刀、卡纸、即时贴、透明胶、废旧报纸等。

(2) 制作要点

第一，将废旧纸箱用刻刀镂空，用透明胶带将纸箱粘贴在一起。

第二，用卡纸剪出卡通人物的身体部分，贴在纸箱上，制作成卡通形象的小动物（见图7-33）。

第三，用废旧的报纸揉成一些小纸球。

图7-33 投投乐

(3) 操作说明

幼儿在一定距离内，向张嘴的卡通人物或开口的纸箱内投掷小纸球，以锻炼和提高幼儿的投掷能力和目测力，发展幼儿动作的协调性和灵活性。

4.钻爬类——爬爬乐

（1）材料准备

椅子、绳子、垫子、钻圈等。

（2）制作要点

第一，将垫子铺到平的地面上，椅子放在垫子的左右两侧。

第二，将钻圈放到垫子上。

第三，将绳子绑在左右两侧的凳子上，使得绳子可以高低错落。

（3）操作说明

幼儿手脚着地爬，身体尽量不要碰到钻圈和绳子，让幼儿学会控制自己的手臂与腿部的高度和力量。

5.平衡类——梅花桩

（1）材料准备

易拉罐、胶带等。

（2）制作要点

第一，将7个同样的易拉罐摆放成梅花状，其中，中间1个易拉罐为花蕊，周围6个易拉罐为花瓣。

第二，用胶带将7个易拉罐固定紧，使7个易拉罐连接在一起。

（3）操作说明

梅花桩的玩法多样，用易拉罐制作多个梅花桩，可以将梅花桩摆成不同的线路，让幼儿站在上面走；还可以散点式摆放多个梅花桩，让幼儿站立在上面，做各种身体造型，如立正、稍息、抬腿、转体等；也可以把梅花桩摆成障碍物，让幼儿练习跳跃。

（二）良好习惯类玩教具

1.生活习惯类——爱刷牙的大黄狗

（1）材料准备

方形纸盒、珍珠棉泡沫、美工刀、海绵纸、扭扭棒、棉花小团、牙刷等。

（2）制作要点

第一，将方形纸盒去掉一个面。

第二，用美工刀将珍珠棉泡沫刻成正方体（牙齿形状），粘贴于盒内。

第三，将黑色海绵纸制作成小黄狗的舌头与眼睛。

第四，纸盒顶部打孔，用扭扭棒穿孔固定，作为小黄狗的耳朵。

第五，准备棉花小团作为牙膏泡沫。

(3)操作说明

幼儿按照正确的刷牙方法,用牙刷给小黄狗刷牙,上牙从上往下刷,下牙从下往上刷,咬合面来回刷,下牙内侧从下往上刷,上牙内侧从上往下刷。

2.卫生习惯类——魔法扫把

(1)材料准备

水果网套、小皮套、吸管。

(2)制作要点

第一,将水果网套对折,用小皮套绑住一端。

第二,将吸管插入皮套绑住的松紧处(见图7-34)。

图7-34　魔法扫把

(3)操作说明

幼儿拿魔法扫把扫除桌上的灰尘和纸屑。

(三)生活自理类玩教具

1.穿衣类——我会穿衣

(1)材料准备

矿泉水瓶、扣子、针线、彩色布、剪刀、固体胶、卡纸等。

(2)制作要点

第一,用卡纸剪出卡通人物头部的轮廓及其头发和五官。

第二,将头发和五官用固体胶粘在人物的头部轮廓上。

第三,将已做好的人物头部形象用固体胶粘在垂直于矿泉水瓶瓶盖处。

第四,在提前量好长度和宽度的彩色布的一侧缝好扣子,另外一侧剪出符合扣子直径的开口,最后包裹在矿泉水瓶上。

(3)操作说明

让幼儿能够准确对准扣眼并系扣成功,为卡通人物穿好衣服。

2.吃饭类——喂娃娃

（1）材料准备

水瓶、毛线、一次性碗、各类豆子、筷子、勺子、红色即时贴、鞋盒盖等。

（2）制作要点

第一，剪掉水瓶的上半截，用剪刀在水瓶上剪出月牙形的嘴巴，用红色即时贴装饰嘴唇颜色，再用剪刀剪出人物的五官，将五官粘在水瓶适当位置。

第二，将毛线压成两股辫子，放在瓶身上部开口处，将圆形的卡纸盖在毛线上，将一次性的碗做成卡通人物的帽子。

第三，在鞋盒盖上，放入各类豆子、筷子、勺子。

（3）操作说明

幼儿用筷子或勺子练习舀和夹的动作，并试图将豆子放入卡通人物的嘴巴中。

（四）安全意识类玩教具

1.交通类——我会过马路

（1）材料准备

卡纸、黏土、胶水等。

（2）制作要点

第一，用卡纸分别剪出各交通标志，如红绿灯、禁止行人通行、禁止按喇叭、禁止停车等。

第二，用卡纸剪出道路上的指示标线，如斑马线、双黄线等。

第三，用卡纸剪出树和房子做装饰。

第四，用黏土捏出汽车、行人等。

第五，前四步做出的材料按图7-35所示用胶水粘在一张灰色的大卡纸上。

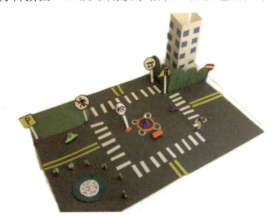

图7-35　我会过马路

（3）操作说明

幼儿用黏土捏出的泥人进行情景游戏，认识和了解交通标志、规则，学会过马路。

2. 自我保护类——我的身体我做主

（1）材料准备

彩色卡纸、剪刀、胶水等。

（2）制作要点

第一，在卡纸上画出男孩、女孩的卡通人物，用剪刀剪下来。

第二，剪出红色、黄色、绿色的圆圈。

（3）操作说明

幼儿将不同颜色的圆圈放置在卡通人物的身体上，贴上红圈的部位为禁区，贴上黄圈的部位为只有关系亲密的人才能触碰的地方，绿圈是一般人都能触碰的部位。

二 语言活动玩教具的设计与制作

语言是人们自我表达、人与人之间进行思想交流的工具。幼儿期是口头语言发展的最佳时期，幼儿园将培养幼儿的语言表达能力作为语言教育活动的重要目标之一。教育部颁布的《幼儿园教育指导纲要（试行）》对幼儿园语言教育的目标做了如下规定："乐意与人交谈，讲话礼貌"，"注意倾听对方讲话，能理解日常用语"，"能清楚地说出自己想说的事"，"喜欢听故事、看图书"，"能听懂和会说普通话"。

通常情况下，幼儿园语言教育活动主要有角色扮演、表演场景、桌面情景等形式，可以培养和锻炼幼儿的语言能力，引导幼儿用较为完整连贯的语言表达自己的想法，讲述简单的故事情节。教师在设计语言教育活动时，要借助玩教具多角度、多方位地展示教育内容，挖掘有趣的教学点。例如，某幼儿园大班语言活动"藏猫猫"："小月亮飘呀飘，找个云朵藏猫猫，藏着头，露着脚，逗得星星哈哈笑。"教师通过制作并操作月亮和云朵的玩教具，帮助幼儿直观地看到月亮和云朵之间的遮挡关系，幼儿能够自然地进入游戏的情景，进行月亮和云朵的躲猫猫游戏，体验游戏的快乐，并通过反复的玩耍理解和学会"藏猫猫"童谣。实物玩教具具有直观、生动形象的特点，能够调动幼儿多种感官的参与，教师在教学过程中借助玩教具可以有效地解决语言教育活动中存在的问题，帮助幼儿理解语言内容，促进创造性语言的发展，提高语言发展水平。本部分以角色扮演、表演场景、桌面情景的玩教具制作为典型案例，具体说明其常见的玩教具制作方法。

（一）角色扮演

幼儿园在进行角色扮演时，通常会用到头饰和面具。造型形象、生动可爱的头饰和面具不仅能够有效地调动幼儿角色扮演的兴趣，还能够增强幼儿对角色的认同感，帮助幼儿进入自己扮演的角色，塑造不同身份的人物形象，渲染活动的气氛。在幼儿园语言活动中，我们经常使用制作简单、取材方便的自制平面额头顶头圈式头饰（见图7-36），但如果有足够的时间和精力，我们可以自制更具有立体感、装饰性更强的头饰，如船帽式、圆台式、面具式、头箍式等，以更好地表现角色身份特征。

1.平面额头顶头圈式头饰

（1）材料准备

彩色卡纸、马克笔、剪刀、胶水等。

（2）制作要点

第一，在彩色卡纸上先画出小动物的轮廓，轮廓大小约为15 cm×15 cm，再用剪刀剪出轮廓。之后用其他颜色的卡纸剪出小动物的五官，并用胶水对应粘好；或者从海报、包装纸上直接剪下所需要的角色。

第二，挑选与角色形象主色调匹配的卡纸，剪出头箍纸带，长约为55 cm，宽度约为3 cm。

图7-36　平面额头顶头圈式头饰

第三，将已做好的角色形象用胶水粘贴在头箍纸带中间位置，在纸带上剪出切插口或者准备回形针，现场根据幼儿的头围别牢即可；头箍也可以用松紧带代替，在角色形象两边各打一个孔，穿上松紧带即可。

2.船帽式顶头圈式头饰

（1）材料准备

环保EVA泡棉、松紧带、剪刀、针线等。

（2）制作要点

第一，在环保EVA泡棉上画出帽子的平面图，用剪刀剪下来，用针线将帽子缝合，帽子两侧各打一个孔，穿上松紧带（见图7-37）。

第二，用剪刀在环保EVA泡棉上剪出角色形象，将角色形象用针线缝合在帽子中间位置（见图7-38）。

图7-37 船帽式顶头圈式头饰侧面

图7-38 船帽式顶头圈式头饰正面

3.圆台式立体头饰

(1)材料准备

中号纸碗、彩色卡纸、彩色笔、水粉颜料、剪刀、胶水等。

(2)制作要点

第一,将中号纸碗用水粉颜料根据角色特点涂色。

第二,在彩色卡纸上画出角色的其他部分,用剪刀剪下来,用胶水粘在相应的位置(见图7-39)。

4.面具式平面头饰

(1)材料准备

彩色不织布、剪刀、松紧带等。

(2)制作要点

第一,用剪刀在不织布上剪出动物的轮廓,在动物的眼睛处剪出两个直径大约1 cm的圆孔,在保证面具美观的前提下,在动物的嘴巴或鼻子处剪出透气孔,确保幼儿戴上能够正常呼吸。

第二,用其他颜色的不织布装饰动物的经典特征(见图7-40)。

5.头箍式立体头饰

(1)材料准备

各色细绒布、填充棉、剪刀、针线、黑色头箍、扣子等。

(2)制作要点

第一,将细绒布剪出胡萝卜的形状,反面缝合,翻回正面后填入填充棉或海绵,再用针线进行缝合。

第二,用细绒布剪出胡萝卜根部的叶子,将叶子与胡萝卜缝合。

第三,用纽扣做眼睛,也可以用黑白色细绒布剪贴。之后剪出胡萝卜的嘴巴。

第四,用针线将胡萝卜与头箍缝合在一起(见图7-41)。

图7-39　圆台式立体头饰　　　图7-40　面具式平面头饰　　　图7-41　头箍式立体头饰

（二）表演场景

语言活动的表演场景应力求简单，如在教室内拉上幕布将观众与演员隔开，表演时拉开幕布，就能产生舞台的效果。表演场景的玩教具制作主要包括幕布、表演服装、纸质动物服装、发饰等的制作。

1.幕布制作

（1）材料准备

一块平绒红布（其他布料亦可）、针线、绳子。

（2）制作要点

第一，根据教室的实际面积，预测舞台幕布所需要的长宽，并根据此长宽裁出合适面积的布。

第二，裁出与原布宽度相同，长度为原长度1.5倍的长布条，再以边绗缝，抽褶成与原布长度相当的长条。

第三，将长条与原布缝合，就成为一块带有木耳边装饰的幕布。

第四，将另一端折叠缝合后穿一根长绳或直接在两端穿上两根绳子用于拉幕，系在椅子或墙上固定。

2.表演服装设计

幼儿故事表演用的服装，应注重突出角色所具有的显著特征，如新疆人常穿的马甲背心、西藏人常穿的彩条围裙。表演服装还可搭配头饰等道具进行设计，使形象更加生动、富有趣味，激发幼儿的模仿兴趣和表演欲望。以我国藏族服装为例，设计和制作过程如下。

（1）材料准备

彩条布或彩色皱纹纸（以红蓝色为主）、衬布、针线、彩珠亮片、胶水、卡纸等。

（2）制作要点

第一，将彩色布条用绗缝方法缝合，彩条可宽度相同也可宽窄搭配，色彩可以按规律搭配，一组一组地衔接，也可以无序组合。

第二，缝合完毕后加以衬布，上端缝合在腰带上，腰带上可以用彩色珠子或彩珠亮片装饰。

皱纹纸彩条围裙方法相同，先将各彩条粘在一起，腰带最好用较结实的卡纸制作，再用各色皱纹纸揉成小纸团粘贴装饰。

3.纸质动物服装

设计动物角色服装，可根据动物的主要特征进行制作。如老虎、斑马等动物形象可侧重抓住皮毛的色彩、花纹特征进行制作；飞行类动物则侧重表现它们的翅膀等形象特征。这里以老虎服装为例进行介绍。

（1）材料准备

大张橙色卡纸、褐色卡纸、宽松紧带、胶水等。

（2）制作要点

第一，将橙色卡纸上下对折，裁剪出背心形状。

第二，用褐色卡纸剪出不规则波纹状纸条，在背心上大致左右对称地粘贴褐色不规则波纹状纸条，作为老虎皮毛的纹路。

第三，用橙色卡纸裁剪出四个长圆形，形状大小根据幼儿手臂或腿的长度确定，四个长圆形作为老虎的四肢，要处理好肘部和膝盖部位，使之不影响弯曲或做其他动作。

第四，在四个长圆形上粘贴褐色条纹，反面装上宽松紧带，用以套在幼儿手臂和腿部做老虎四肢的装饰。

第五，用橙色卡纸剪出老虎尾巴，装饰上褐色纹路后粘贴在背心后面下端的中心部位。

4.发饰制作

（1）材料准备

毛线、棉花、纸卷、卡纸等。

（2）制作要点

第一，用黑色或其他颜色的毛线编成辫子。

第二，用卡纸做成半球形帽子，粘贴上毛线、棉花或纸卷。

（三）桌面情景

桌面情景玩教具是根据诗歌、故事的情景设计制作的小型立体桌面教具。它能直观地再现诗歌、故事的场景，表现人物之间的关系，能使诗歌、故事更为生动，情节性更强，更容易被幼儿理解和掌握。桌面情景玩教具包括各种指偶、布制书、故事盒、故事机、故事桌等，这种玩教具能够摆放在桌面上，帮助幼儿理解故事角色之间的关系、情节发展等，从而让幼儿感受到语言的魅力。

1.手指纸偶

（1）材料准备

彩色卡纸、剪刀、胶水等。

（2）制作要点

第一，在彩色卡纸上画出玩偶的平面图形，注意身体和头部需要连接在一起。

第二，将头部制作成圆锥形，用其他颜色的卡纸剪出动物的五官。

第三，用胶水粘贴起来（见图7-42）。

（3）操作说明

将动物玩偶套在手指上，进行角色扮演即可（见图7-43）。

图7-42 手指纸偶平面展开图　　　　图7-43 手指纸偶平面操作

2.故事盒

（1）材料准备

厚纸板（或纸盒）、彩色卡纸、乳胶、剪刀、水粉颜料等。

（2）制作要点

第一，将纸盒用剪刀和美工刀裁剪成所需要的背景。

第二，用彩色卡纸在垂直背景上剪贴出树木、花草、云朵、小鸟、蝴蝶、太阳或月亮等装饰。

第三，在平面背景上剪贴或用颜料绘制出草地、河流、石头小路、地板等地面效果。

第四，用各种材料做出小桥、房屋、篱笆、栅栏以及故事角色等立体效果。

（3）操作说明

幼儿根据故事盒里的素材讲故事，或者幼儿在教师已讲故事的基础上进行创编。

3.布制书

（1）材料准备

彩色不织布、剪刀、针线等。

（2）制作要点

第一，用剪刀把彩色不织布剪成一个个正方形，然后用针线缝起来，布料的颜色可以根据主题的背景来定。

第二，用水溶笔在不织布上画一些简单的卡通形象，剪下来用针线缝好。

第三，在彩色不织布上画一些小动物，并将这些小动物剪下来，缝合到第一步已经剪好的正方形布上，两页缝一起，针脚要均匀。

4.故事机

（1）材料准备

饼干盒、卫生纸卷、塑料薄膜、彩纸等。

(2) 制作要点

第一，将饼干盒打开，在盒子较窄的两面打孔，用来放卫生纸卷。

第二，在饼干盒的正面裁出一个"屏幕"，以便孩子们来欣赏故事（屏幕的大小可根据孩子的喜好定制）。为了使制作的故事机更逼真，可以选择纸盒上的塑料薄膜当作故事机的屏幕。

第三，让孩子们剪下一些照片或者漫画，竖排粘在一起，也可以让孩子们来画自己在生活里经历过的事件，制作成"成长小书"（需要注意的是，每张图片的宽窄应与"故事盒"的屏幕相当）。将制作好的漫画纸的上下两端分别贴在两个卫生纸卷上。

第四，将漫画纸卷起来，放在卡槽内，将盒子粘好。制作完成，孩子们可以通过转动上下两个纸卷来观看屏幕上的内容（见图7-44）。

图7-44 故事机

(3) 操作说明

卷动故事机两侧的纸卷，通过故事机呈现出来的图片进行故事的讲解。

立体纸质儿童绘本

  立体纸质书突破了平面阅读的限制，使幼儿在书本的开合之间沉浸在三维立体空间里。扫描文旁二维码，了解幼儿园自制立体纸质书。

三 社会活动玩教具的设计与制作

学前时期儿童对社会的接触尚少，幼儿的生活主要围绕家庭和幼儿园进行，又由于不同幼儿的家庭环境各不相同，因此幼儿的社会性发展存在较为明显的差异。幼儿园社会活动主要为幼儿创设促进幼儿社会化发展的环境，以发展幼儿的社会性为目标，增进幼儿的社会认知、激发幼儿的社会情感、培养幼儿的社会行为。那么，幼儿园社会活动玩教具的设计就要能够满足这些教育内容，让幼儿在玩中学习到社会性知识，为融入小学生活乃至终身社会性发展打下基础。教育部颁布的《幼儿园教育指导纲要（试行）》对幼儿园社会教育的目标做了如下规定："能主动地参与各项活动，有自信心"，"乐意与人交往，学习互助、合作和分享，有同情心"，"理解并遵守日常生活中基本的社会行为规则"，"能努力做好力所能及的事，不怕困难，有初步的责任感"，"爱父母长辈、老师和同伴，爱集体、爱家乡、爱祖国"。

根据以上目标，通常将幼儿社会教育延伸出人际关系、社会环境、社会行为规范、社会文化四大具体内容。教师从这四个角度设计玩教具，能够使幼儿通过玩的形式加深对自己、同伴交往与集体的认识，了解祖国的优秀传统文化和世界文化，熟悉社会的基本行为规范和基本道德准则等。

（一）人际关系

1.自我认知类——认识情绪

（1）材料准备

彩色绒布、针线、魔术贴、剪刀等。

（2）制作要点

第一，肤色绒布剪出卡通人物脸的轮廓并在反面缝上魔术贴的勾面，用黑色绒布剪出人物的头发、眉毛、嘴巴（多个表现不同情绪的嘴巴），用黄色绒布剪出鼻子并用针线缝在卡通人物脸上相应的位置。剪出人物的身体器官。

第二，用白色绒布做出眼白部分，用黑色绒布剪出代表不同情绪的眼神，并用针线缝在眼白部分，做出进行多种表达情绪的眼睛，在眼睛的背后缝上魔术贴的勾面。用红色绒布做卡通人物的舌头。

第三，剪出一块大的黄色绒布，在需要放置人物和五官的地方缝上魔术贴的毛面。

（3）操作说明

幼儿可以将表现不同情绪的眼睛、嘴巴粘贴在小人的脸上，使小人呈现出不同的表情，以了解人物表达的情绪。

2.人际交往类——桌面足球

（1）材料准备

鞋盒盖、黄色胶带、白色马克笔、筷子、黄色麻布、热熔胶、白色玻璃珠等。

（2）制作要点

第一，黄色胶带贴满鞋盒盖，用白色马克笔在黄色胶带上画出足球场中线和球门线。

第二，在球门线的两边分别打两个小孔，在孔里面加入少量热熔胶，插入筷子做球门框。

第三，剪出一小块黄色麻布，做球网。将白色玻璃珠置于鞋盒盖中，当作足球（见图7-45）。

图 7-45　桌面足球

（3）操作说明

幼儿可以用手指将足球弹入球门。

（二）社会环境——信箱

（1）材料准备

鞋盒、剪刀、水粉颜料、信封等。

（2）制作要点

第一，用绿色颜料涂满整个鞋盒。

第二，将鞋盒（除去盒盖部分）立起来，边长较短的部分放在底部。在鞋盒上三分之二处（除去盒盖部分），用剪刀剪出一个长方形的洞口，在洞口下方用黄色水粉颜料写"信箱"二字，或者画出信封的卡通图片。然后将鞋盖放在信箱上方。

第三，自制信封，在信封表面用红色马克笔画出邮政编码部分和地址部分。

做好的信箱如图 7-46 所示。

图 7-46　信箱

（3）操作说明

幼儿可将自己想表达的内容画在纸上，将纸放入信封里，投入信箱。

（三）社会行为规范——垃圾分类

(1) 材料准备

酸奶盒、多色卡纸、水彩笔、牛皮纸、箱板纸等。

(2) 制作要点

第一，用胶水将绿色、红色、蓝色、黑色卡纸分别粘在酸奶盒的表面。

第二，用白色卡纸分别画出"厨余垃圾""有害垃圾""可回收垃圾""其他垃圾"的标志，分别贴在绿色、红色、蓝色、黑色卡纸上。

第三，剪出与酸奶盒口差不多大小的箱板纸，分别涂上绿色、红色、蓝色、黑色，在箱板纸上打两个孔。将牛皮纸拧成绳状，穿入两个孔中（见图7-47）。

(3) 操作说明

幼儿可将生活中不同类型的垃圾进行分类，放入对应的垃圾桶中。

图7-47 垃圾分类

（四）社会文化

1.节日类——手工灯笼

(1) 材料准备

柚子皮、麻绳（或铁丝、绳子）、美工刀、棍子等。

(2) 制作要点

第一，完整剥出柚子皮，切出半个柚子皮，使得柚子皮呈半球状。

第二，用刻刀在半球状的柚子皮上刻出图案，使得柚子皮镂空。

第三，用绳子/铁丝牵引半球状的柚子皮。

第四，用棍子做灯笼手柄。

(3) 操作说明

幼儿通过观察，认识灯笼的基本样子；也可以手提灯笼，感受我国不同节日的特点。

2.民族文化类——京剧脸谱

（1）材料准备

丙烯颜料、水彩笔、彩色毛球、白色卡纸、热熔胶、剪刀、松紧带等。

（2）制作要点

第一，提前设计好想制作的京剧脸谱类型，在白色卡纸上画出脸谱的轮廓。

第二，用水彩笔或者丙烯颜料画出人物的头发、五官。

第三，用热熔胶将彩色毛球粘在人物的头发上。

第四，在脸谱的两侧打两个小孔，穿上松紧带。

（3）操作说明

幼儿可戴上京剧脸谱进行角色表演，增强其对中华优秀传统文化的认同感。

四 科学活动玩教具的设计与制作

《3—6岁儿童学习与发展指南》提出："幼儿科学学习的核心是激发探究兴趣，体验探究过程，发展初步的探究能力。"幼儿园教师应该留意幼儿在科学探究过程中所发现的问题，利用自然和实际生活的资源引导幼儿与玩教具互动，帮助幼儿探索自然和生活中的不同事物和现象，提高幼儿的动手操作能力，使幼儿掌握一定的科学学习方法，不断积累科学经验，拓展兴趣和爱好，养成受益终身的学习态度和能力。教育部颁布的《幼儿园教育指导纲要（试行）》对科学领域总目标的规定如下："对周围的事物、现象感兴趣，有好奇心和求知欲"，"能运用各种感官，动手动脑，探究问题"，"能用适当的方式表达、交流探索的过程和结果"，"能从生活和游戏中感受事物的数量关系并体验到数学的重要和有趣"，"爱护动植物，关心周围环境，亲近大自然，珍惜自然资源，有初步的环保意识"。

根据上述目标可知，幼儿科学学习的核心是激发探究兴趣、体验探究过程，由此幼儿科学学习可以分为科学探究和数学认知两大部分。以玩教具引导幼儿通过直接感知、亲身体验、实际操作进行学习，符合学前儿童阶段具体形象思维的特点。

（一）科学探究

1.科学现象——感知重力

（1）材料准备

彩色卡纸、剪刀、泡沫板、弹簧软式水管、胶水、马克笔、矿泉水瓶等。

（2）制作要点

第一，在彩色卡纸上剪出卡通河马、章鱼、小熊、两朵太阳花的素材，并用马克笔和胶水做出完整的人物形象。

第二，将卡通河马、章鱼、小熊用胶水粘在泡沫板上。泡沫板左方粘上弹簧软式水管。将三个矿泉水瓶左上侧、右下侧分别剪出一个洞，并将左上侧的洞口朝上呈45°用胶水粘在泡沫板上，三个矿泉水瓶的瓶口左右交叉。

第三，在两朵卡通太阳花的嘴巴处分别剪出一个洞，分别用胶水粘在水管处和矿泉水瓶处。成品如图7-48所示。

图7-48　小球落地①

（3）操作说明

将两个相同材质的球放在两个太阳花的嘴巴处，同时松手，感知不同通道的球滚落的速度。

2.科学现象——感知风速

（1）材料准备

折纸、剪刀、木棍、大头针等。

（2）制作要点

第一，将折纸剪成正方形，沿对角线对折两次。

第二，沿对角线折痕剪开，但不要剪断。

第三，把四个角拉到中心，用大头针固定。

第四，用大头针把风车固定在木棍上。

（3）操作说明

幼儿自由探究纸风车如何能够转起来，分别感受站立和跑动时风车旋转的速度。

3.科学现象——感知光线

（1）材料准备

同等大小的长方形玻璃镜片三块、等腰三角形毛玻璃片一片、透明玻璃片一大一小两片、彩色塑料碎片或彩色吸管、彩色卡纸、宽胶带、剪刀等。

---

① 小莉老师.小球落地[EB/OL].https://www.sohu.com/a/277334801_731083?_trans=000014_bdss_dklzxbpcgp3p:cp.

(2) 制作要点

第一，将三块长方形玻璃镜片用宽胶带粘起来，做成万花筒的三棱柱筒体。

第二，等腰三角形毛玻璃片边长与长方形镜片宽度相同，将它和一片略小的透明玻璃片中间放上彩色塑料碎片或吸管剪成的小圆环后固定在筒体一端，另一片透明玻璃片固定在筒体另一端。

第三，取深色卡纸剪出大小合适的三角形，并在三角形中间剪出一小圆孔后，装饰在万花筒的透明玻璃片一端。

第四，用彩色卡纸装饰万花筒的外部筒体。

(3) 操作说明

观察万花筒内部的图案，转动万花筒，感知图案的变化。

(二) 数学认知

1. 数的认识——神奇的吸管

(1) 材料准备

白色纸板、瓶盖、马克笔、吸管等。

(2) 制作要点

第一，瓶盖朝上，用马克笔在十个瓶盖上依次写上1~10的数字。

第二，剪出55根长度为5 cm的吸管。

(3) 操作说明

幼儿根据吸管个数找到对应正确的数字，锻炼孩子的点数能力。

2. 认识形状——几何皮筋

(1) 材料准备

木板、图钉、皮筋等。

(2) 制作要点

在木板上等距地插入图钉，图钉须插入一定的深度，使其牢固（见图7-49）。

(3) 操作说明

幼儿可以用皮筋在几何板上套出不同的形状。

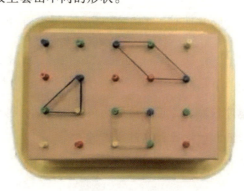

图7-49　几何皮筋

3.数量关系——爬线加法

（1）材料准备

纸板、马克笔、细线、打孔机、小塑料等。

（2）制作要点

第一，把纸板空白部位均匀分割，画出纵向线条，标出0~10的数字。

第二，用打孔机在纸板左右两侧各打一个孔。

第三，在纸板上横向穿一根细线，在细线上加一个小塑料便于定位。

（3）操作说明

幼儿通过移动小塑料，借助线条和格子算出正确答案（见图7-50）。

图7-50 爬线加法

五 艺术活动玩教具的设计与制作

艺术是人类情感和精神生活的创造性表现，多数艺术表现形式都包含特定的情感和思想，幼儿通过艺术与自己情感生活的连接，学习用艺术的方式表达和交流情感，获得表现和交流能力，健全人格的同时陶冶情操。[1]艺术来源于生活，教师要善于用艺术的眼光观察生活，通过玩教具的形式让幼儿感受到生活中的美，提高生活的情趣。《幼儿园教育指导纲要（试行）》中在艺术领域提出了如下目标："能初步感受并喜爱环境、生活和艺术中的美"，"喜欢参加艺术活动，并能大胆地表现自己的情感和体验"，"能用自己喜欢的方式进行艺术表现活动"。

由以上目标可知，幼儿期的艺术活动以感受与欣赏、创造和表达为主，因此教师可通过自然、生活中的资源进行艺术教育的玩教具设计。在幼儿园教育活动中，一般以音乐教育、美术教育为主，故本部分以音乐教育、美术教育的玩教具制作为典型案例，具体说明其常见的玩教具制作方法。

---

[1] 王任梅.学前儿童美术教育[M].北京：北京师范大学出版社，2015：176-177.

(一)音乐教育

1.打击乐演奏——厨房交响乐

(1) 材料准备

厨房用具、麻绳、双层铁架等。

(2) 制作要点

第一,教师收集不同大小、不同材质的厨房用具,如餐具、厨具、炊具、酒具、锅具等,将这些用具用麻绳挂在铁架子的上方。

第二,教师收集不同大小的碗和杯子,用麻绳串起来,挂在铁架子的下方。

(3) 操作说明

幼儿用不同材质(金属、木质等)的鼓槌敲打不同材质的厨具,从而完成乐曲演奏。

2.歌唱活动——自制话筒

(1) 材料准备

卷纸芯、红绸布、乒乓球、即时贴、红丝带等。

(2) 制作要点

第一,将乒乓球粘贴在卷纸芯一头(乒乓球也可用报纸搓成纸球替代)。

第二,用即时贴对卷纸芯进行美化装饰。

第三,用红绸布将乒乓球或报纸球包住,用红丝带捆扎。

(3) 操作说明

幼儿可将自制话筒作为其进行艺术表演、角色游戏等活动的道具。

(二)美术教育

1.美术活动——戒指套套乐

(1) 材料准备

白色卡纸、水彩笔、剪刀、胶水等。

(2) 制作要点

第一,将手掌和手肘放在白色卡纸上画出手掌轮廓,用剪刀沿着所画的轮廓在卡纸上剪出手掌。

第二,在剪出的手掌的每根手指上分别画出蓝色、红色、绿色、黄色、紫色。

第三,把白色纸剪成若干长条,并在每根长条上分别涂上蓝色、红色、绿色、黄色、紫色,用胶水将长条的两端粘一起,变成戒指。

(3) 操作说明

幼儿将各种颜色的戒指套在对应颜色的手指上。

2.手工活动——组装积木

（1）材料准备

大颗粒散装DIY儿童拼插积木、积木底板。

（2）制作要点

第一，幼儿根据自己的兴趣，设计要搭建的物体。

第二，将幼儿设计好的角色人物拼接在积木底板上。

组装积木如图7-51所示。

（3）操作说明

幼儿亲自动手操作，通过拼接、穿插等方式构建积木，搭成想要的模型，以锻炼幼儿的逻辑思维能力、动手能力和想象力。

图7-51 组装积木

◇ 单元小结

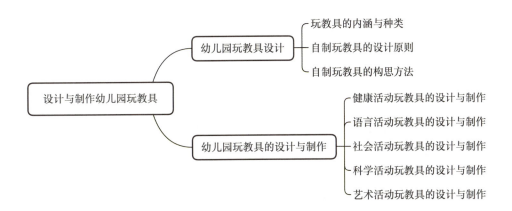

玩教具是在玩具的教育功能逐步发展的基础上产生的，是玩具的教育价值的具体表现。玩具指能引发个体进入游戏状态的一切物品，如果某件物品（不论是预先制作的还是来自大自然）能够引

发个体的游戏，那这个物品就是玩具。教具一般是教学时用来讲解、说明某事某物的模型、实物、图表和幻灯等的总称，它主要用作教学的辅助物。学前教育主要是启蒙教育，其教学主要采用游戏形式，因此，玩具应该是学前教育中最理想也最普遍的一种教具，同样，学前教育所使用的教具也应该是幼儿的一种玩具。

根据玩教具对幼儿学习与发展的作用，幼儿园玩教具可以分为认知类玩教具、语言类玩教具、科学类玩教具、体育类玩教具、建构类玩教具、社会类玩教具和艺术类玩教具。幼儿园的玩教具可分为商品类玩教具和自制玩教具，但勤俭节约是中华民族的传统美德，我国的教师秉承因地制宜、就地取材的自制玩教具理念，但玩教具的设计和制作应遵循趣味性和教育性相统一、适龄性和针对性相统一、操作性和实用性相统一、经济性和环保性相统一、符合安全卫生的要求这五大原则。

此外，自制玩教具有两种常用的构思方法，一种是先设计后选材，另一种是先有材料再设计。从自制玩具的设计制作中的原材料本身出发，幼儿园玩教具的自制一般有原形法、变形法、分解法、组合法和拼合法。幼儿园的各项教育活动几乎都不离开玩教具，本单元的幼儿园玩教具设计与制作从幼儿园教育活动的健康、语言、社会、科学、艺术五大领域出发，具体介绍了幼儿五大领域制作的玩教具典型案例。

思考与练习

1. 单项选择题

（1）以下不属于自制玩教具设计原则的是（　　）。

A. 趣味性和教育性相统一　　　　　　B. 操作性和实用性相统一

C. 趣味性和冒险性相统一　　　　　　D. 经济性和环保性相统一

（2）以下哪项是对原形法的解释（　　）。

A. 在原材料的基础上，通过分解、变形、切剖、改装等方式进行玩教具的制作

B. 某原材料通过切剖，重新组合（以装订、衔接、穿插等方式）成一个新的形象

C. 根据立体展开图的原理设计出玩教具的平面展开图，然后按照图纸进行裁剪、缝合、焊接等，制作出立体造型的玩教具

D. 根据原材料的外形特点构思玩教具的制作

（3）以下哪种不属于建构类玩教具（　　）。

A. 沙土　　　　　　　　　　　　　　B. 雪花片

C. 七巧板　　　　　　　　　　　　　D. 快板

2. 简答题

（1）幼儿园的玩具、教具与玩教具之间有什么区别和联系？

（2）玩教具的制作有哪些构思方法？

(3)设计幼儿园玩教具时应遵循哪些原则?

实践与实训

【实训一】根据幼儿园自制玩教具的方法(原形法、变形法、分解法、组合法、拼合法),设计一种玩教具。

目的:能够根据幼儿园玩教具的制作方法设计玩教具。

要求:写出玩教具的适用年龄范围、活动范围,依据自制玩教具的方法写出玩教具的具体制作流程。

形式:个人操作。

【实训二】结合自己的见习经历,选择大、中、小任何一个班级,设计一个以"我的家乡"为主题的玩教具作品。

目的:掌握幼儿园玩教具的制作思路和过程,并能将所制作的玩教具运用到教育实践活动中。

要求:依据幼儿五大领域要求设计一个玩教具,要求写清制作流程和具体的玩法。

形式:小组合作。

Reference
参考文献

[1] [美]艾登·钱伯斯.打造儿童阅读环境[M].许惠贞,译.北京:五洲传播出版社,2011.

[2] [美]朱莉·布拉德.0—8岁儿童学习环境创设[M].陈妃燕,彭楚芸,译.南京:南京师范大学出版社,2014.

[3] [美]贾珀尔·L.鲁普纳林,詹姆斯·E.约翰逊.学前教育课程[M].3版.黄瑾,等译.上海:华东师范大学出版社,2011.

[4] [美]卡洛琳·爱德华兹,莱拉·甘第尼,乔治·福尔曼.儿童的一百种语言:转型时期的瑞吉欧·艾米利亚经验[M].3版.尹坚勤,王坚红,沈尹婧,译.南京:南京师范大学出版社,2014.

[5] [美]桑德拉·邓肯,乔迪·马丁,萨莉·豪伊.儿童视角的幼儿园班级环境创设[M].马燕,马希武,译.北京:中国轻工业出版社,2020.

[6] [美]温迪·科扎.幼儿园班级环境创设和一日生活[M].曹晓旸,译.南京:南京师范大学出版社,2013.

[7] [美]约翰·杜威.民主主义与教育[M].王承绪,译.北京:人民教育出版社,1990.

[8] [意]洛利斯·马拉古奇等.孩子的一百种语言——意大利瑞吉欧方案教学报告书[M].张军红,陈素月,叶秀香,译.新北:光佑文化事业股份有限公司,1998.

[9] [意]玛利亚·蒙台梭利.童年的秘密[M].单中惠,译.北京:中国长安出版社,2010.

[10] [英]戴维·伯姆.论对话[M].王松涛,译.北京:教育科学出版社,2004.

[11] 北京市教育科学研究所.陈鹤琴教育文集(上卷)[M].北京:北京出版社,1983.

[12] 边霞.幼儿园美术教育与活动设计[M].北京:高等教育出版社,2009.

[13] 蔡迎旗.学前教育原理[M].武汉:华中师范大学出版社,2017.

[14] 陈帼眉.幼儿心理学[M].2版.北京:北京师范大学出版社,2017.

[15] 董旭花,韩冰川,张海豫.幼儿园户外环境创设与活动指导[M].北京:中国轻工业出版社,2018.

[16] 董旭花，韩冰川，王翠霞，等.小区域大学问——幼儿园区域环境创设与活动指导[M].北京：中国轻工业出版社，2013.

[17] 冯晓霞.幼儿园课程[M].北京：北京师范大学出版社，2000.

[18] 顾明远.教育大辞典[M].增订合编本.上海：上海教育出版社，1998.

[19] 顾媛媛，田燕.幼儿园环境创设与实践指导[M].南京：南京大学出版社，2021.

[20] 何艳萍.幼儿园区域活动的实践与探索[M].北京：北京师范大学出版社，2010.

[21] 贺一行.彩虹幼儿园 巴黎 Ecole Maternelle Pajol幼儿园[J].室内设计与装修，2012（9）：120-125+4.

[22] 教育部基础教育司.《幼儿园教育指导纲要（试行）》解读[M].南京：江苏凤凰教育出版社，2017.

[23] 李季湄，冯晓霞.《3—6岁儿童学习与发展指南》解读[M].北京：人民教育出版社，2013.

[24] 李静.幼儿园环境创设实用教程[M].南京：南京师范大学出版社，2018.

[25] 李宁达.陈鹤琴的单元教学新议[J].教育研究与实验，1985（4）：63-68.

[26] 李宗玉."活教育"思想下的"活"环境[J].早期教育：教育教学，2020（7）：2-5.

[27] 刘春玲，马红英.智力障碍儿童的发展与教育[M].北京：北京大学出版社，2011.

[28] 刘光玫.手工[M].长春：东北师范大学出版社，2019.

[29] 刘祥海，王区区.幼儿园玩教具制作[M].北京：高等教育出版社，2016.

[30] 刘焱.儿童游戏通论[M].北京：北京师范大学出版社，2004.

[31] 刘焱.幼儿园自制玩教具活动的意义、指导思想和评价标准[J].学前教育研究，2007（9）：24-30.

[32] 刘云艳.给幼儿园教师的101条建议（幼儿心理健康教育）[M].南京：南京师范大学出版社，2014.

[33] 南楠.玩教具制作[M].西安：西北大学出版社，2016.

[34] 饶淑园.幼儿心理健康教育与指导[M].北京：高等教育出版社，2016.

[35] 汝茵佳.幼儿园环境与创设[M].北京：高等教育出版社，2006.

[36] 沈建洲.幼儿园教育环境创设[M].上海：复旦大学出版社，2014.

[37] 汤志民.幼儿园环境创设指导与实例[M].上海：华东师范大学出版社，2013.

[38] 田慧生.教学环境论[M].南昌：江西教育出版社，1996.

[39] 童连.0~6岁儿童心理行为发展评估[M].上海：复旦大学出版社，2017.

[40] 王任梅.学前儿童美术教育[M].北京：北京师范大学出版社，2015.

[41] 王微丽，霍力岩.幼儿园科学区材料设计与评价[M].北京：中国轻工业出版社，2018.

[42] 王小英，石丽娜.幼儿合作学习的意义、内涵及特点[J].幼儿教育（教育教学），2010（1）：8-10.

[43] 吴才智，荣硕，朱芳婷，等.基本心理需要及其满足[J].心理科学进展，2018（6）：1063-

1073.

[44] 吴晓丹.蒙台梭利教育思想与方法[M].上海：复旦大学出版社，2012.

[45] 吴莹莹，邓燕燕.大美湿地 和谐共生——幼儿园湿地文化环境创设记[J].早期教育（教育教学），2020（Z1）：67-71.

[46] 鄢超云等.低成本有质量的幼儿园环境创设[M].北京：教育科学出版社，2013.

[47] 杨枫.幼儿园教育环境创设与玩教具制作[M].2版.北京：高等教育出版社，2013.

[48] 虞永平.论幼儿园课程中的主题[J].学前教育研究，2002（6）：13-15.

[49] 袁爱玲.幼儿园教育环境创设[M].北京：高等教育出版社，2010.

[50] 原晋霞.幼师，你可以建构支持型家园关系[N].中国教育报，2015-03-29.

[51] 张功岭，陈大浩.手工综合教程[M].天津：南开大学出版社，2015.

[52] 张劲松.学前儿童心理健康指导[M].上海：复旦大学出版社，2013.

[53] 张敏.幼儿园环境的隐喻价值与提升策略[J].陕西学前师范学院学报，2020（3）：20-23.

[54] 张念芸.学前儿童美术教育[M].3版.北京：北京师范大学出版社，2014.

[55] 张同道.小人国的秘密[M].北京：京华出版社，2010.

[56] 赵娟，靳林，李敏.幼儿园教育环境创设与玩教具制作[M].北京：北京师范大学出版社，2017.

[57] 郑三元，殷瑛.教育社会学视野中的师幼日常交往与师幼教学交往[J].湖南师范大学教育科学学报，2015（6）：8：790+111.

[58] 周念丽.学前儿童心理健康与教育[M].北京：中国人民大学出版社，2019.

[59] 朱家雄.幼儿园课程[M].上海：华东师范大学出版社，2003.

版权声明

为了方便学校课堂教学，促进知识传播，便于读者更加直观透彻地理解相关理论，本书选用了一些论文、电影、电视、网络平台上公开发布的优质文字案例、图片和视频资源。为了尊重这些内容所有者的权利，特此声明，凡在本书中涉及的版权、著作权等权益，均属于原作品版权人、著作权人等。

在此向这些作品的版权所有者表示诚挚的谢意！由于客观原因，我们无法联系到您，如您能与我们取得联系，我们将在第一时间更正任何错误或疏漏。

与本书配套的二维码资源使用说明

　　本书部分课程及与纸质教材配套数字资源以二维码链接的形式呈现。利用手机微信扫码成功后提示微信登录，授权后进入注册页面，填写注册信息。按照提示输入手机号码，点击获取验证码，稍等片刻收到4位数的验证码，在提示位置输入验证码成功后，设置密码，选择相应专业，点击"立即注册"，注册成功（若手机已经注册，则在"注册"页面底部选择"已有账号立即登录"，进入"账号绑定"页面，直接输入手机号和密码登录）。接着提示输入学习码，刮开教材封面防伪涂层，输入13位学习码（正版图书拥有的一次性使用学习码），输入正确后提示绑定成功，即可查看二维码数字资源。手机第一次登录查看资源成功以后，再次使用二维码资源时，在微信端扫码即可登录进入查看。